本书受西安交通大学"陕西高校新型智库——新媒体与社会治理研究中心"资助（The New Style Think Tank of Shaanxi Universities）

社交媒体用户品牌危机信息分享行为研究

阳长征 ◎著

厦门大学出版社
XIAMEN UNIVERSITY PRESS
国家一级出版社
全国百佳图书出版单位

图书在版编目(CIP)数据

社交媒体用户品牌危机信息分享行为研究/阳长征著.—厦门:厦门大学出版社,
2019.4
ISBN 978-7-5615-7367-9

Ⅰ.①社… Ⅱ.①阳… Ⅲ.①品牌—企业管理—危机管理—研究 Ⅳ.①F273.2

中国版本图书馆 CIP 数据核字(2019)第 069251 号

出 版 人	郑文礼
责任编辑	潘 瑛
封面设计	拙 君
技术编辑	朱 楷

出版发行	厦门大学出版社
社　　址	厦门市软件园二期望海路 39 号
邮政编码	361008
总编办	0592-2182177　0592-2181406(传真)
营销中心	0592-2184458　0592-2181365
网　　址	http://www.xmupress.com
邮　　箱	xmup@xmupress.com
印　　刷	厦门集大印刷厂

开本	720 mm×1 000 mm　1/16
印张	17
插页	1
字数	320 千字
版次	2019 年 4 月第 1 版
印次	2019 年 4 月第 1 次印刷
定价	68.00 元

本书如有印装质量问题请直接寄承印厂调换

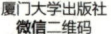
厦门大学出版社
微信二维码

厦门大学出版社
微博二维码

摘 要

当前品牌危机信息微博分享行为特征及影响机制研究已得到国内外学界和业界的普遍关注,且相关研究多数集中于微博信息的传播模式、传播效果、用户态度、行为特征描述以及静态路径分析等方面,从情景因素及动态研究视角对微博信息行为影响机制进行具体性研究的文献依然缺乏,且在信息行为特征、冲击响应、边际影响力、扰动贡献率以及行为预测等方面的研究较为粗糙,其精准度有待提高。此外,对用户信息行为具体性监控策略的研究也依然很少。根据信息情境理论、信息场理论、信息加工理论、心理场理论、信息行为理论,结合当下计算机信息技术的飞速发展,用户信息行为在很大程度上受到情景因素的影响,因此在信息行为影响机制研究中更需要从情景因素的视角对信息行为进行探索,才能得出更为全面的研究结论。在此背景下,本书基于情景因素视角对品牌危机中微博用户信息分享行为影响机制进行实证研究,具体研究内容包括:第 1 章绪论;第 2 章研究动态与理论基础;第 3 章品牌危机信息微博分享行为波动特征;第 4 章品牌危机信息微博分享行为情景影响因素;第 5 章品牌危机信息微博分享行为静态影响机制;第 6 章品牌危机信息微博分享行为动态影响机制;第 7 章品牌危机信息微博分享行为监控策略;第 8 章结论与展望。本研究以新浪微博作为研究对象,以 2010 年至 2016 年所发生的具有较大影响力的 66 个品牌危机事件作为品牌危机样本,通过官方 API、网络爬虫以及问卷调查法对相关数据进行采集,采用时间序列趋势分解、ARIMA 分析、自回归条件异方差、向量自回归、状态空间模型及结构方程模型等研究方法,并借助 SPSS 22.0、AMOS 22.0、Stata 13.0 及 EViews 8.0 统计软件对数据进行处理和分析。

本书获得如下研究成果:(1)通过对品牌危机中微博用户信息分享行为的自相关性分析及 ARIMA 模型构建,实现了对转发及评论行为的整体传播过程、一周及一日的趋势特征、周期特征、集群特征及不规则特征的精确分离和分析；(2) 分析和挖掘了品牌危机中微博用户信息分享行为的静态及动态情景影响因素，发现其中具有显著影响的静态情景因素主要有信息可视化、信息情感性及信源权威性，具有显著影响的动态情景因素主要有信息转发总数、信息评论总数、自身粉丝数、自身关注数、信源粉丝数、信源关注数以及信息时间距离；(3) 构建了品牌危机中微博用户信息分享行为的静态情景因素影响机制模型，揭示了信息可视化、信息情感性、信源权威性分别对转发及评论行为的影响路径，比较分析了各影响路径在不同性别、年龄、学历及职业群组间的具体差异；(4) 对品牌危机中微博用户信息分享行为动态情景因素影响机制进行了研究，通过 VAR 模型及状态空间模型揭示了信息转发总数和评论总数、自身关注数和粉丝数、信源关注数和粉丝数、信息时间距离等动态情景因素对转发和评论影响的时滞特征、脉冲扰动、边际影响力及贡献率等动态特征及规律；(5) 以上述各章研究结论为基础，提炼了本研究在理论上的贡献，并分别从监控时段定位、静态情景指标及动态情景指标三方面提出了品牌危机中微博用户信息分享行为的具体性监控策略。

　　本书的创新性主要体现为对危机信息分享行为波动特征进行了精确分析，并从情景因素视角对信息分享行为的动态机制及静态机制进行了研究，最后根据相关研究结论提出了危机信息分享行为的具体性监控策略。具体体现为：(1) 过去关于情景因素对信息行为影响的相关研究依然缺乏，而本研究则从情景因素视角对信息分享行为影响展开了具体性研究；(2) 过去对信息行为动态影响机制的研究相对较少，而本研究则从动态分解视角研究了各情景因素对信息分享行为影响的时滞特征、脉冲扰动、边际影响力及波动贡献率等动态影响过程；(3) 过去关于信息行为的自相关性分析尚未涉及，关于波动特征的分析也只是给出粗略的研究结论，而本研究则分别对信息分享行为波动的自相关性、趋势特征、周期特征及集群特征进行了精确分析；(4) 过去研究多从宏观及中观层面提出信息行为的监管方案，关于具体性、精确化的监控策略仍然很少，而本研究则从监控时段定位、静态情景指标及动态情景指标三方面提出了危机信息分享行为的具体性监控策略。

　　最后，本书还从信息行为类型、情景因素类型以及现实问卷调查等方面对未来研究提出了相关建议。

序

近年来，随着信息技术的快速发展，以互联网为代表的各种新媒体不断涌现，极大地改变了人们的信息传播方式，其中的社交网络则属于当下人们热捧不疲的一种重要的网络新媒体。第43次《中国互联网络发展状况统计报告》显示，近年来我国社交网络使用率普遍呈上升趋势，截至2018年12月，微信朋友圈、QQ空间用户使用率分别为83.4％、58.8％；微博使用率为42.3％，较2017年底上升1.4个百分点。目前社交网络已超越搜索引擎，成为互联网第一大流量来源，正显著地影响着人们的信息行为方式。

同时，伴随着社会经济的不断发展，企业间的竞争日趋激烈，企业对品牌的重视程度也不断加强，加之消费者维权意识不断增强，品牌危机爆发频率越来越高，并已成为企业发展过程中必须面对的一种普遍现象。当危机发生后，这些势态的发展除了与企业经营者的危机应对能力有关外，还受到各种网络媒体推波助澜的影响，特别是在社交网络的疯狂转载和评论，使得危机事件在很大范围内得以迅速传播和扩散，从而在虚拟及现实环境中形成难以遏制的舆论态势，如2017年发生的携程"捆绑销售"事件、2018年年初的"星巴克咖啡致癌"谣言刷屏均是如此。因此，在当今各种社交媒体蓬勃发展的环境中，如何准确掌握品牌危机信息在社交媒体中传播的规律特征，以便迅速采取危机应对策略，最大程度减少危机负面影响，避免企业遭受经济损失，已成为每位企业管理者面临的一个新的难题。在这样的背景下，选择对社交媒体用户品牌危机信息分享行为进行研究对于新媒体环境下品牌危机的管理具有重要的意义。

在过去的几年，无论是学界还是业界，关于社交媒体主题的研究一直是人们关注的热点和重点。在这方面，阳长征博士对社交媒体用户的品牌危机信息分享行为进行了研究，在危机信息分享行为波动特征、影响因素、静态影响机制、动态影响机制、行为监控与引导策略等方面获得了诸多具有新意的研究结论，可为后续相关学者作进一步研究提供重要参考和借鉴。

承蒙作者阳长征博士之邀，是以为序。

西安交通大学新闻与新媒体学院院长

目录

第1章　绪论 / 1
　　1.1 研究背景 / 1
　　1.2 研究目的与意义 / 3
　　1.3 研究问题与内容结构 / 5
　　1.4 研究方法与技术路线 / 9
　　1.5 研究的创新点 / 12

第2章　研究动态与理论基础 / 16
　　2.1 研究动态 / 16
　　2.2 理论基础 / 28
　　2.3 本章小结 / 36

第3章　品牌危机信息微博分享行为波动特征 / 37
　　3.1 数据获取与描述统计 / 39
　　3.2 转发行为波动特征 / 50
　　3.3 评论行为波动特征 / 75
　　3.4 本章小结 / 100

第4章　品牌危机信息微博分享行为情景影响因素 / 101
　　4.1 情景影响因素的选取与构造 / 102
　　4.2 情景影响因素分类检验分析 / 105
　　4.3 静态情景影响因素检验分析 / 109
　　4.4 动态情景影响因素检验分析 / 115
　　4.5 本章小结 / 131

第 5 章　品牌危机信息微博分享行为静态影响机制 / 132
  5.1 引言 / 133
  5.2 研究假设 / 134
  5.3 研究设计与数据收集 / 141
  5.4 数据处理与检验分析 / 145
  5.5 群组分析 / 157
  5.6 结论与讨论 / 164
  5.7 本章小结 / 168

第 6 章　品牌危机信息微博分享行为动态影响机制 / 169
  6.1 转发总数及评论总数的影响 / 172
  6.2 自身关注数及粉丝数的影响 / 182
  6.3 信源关注数及粉丝数的影响 / 192
  6.4 信息时间距离的影响 / 202
  6.5 影响贡献率分解 / 210
  6.6 本章小结 / 212

第 7 章　品牌危机信息微博分享行为监控策略 / 214
  7.1 监控时段定位 / 215
  7.2 静态情景因素监控 / 219
  7.3 动态情景因素监控 / 221
  7.4 本章小结 / 226

第 8 章　结论与展望 / 227
  8.1 研究结论 / 227
  8.2 研究贡献 / 231
  8.3 研究局限性及未来研究展望 / 235

参考文献 / 236

附录 1　本研究网络原始数据获取格式 / 256

附录 2　本研究调查问卷 / 258

第1章 绪论

1.1 研究背景

1.1.1 品牌危机严峻性

近年来,随着社会经济的不断发展,企业间的竞争日趋激烈,企业对品牌的重视程度也在不断增强。然而,在当今风云变幻的市场环境中,企业除了要经受来自企业外部及内部各种不确定因素所带来的冲击和挑战之外,还要应对由于消费者维权意识不断增强所带来的品牌危机,而其中一些危机势必会威胁和破坏企业品牌的建设和发展。因此,在日常的经营和管理中,品牌危机已经成为企业必须随时加以防范和应对的一种突发情况。在此背景下,企业如何在面临突如其来的危机时做出快速反应和有效应对就成为每位管理者迫切关心的问题。

近年来,一些知名企业的产品或服务因为某种原因而爆发危机的情况频频出现,如农夫山泉"标准门"事件、肯德基"速生鸡"事件、恒天然"毒奶粉"事件等,这些事件严重损害了消费者对企业品牌的信任,给人们带来了不安全感。同时,各种新媒体的不断涌现和快速发展,尤其是以互联网为主的新媒体的蓬勃发展,使得这些事件在很大范围内得以迅速传播和扩散,从而在虚拟及现实环境中形成难以遏制的舆论态势。因此,在以互联网为代表的新媒体时代,当品牌危机爆发后,企业如何有效应对和处理就显得至关重要,它关乎企业品牌的生存与发展。然而,面对危机的出现,企业如果能够预先深入了解危机信息在新媒体中传播的规律特征,那么他们则有可能在较短时间内采取有效应对措施,从而使危机的负面影响减小;否则,危机可能会直接致使企业遭受重大损失或面临生死存亡。例如,2011年初,双汇"瘦肉精"事件首次由央视在《每周质量报告》栏目播出,随后便在微博、论坛、博客等各类新媒体上受到广大用户的持续"围观"和信息互动,最终导致双汇集团遭受到自成立以来最严重的经济损失,并直接威胁到该品牌的生存。同样,广为熟悉的农夫山泉"标准门"事件,起初唯其是由媒体在小范围内爆料,随后经由各种网络媒体用户的疯狂转发和评论,使得危机信息形成病毒式传播,各种负面信息在线上线下迅速扩散,舆论哗然,从而导致该品牌销售量骤然下降。再如,"黄曲霉毒素"事件直接导致蒙牛牛奶在短短数日内销售量下降了近35%,而与之类似的"三聚氰胺"事件几乎把三鹿奶粉拉至灭亡边缘,整个企业和品牌几乎毁灭。在这些品牌危机事件中,不难发现,危机势态的发展除了与企业经营者的危机应对能力有关外,还受到各种媒体推波助澜的影响,特别是网络媒体的疯狂转载和评论。因此,在当今各种新媒体蓬勃发展的环境中,如何准确掌握品牌危机信息在网络媒体中传播的规律特征,以便迅速采取危机应对策略,最大程度减少危机负面影响和企业遭受的经济损失,已成为每位企业管理者所面临的一个新的挑战。

1.1.2 微博的快速发展

近年来,随着电子信息技术的快速发展,以互联网为背景的各种新媒体不断涌现,如博客、微博、微信、论坛等。在这些新媒体中,微博发展势头尤为迅猛,被广泛应用于人们日常信息获取和传播中。2015年12月25日,国家主席习近平在视察解放军报社时,就通过微博信息平台向全军官兵发出了新年祝贺,这充分表明了微博作为一种新兴的网络媒体,已得到我国各级政府的重视,并深受广大网民的喜爱。相关统计资料显示,截至2014年12月,Twitter微博的全球用户数已达到10亿,平均每月拥有2.41亿活跃用户。① 尼尔森2015年调查报告显示,97%的主流媒体用户同时也使用微博,而70%左右的微博用户则通过该平台获取信息以及进行信息分享。而中国互联网络信息中心(CNNIC)发布的第38次《中国互联网络发展状况统计报告》显示,截至2016年6月,我国网民规模达7.10亿,互联网普及率为51.7%,较2015年底提升了1.3个百分点。截至2016年6月,我国微博用户规模为2.42亿,网民使用率为34%。② 由此可见,微博作为一种快速生长和发展的新媒体,其在各种信息的传播中起着不可忽视的作用。当某个品牌危机爆发后,微博也成为危机信息迅速传播和扩散的重要途径。事实上,在品牌危机的传播过程中,微博平台是一把

---

① 中国互联网络信息中心(CNNIC).第35次中国互联网络发展状况统计报告[EB/OL]. http://www.cnnic.net.cn/hlwfzyj/hlwxzbg/201502/P020150203551802054676.pdf,2015-2-3.

② 中国互联网络信息中心(CNNIC).第38次中国互联网络发展状况统计报告[EB/OL]. http://www.cnnic.net.cn/hlwfzyj/hlwxzbg/hlwtjbg/201608/P020160803367337470363.pdf,2016-8-3.

双刃剑,它既可以帮助企业通过该平台进行危机传播管理,化危为机,充当危机的化解助推器;同时也能使危机信息在短时间内迅速扩散,形成难以遏制的舆论势态。因此,微博信息平台的出现和广泛应用在给企业带来发展机遇的同时,也给企业危机管理带来了新的挑战和冲击。

然而,有关我国微博用户信息行为的调查结果显示,用户在使用微博时,信息转发、评论、关注、热门话题是用户使用率最高的四大信息功能。其中,信息转发和评论可以实现用户对特定信息的分享,以及各种情感的表达和传递,是微博用户进行信息传播的主要行为方式。[①] 因此,在这样的背景下,对品牌危机中的微博用户信息分享行为影响机制进行研究对新媒体环境下品牌危机的管理具有重要意义。

1.2 研究目的与意义

1.2.1 研究目的

本研究综合运用传播学、心理学、社会学及管理学等相关理论,通过官方API、网络爬虫技术及问卷调查法收集数据,使用时间序列分析方法及结构方程模型等量化手段对数据进行处理和分析,从信息情景因素视角对品牌危机中微博用户信息分享行为影响机制进行研究。本书研究目的包括:

(1)通过对用户信息分享行为波动特征进行分解,精确分析波动的自相关性、趋势特征、周期特征以及集群特征,揭示品牌危机中微博用户信息分享行为变化过程的基本规律。

(2)通过对用户信息分享行为的静态及动态情景影响因素的探索和分析,揭示在微博平台上存在哪些情景因素对用户的信息分享行为产生显著影响。

(3)通过对品牌危机中微博用户信息分享行为静态情景因素影响机制的研究,揭示静态情景因素如何对用户信息分享行为产生影响,以及在不同用户群体间的影响差异。

(4)通过对品牌危机中微博用户信息分享行为动态情景因素影响机制的研究,揭示动态情景因素对用户信息分享行为的扰动过程、边际影响力以及波动贡献率的动态变化特征。

---

① 张静,赵玲.微博用户行为研究述评[J].情报科学,2015(8):27.

(5)根据上述相关研究结论,提出品牌危机中微博用户信息分享行为具体性监控策略,从而提高品牌危机传播管理的效率及效果。

1.2.2 研究意义

(1)理论意义

目前,关于微博信息传播的研究已成为学术界研究的热点,但多数研究主要集中于微博信息的传播模式、传播效果、用户态度、传播价值和营销价值的分析上,虽然关于微博用户信息行为的研究也不少,但这类研究主要集中于行为特征描述、用户分析以及静态路径等方面,很少涉及对信息分享行为波动特征精确分析以及从情景因素视角对品牌危机中微博用户信息分享行为影响机制研究。在此背景下,本研究借助传播学、心理学、社会学等学科相关理论,采用时间序列趋势分解、ARIMA 模型、向量自回归模型、结构方程模型等量化研究方法,对品牌危机中微博用户信息分享行为波动特征、静态影响机制及动态影响机制进行研究。由于该研究融合了多学科理论以及采用了多种研究方法,这进一步促进了信息行为跨学科研究的思想理念,同时也强化了从情景因素视角对信息行为进行研究的意识。通过对信息分享行为波动特征的全面阐述以及对情景因素影响机制的具体分析,相关研究结论既能丰富关于微博及其他社交媒体用户信息行为的研究成果,也有助于全面认识品牌危机中微博用户信息分享行为的客观规律及内在影响机制。

(2)实践意义

第一,笔者通过对品牌危机中微博用户信息转发及评论行为波动特征的分解,精确分析了转发及评论行为的自相关性、趋势特征、周期特征以及集群特征。该研究结论可以帮助企业管理者对信息转发及评论行为演化过程进行预测,使之清楚认识到品牌危机中微博信息传播管理过程的重点时段,进而将危机应对策略和公关活动重点放在波动边际增长率最大、行为波峰以及群体聚集的时间节点上,从而做到有效及高效的危机管理。

第二,笔者通过对品牌危机中微博用户信息分享行为静态情景因素影响机制的研究,揭示了信息可视化、信息情感性以及信源权威性分别对转发及评论行为的影响路径,在此基础上并分别比较了不同性别、年龄、学历及职业群组间影响效应的差异。在品牌危机信息的微博传播管理中,可将相关情景因素视为危机信息分享行为的监控指标,用于识别何种情景特征的信息更容易导致用户的转发或评论,以及根据不同性别、年龄、学历及职业群体的差异采取有针对性的监管策略。

第三,笔者通过对品牌危机中微博用户信息分享行为动态情景因素影响机制的研究,揭示了信息转发总数和评论总数、自身关注数和粉丝数、信源关注数和粉丝数及信息时间距离分别对信息分享行为影响的时滞特征、脉冲扰动、边际影响力以及贡献率的动态变化特征。在品牌危机信息的微博传播管理中,可将相关情景因素视为信息分享行为的动态监控指标,并将相关因素划分为不同等级,并确定对相关监控指标进行跟踪的有效时间长度,以及预测各因素在不同时间节点上对分享行为产生扰动的效应大小,从而准确定位对各影响因素进行跟踪和监控的重点时段。

1.3 研究问题与内容结构

1.3.1 研究问题

微博平台为用户提供了转发、评论、关注及被关注等信息功能,用户通过这些功能可以实现对信息的获取以及在用户间进行信息分享和互动。然而,有关我国微博用户信息行为的一项调查结果显示,用户在使用微博时,信息转发、评论、关注、热门话题是用户使用率最高的四大信息功能。其中,信息转发和评论可以实现用户对特定信息的分享,以及各种情感的表达和传递,是微博用户进行信息传播的主要行为方式。而信息分享是指用户主要通过转发和评论行为将相关信息及个人观点和态度与他人进行交流互动的过程,[①]因此,本研究所涉及的微博用户信息分享行为主要是指微博用户对信息的转发及评论行为。

在当今复杂多变的市场环境下,品牌危机爆发频率越来越高,而微博作为人们获取信息、分享信息以及互动交流的重要方式,对危机信息的传播和扩散具有不可忽视的影响。目前,关于微博信息传播的研究已成为学术界研究的热点,品牌危机信息微博分享行为特征及影响机制研究已得到国内外学界和业界的普遍关注。其中关于微博用户信息行为的研究也不少,但相关的研究多数集中于微博信息的传播模式、传播效果、用户态度、行为特征描述以及静态路径分析等方面,且在信息行为特征、冲击响应、边际影响力、扰动贡献率以及行为预

---

① 赵玲,张静.微博用户行为研究的多维解析[J].情报资料工作,2013,34(5):65-70.

测等方面的研究较为粗糙,其精准度有待提高,从情景因素及动态视角对微博信息行为波动特征进行精确分析及对影响机制进行研究的文献也依然缺乏。同时,由于当下计算机信息技术的飞速发展,用户信息行为在很大程度上受到情景因素的影响,其整个影响路径可能表现为:源自于情景,作用于心理,表现于行为。因此,在信息行为影响机制研究中更需要从情景因素视角出发对信息行为进行探索,以便更好地从动力的源头上揭示用户行为产生的作用机理,从而得出更全面的研究结论,不断完善现有的研究。在此背景下,笔者提出如下总体研究问题:

总研究问题:基于情景因素研究视角,品牌危机信息在微博中的分享行为波动特征及其影响机制过程如何?

虽然过去的一些研究在微博信息传播的相关领域已取得了一定研究成果,但结合本研究内容和目标,过去的研究在更具体的层面仍存在一些不足和有待进一步完善之处。在过去相关研究中,关于信息行为波动的自相关性分析几乎未有涉及,而对波动特征的分析也主要是通过描述性统计分析,以及通过对总数折线图走向趋势的分析而得出相关研究结论,其只能得出较为粗略的研究结论,而难以得出对波动的自相关性、趋势特征、周期特征、不规则特征及集群特征较为精确的研究结论。在影响机制研究方面,过去关于信息行为影响机制的研究多数是从静态机制视角展开,而从动态机制视角展开的研究文献相对较少,尤其是从情景因素的视角对危机信息分享行为动态影响机制进行研究的文献就更少了。其中,在静态影响机制研究中,过去文献主要从"个人特征—动机—行为"的视角,或者通过回归模型(如逻辑回归)、方差分析等方法对相关因素的影响机制进行研究。同时,回归模型及方差分析通常只能得出自变量对因变量的影响是否显著、影响大小如何以及方向如何等诸如此类的研究结论,而不能得出自变量对因变量产生影响的具体路径如何以及路径系数大小如何的研究结论,即只"知其然而不知其所以然"。此外,过去研究在相关的理论研究基础上,学者们多从宏观及中观层面提出对应的信息分享行为监管方案,而关于具体性及精确性监控策略的研究相对较少。企业在根据这类宏观及中观策略对危机信息分享行为进行实际监管操作时很可能会存在一定难度,如针对性不强以及难以落实等情况。故其研究结论的精确度仍有待进一步提高。因此,基于本研究主题的理论研究现状,为了将上述总研究问题转换为相应的可操作性研究问题,笔者提出如下具体化研究子问题:

子问题1：品牌危机中，微博用户信息分享行为波动的自相关性特征如何？其趋势特征、周期特征和集群特征如何？

子问题2：品牌危机中，哪些静态及动态情景因素对微博用户信息分享行为产生显著影响？

子问题3：品牌危机中，静态情景影响因素对用户信息分享行为的影响机制如何？其效应大小在不同用户群体间有何差异？

子问题4：品牌危机中，动态情景影响因素对用户信息分享行为的影响机制如何？其脉冲扰动、边际影响力及贡献率的动态变化特征如何？

子问题5：在上述相关研究结论基础上，如何对品牌危机中微博用户信息分享行为实施具体性监控？

1.3.2 研究内容

为了实现从情景因素视角对品牌危机微博信息分享行为影响机制进行探索，结合本书提出的研究问题，首先需要对微博用户信息分享行为波动特征进行精确分析，以便对研究问题的现象特征有较深入的认识和把握。然后在对问题的现象特征进行细致剖析的基础上，需要寻找引起该现象发生的影响因素和因子，本书主要是从情景因素的视角去寻找和挖掘出其中较为显著的影响因素。在全面分析问题现象特征及获取相关的影响因素和因子的基础上，更进一步发现对应的影响因素是如何对用户信息分享行为产生影响的，即影响的作用机制过程。最后，在上述信息分享行为特征、影响因素及作用机制的研究基础上，发现该研究的实践价值，将其结论应用于实践中，从而提出如何对品牌危机中微博用户信息分享行为进行精准监控的策略及措施。具体研究内容如下：

（1）品牌危机中微博用户信息分享行为波动特征分析。为了实现对品牌危机微博信息分享行为影响机制的探索，首先需对该行为特征进行精确分析，以便对研究问题的现象特征有较深入的认识和把握，从而为提取产生该现象的影响因素及探索其作用机制奠定理论基础。由于人们的网络信息行为通常会受到行为习惯及时间周期的影响，所以微博用户信息分享行为的波动过程通常会包含自相关性、趋势特征、周期特征、集群特征及不规则特征，因此若要对该行为现象进行较深入的认识和剖析，需要对该行为的各成分要素进行分解和分离，从而实现精确分析该行为自相关性，以及传播过程、每周及每日的波动趋势特征、周期特征、不规则特征和集群特征。

(2)品牌危机中微博用户信息分享行为情景影响因素探析。在上述用户信息分享行为特征精确分析的现象剖析基础上,为了能为后续影响机制的探索提供具体可行的影响因子和要素,需要对引起该现象的具体影响因素和因子进行提取和分析,而本研究主要是从情景因素的视角去探索和挖掘对用户信息分享行为具有显著影响的静态及动态情景影响因素。

(3)品牌危机中微博用户信息分享行为静态情景因素影响机制研究。在上述信息分享行为特征精确分析及显著影响因子提取的基础上,需要进一步探索相关影响因素及因子是如何对用户信息分享行为产生影响的,即影响作用机制。在该影响机制中,主要包含静态影响机制及动态影响机制,其中静态影响机制是机制分析的初步,动态机制则是机制分析的更高层次。在此基于已提取的静态情景因素,先对微博用户信息分享行为静态影响机制进行研究,探索信息可视化、信息情感性及信源权威性对转发及评论行为的影响机制及作用路径大小,并在验证后正确的理论模型基础上,分别进行性别、年龄、学历及职业群组分析,从而揭示各路径系数在不同性别、年龄、学历以及职业群组间的大小差异。

(4)品牌危机中微博用户信息分享行为动态情景因素影响机制研究。在上述静态情景因素影响机制研究基础上,为了更深入地发现情景因素对用户信息分享行为的动态影响过程,则需根据已提取的动态情景因素,进一步对微博用户信息分享行为静态影响机制进行研究,进行动态分解信息转发总数和评论总数、自身关注数和粉丝数、信源关注数和粉丝数及信息时间距离分别对信息分享行为影响的时滞特征、脉冲扰动、边际影响力及贡献率的动态变化过程。

(5)品牌危机中微博用户信息分享行为监控策略研究。在上述用户信息分享行为特征分析、影响因素提取及作用机制研究的基础上,提炼该研究的实践价值,将其结论应用于实践中,提出如何对品牌危机中微博用户信息分享行为进行精准监控,并从监控时段定位、静态情景指标及动态情景指标三方面提出品牌危机中微博用户信息分享行为的具体性监控策略。

1.3.3 结构安排

根据学术研究的流程和步骤,一篇完整的研究论文通常会遵照"提出问题—分析问题—解决问题"的逻辑顺序进行展开,即先根据现实背景及理论研究现状提出研究问题,并对该问题进行清晰定义。然后,在对所研究的问题和主题有着清晰定义的基础上,对该研究问题的现象特征进行深入描述和分析。

接着,根据对应的问题现象特征进一步寻找引起该现象的原因及其形成机理,即对该问题现象产生的原因及作用机制进行探索和研究。最后,在对问题特征及其作用机制深入分析和掌握的基础上,提出该问题的解决方案和策略,将理论研究转换为现实应用,对实践进行指导。根据上述研究流程及范式,本研究对应的结构顺序安排如下:

第1章:绪论

第2章:研究动态与理论基础

第3章:品牌危机信息微博分享行为波动特征

第4章:品牌危机信息微博分享行为情景影响因素

第5章:品牌危机信息微博分享行为静态情景因素影响机制

第6章:品牌危机信息微博分享行为动态情景因素影响机制

第7章:品牌危机信息微博分享行为监控策略

第8章:结论与展望

本书研究框架结构如图1-1所示。

1.4 研究方法与技术路线

1.4.1 研究方法

(1)问卷调查法。收集品牌危机中微博用户信息转发及评论行为的相关数据资料,包括受访者人口统计特征及静态情景影响机制研究量表数据。

(2)时间序列ARIMA分析。用于构建和分析品牌危机中微博用户信息分享行为演化模型及自相关性特征。ARIMA主要通过对具有自相关性的某一时间变量进行模型构建与估计,可以分析该时间变量是否存在自相关性,以及变量自身因自相关性而引起的脉冲响应的具体特征。本研究通过对过去研究成果进行分析,发现对应的信息行为会受到过去自身行为的影响,以及结合本研究对自相关性特征分析的需要,同时信息分享行为数据也满足时间序列相应分析的要求。因此,根据本研究内容、研究目的及数据特征,本书适合采用ARIMA对信息分享行为的自相关性进行检验和分析。

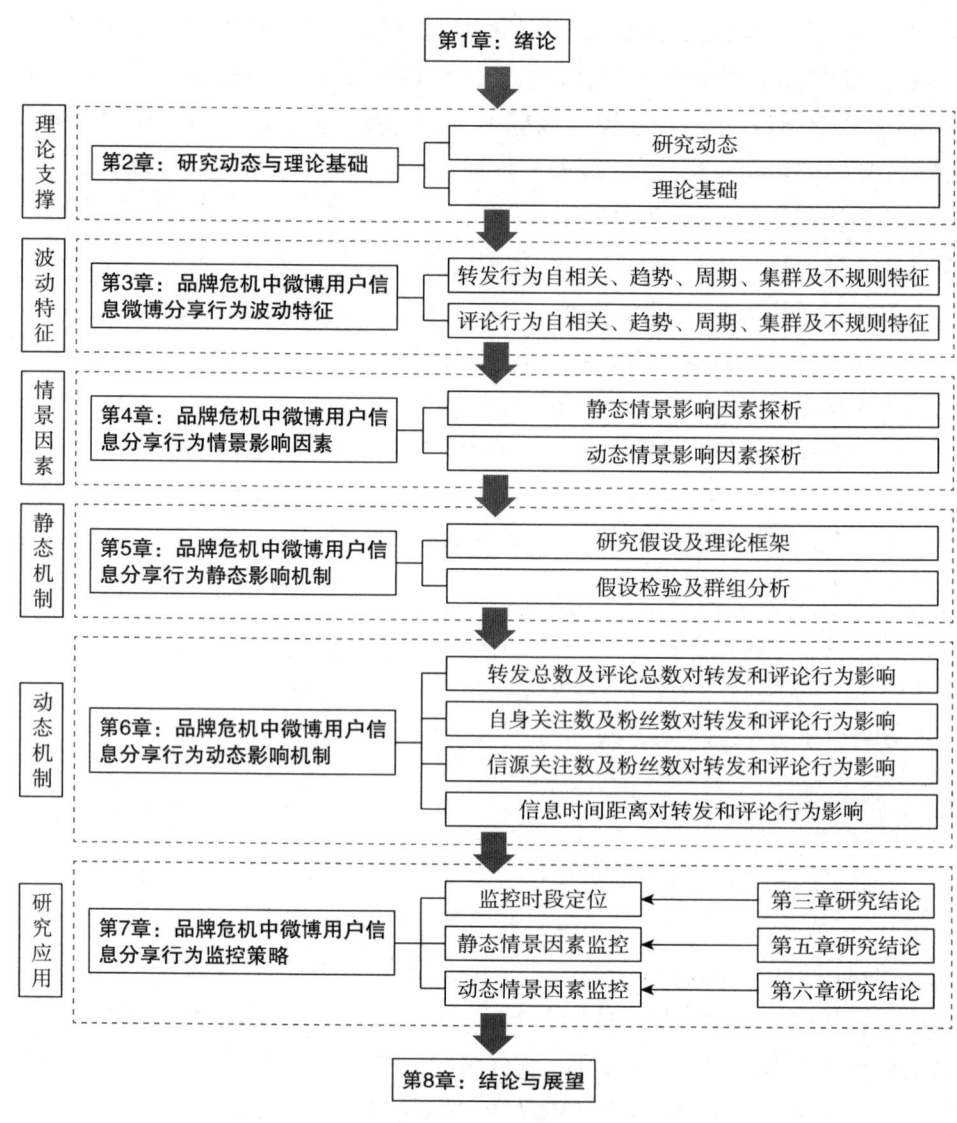

图 1-1　研究框架结构图

(3)时间序列趋势分解法。用于精确分析品牌危机中微博用户信息分享行为波动特征的趋势特征、周期特征及不规则特征。时间序列趋势分解主要是从某一时间变量中将其中的趋势变量、周期变量及不规则变量精确分解和分离。本研究通过对过去研究成果进行分析,发现对应的信息行为波动由趋势特征、周期特征及不规则特征成分组成,结合本研究对各特征成分大小及特征精确分析的需要,同时信息分享行为数据也满足时间序列相应分析的要求。因此,根据本研究内容、研究目的及数据特征,本研究适合采用时间序列趋势分解法对信息分享行为波动的趋势特征、周期特征及不规则特征成分变量进行精确分解和分析。

(4) 自回归条件异方差(ARCH)。用于对品牌危机中微博用户信息分享行为波动的集群特征进行分析。ARCH 主要是通过对自回归方程残差平方相关性及 ARCH 效应的检验,从而判定该时间序列是否存在波动集群特征。由于集群现象的存在,时间序列常常表现出在某一时期波动较小,而在另一时期波动相对较大的特征。在此基础上,可通过 ARCH 的残差序列图及条件方差图对时间序列集群特征进行精确分析。本研究通过对过去的研究成果进行分析后,发现对应的信息行为波动通常存在集群特征,结合本研究对集群效应大小及分布精确分析的需要,同时信息分享行为数据也满足时间序列相应分析的要求,本研究适合采用 ARCH 对用户信息分享行为波动的集群特征进行提取和精确分析。

(5) 结构方程模型(SEM)。用于对危机信息分享行为的静态情景因素影响机制模型进行估计和检验,并对不同性别、学历、年龄及职业群组进行差异性比较和分析。在多个变量关系研究中,传统方法主要采用相关性分析及回归模型,而这类方法要求每个构念只允许由单一测量指标或题项构成,难以处理每个构念涉及多个测量维度或题项的研究框架。而结构方程模型则是一种可同时处理每个构念、涉及多个测量指标或题项的多回归研究方法。SEM 不仅可以估计测量中存在的误差,也可用以计算测量结果的信度与效度,它不受古典测量理论中的一些基本假设的限制,且容易实现对某些特定误差间的相关性进行检测。本部分主要探索静态情景因素对转发及评论行为的影响路径及其大小,其中理论模型包含多个自变量、中介变量及因变量,每个变量均涉及多个测量指标和题项,且数据处理过程会同时涉及多组回归方程的拟合与估计,而其中各变量在测量中均存在一定误差。因此,根据本研究内容、研究目的及数据特征,应采用 SEM 对静态情景因素影响机制的理论框架进行数据处理和分析,以减少传统回归模型在该类数据处理中产生的误差和存在的缺陷。

(6) 向量自回归(VAR)。用于对品牌危机中微博用户信息分享行为的动态情景影响因素的时滞特征、脉冲扰动及波动贡献率的动态变化过程进行分解分析。VAR 主要用于对一组具有自相关性及存在滞后内生现象的变量组进行建模,并可进行脉冲响应估计,用于分析某一内生变量随机扰动项发生变化时从而对系统所产生的动态影响,从而能较好地揭示变量间的动态扰动特征。同时,能对各影响因素的波动贡献率进行方差分解,识别出不同影响因素对某一内生变量影响的重要程度,从而分析出模型中某些相关内生变量的结构性冲击对特定内生变量的变化贡献率。在本研究中,由于信息分享行为时间序列自相关性的存在,以及分享行为与相应的情景影响,因素间均会受到滞后内生作用的影响。因此,根据本研究内容、研究目的及数据特征,再结合本研究对动态影响过程及贡献率精确分析的需要,适合采用 VAR 对信息分享行为的动态情景影响机制进行模型构建及动态分析,从而得出更准确细致的研究结论。

(7)状态空间模型。用以分析动态情景影响因素对转发及评论行为边际影响力的动态变化过程。状态空间模型(state space model)主要用于构建一些受到不可观察因素影响的时间序列或序列组的模型,从而准确地、动态地分析出某个特定时间点处的边际影响效应,这些影响因素主要包括测量误差、理性预期等。针对该研究中动态情景因素对信息分享行为边际影响力的分析,在动态情景影响因素对转发及评论行为边际影响的动态变化过程中,除了受到自变量的影响外,还会受到诸如测量误差、理性预期等多种难于观测因素的影响。因此,根据本研究的内容、研究目的及数据特征,使用状态空间模型分别从测量方程和状态方程对相关因素边际影响力的变化过程进行动态分析能较好地降低因不可观察因素干扰而导致的测量误差,从而得出更准确的研究结论。

1.4.2 技术路线

本书研究技术路线如图 1-2 所示。

1.5 研究的创新点

(1)对品牌危机中微博用户信息分享行为动态情景因素影响机制进行研究。过去的相关研究主要采用相关分析、方差分析及回归模型对用户转发及评论行为的影响因素及影响效应进行探索和分析,这类研究通常只能得出自变量对因变量的影响是否显著以及影响大小和正负性如何等诸如此类的研究结论,而难以得出自变量对因变量产生影响的动态过程特征以及影响大小波动过程的相关研究结论。同时,由于对应的自变量与因变量均以时间序列存在,它们之间的大小关系以及影响的正负性在不同时点上均不断变化,即变量关系存在

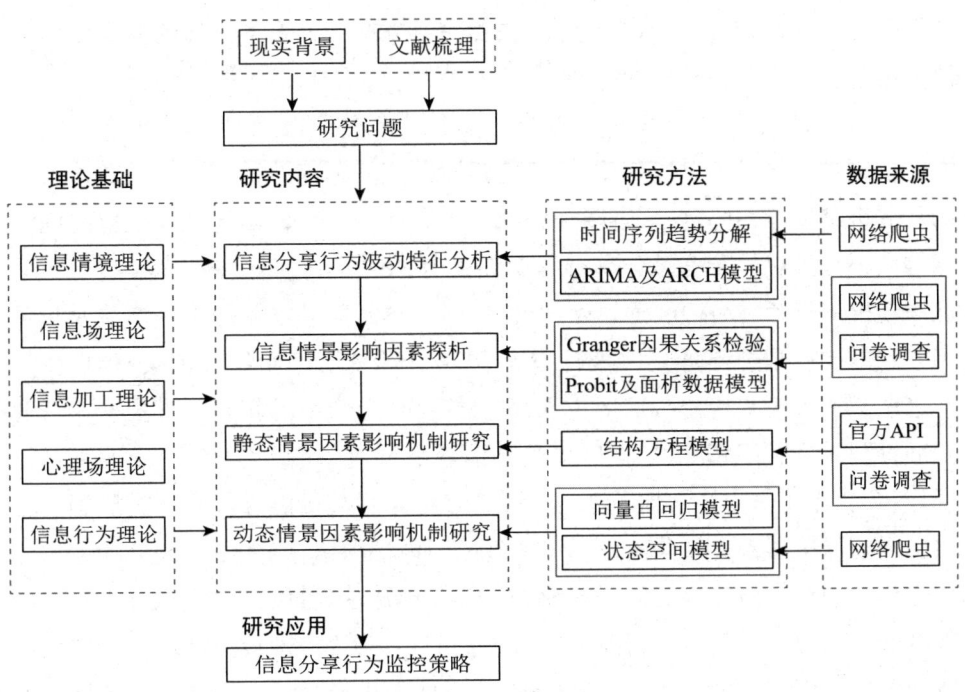

图 1-2　研究技术路线图

动态性,而仅通过某一时点或总体相加数的相关分析以及回归分析难以实现对自变量与因变量动态关系的准确描述。过去的文献关于信息行为影响机制的研究多数从静态机制视角展开,而从动态机制视角展开的研究文献相对较少,从情景因素的视角对危机信息分享行为动态影响机制进行研究的文献更是寥寥无几。因此,过去相关研究在此存在的有待完善之处给本研究留下了可进一步发掘的空间。

(2)对品牌危机中微博用户信息分享行为波动特征进行精确分析。通过时间序列 ARIMA 模型、趋势分解及自回归条件异方差模型,对信息分享行为波动的自相关性、趋势特征、周期特征及集群特征进行分解与精确分析。在过去相关研究中,关于信息行为波动的自相关性分析几乎未有涉及,而对波动特征的分析也主要是通过描述性统计分析,以及通过对总数折线图走向趋势的分析而得出相关研究结论。而实际上,这些波动是由趋势成分、周期成分及不规则成分组合而成,且同时具有自相关性及集群性特征,因此在研究时若仅通过描述性分析而不对各特征成分进行分解分离,则其结果只能得出较为粗略的研究结论,而难以得出对波动的自相关性、趋势特征、周期特征、不规则特征及集群特征较为精确的研究结论。因此,过去相关研究在此存在的有待完善之处给本研究留下了可进一步挖掘的空间。

(3)对品牌危机中微博用户信息分享行为静态情景因素影响机制进行研究。本研究构建了信息可视化、信息情感性以及信源权威性对转发及评论行为的影响机制模型,并分析了各路径分别在不同性别、年龄、学历及职业群组间影响的大小差异。关于信息分享行为影响机制的研究,过去文献主要从"个人特征—动机—行为"的视角,通过回归模型(如逻辑回归)、方差分析等方法对相关因素的影响机制进行研究。然而,前者沿袭了传统心理学研究范式,其自变量的选取更多来自于用户心理学变量,这可能会由于当下计算机信息技术的飞速发展,用户信息行为在很大程度上受到情景因素的影响,使得整个影响路径表现为:源自于情景,作用于心理,表现于行为。因此,在信息行为影响机制研究中更需要从情景因素视角出发。对信息行为进行探索,以便更好地从动力的源头上揭示用户行为产生的作用机理,从而得出更为全面的研究结论,不断完善现有的研究;而后者通常只能得出自变量对因变量的影响是否显著、影响大小以及方向如何等诸如此类的研究结论,而不能得出自变量对因变量产生影响的具体路径如何以及路径系数大小如何的研究结论,即只"知其然而不知其所以然"。在此背景下,本研究从信息情境理论、信息场理论以及信息加工理论出发,以"信息可视化"、"信息情感性"以及"信源权威性"为自变量,以"感知流畅性"、"认知专注度"及"线索依赖度"为中介变量,以"伤害邻近性"为调节变量构建理论模型,以此研究静态情景因素对危机信息分享行为的作用机制。本研究无论是在自变量、中介变量及调节变量的选取上,还是在作用路径的构建及不同用户群组效应差异的比较分析上均具有一定的创新性。

(4)提出了品牌危机中微博用户信息分享行为精准监控策略。根据用户信息分享行为特征分析、影响因素提取及作用机制探索的相关研究结论,从信息分享行为监控时段定位、静态情景指标及动态情景指标三方面提出具体性、精确性的监控策略。在过去的研究中,学者们多从宏观及中观层面提出信息分享行为监管方案,而对具体性及精确性的监控策略的研究相对很少。然而企业在根据这类宏观及中观策略对危机信息分享行为进行实际监管操作时很可能会存在一定难度,如针对性不强以及难以落实等。同时,过去的研究在对监控指标级别划分以及监控时段定位方面,主要建立在定性分析及描述性统计分析基础上,由于定性分析及描述性统计方法本身存在局限性,故其研究结论的精确度仍有待进一步提高。此外,在之前的有关用户信息行为监管策略的文献中,从情景因素视角提出对信息行为进行监控的研究依然很少。因此,本书基于情景因素视角,尝试对品牌危机中微博用户信息分享行为提出具体性、精确性的监控策略,在理论上和实践上均具有一定的创新性。

第 2 章 研究动态与理论基础

本章通过文献梳理及理论阐述,为下文研究奠定理论基础,提供理论支撑。在相关文献梳理中,笔者主要从品牌危机传播、微博信息传播、信息行为研究以及行为情景因素方面展开。在此基础上,对信息情境理论、信息场理论、信息加工理论、心理场论以及信息行为理论进行阐述。本章研究框架如图 2-1 所示。

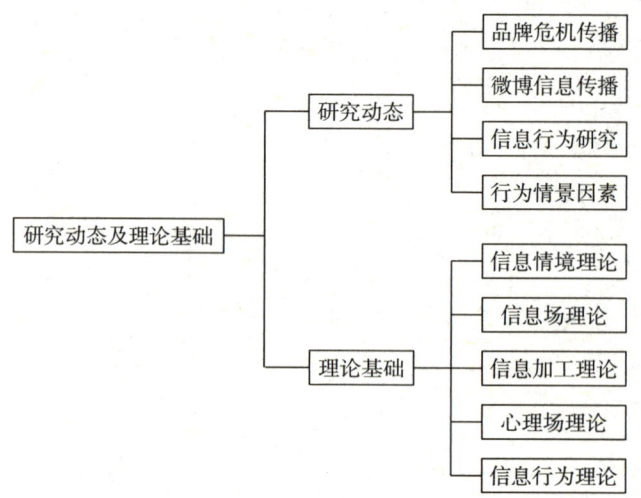

图 2-1 本章框架结构图

2.1 研究动态

2.1.1 品牌危机传播

关于品牌危机传播,本书主要从品牌危机定义、危机信息传播及危机信息监管三方面对国内外相关文献进行梳理。

2.1.1.1 品牌危机概念

(1)危机

关于危机的概念,不同学者有不同的界定。其中,Rosenthal & Pijnenburg

(1991)把危机定义为对组织和企业的基本价值体系和运营结构存在严重威胁,需要在短时间内以及不确定性情境中做出关键性决策的事件,并认为危机会对组织核心价值产生重要影响,目前该定义在相关研究领域得到了较大认同。而Barton(1994)将危机定义为存在很大不确定性,并对组织或企业产生难以预料的负面效应,若处理不当该事件可能对组织、员工、声誉、产品、资产和服务等多方面直接造成重大损失或导致严重后果。E.M.Perse(2001)则认为危机具有不确定性和突发性,容易引起失控及情绪激化,会影响大量人群,甚至可能会危及组织的生命和财产安全。

(2)品牌危机

关于品牌危机,Dawar & Lei (2009)认为品牌危机是指由于企业自身、顾客结构、竞争对手以及其他外部环境出现突发性变化,或因实施了不当的品牌战略,从而损害了品牌形象或企业形象,导致人们品牌信任度的降低,进而直接对品牌乃至企业生存构成的严重威胁。自品牌概念从国外引入中国,各领域专家学者对品牌危机的概念也有着各不相同的定义。吴狄亚和卢冰(2002)将品牌危机定义为由于企业外部环境出现异常,或者企业执行了非有效或不恰当的品牌运营战略,从而损害了企业形象或品牌形象,并在短时间内降低了人们对品牌的认同感和信任度,从而影响了消费者的购买意愿或继续购买意愿,由此对品牌生存和发展构成严重威胁。郭益盈(2006)在对品牌危机定义时则强调了媒介及信息在危机传播中所起的重要作用,认为品牌危机是由于企业品牌运营或市场营销管理出现无效或不当,或者因为竞争格局、顾客特征等外部环境发生未预料的变化,使得关于企业管理、品牌形象及产品服务等方面的负面信息迅速而广泛地传播于社会公众,引起人们对该品牌的怀疑,降低公众对品牌的好感和购买意愿,甚至出现对品牌拒绝与敌视行为,从而对品牌维系和发展构成严重威胁。

以上文献分别从不同视角对品牌危机进行了界定和描述,然而随着信息技术的快速发展,以互联网为代表的各种新媒体的涌现极大地影响了品牌危机的形成、信息的传播以及危机的演化过程。结合过去相关研究结论,本研究则从媒体传播角度对品牌危机进行如下界定:当企业或组织的运营或管理出现无效或异常,或因为竞争者、顾客等外部环境发生未预料的变化,或由于外界出于某种恶意而虚传的谣言,使得有关企业形象、组织形象以及产品服务等方面的负面信息广泛传播和迅速扩散,导致发展势态失控,从而引起人们对品牌的怀疑,降低了公众对品牌的好感,甚至出现对品牌的拒绝与敌视行动,从而对企业或组织的生存和发展构成严重威胁。

2.1.1.2 危机信息传播

(1)基于信息视角

美国学者 Fearn-Banks(1996)将危机传播定义为在危机事件爆发前期、中期及后期的任何一个环节中,通过介入其中设法在组织及其公众之间进行相关信息传播的过程。Austin 和 Fisher(2012)从受众对信息渠道选择的视角,借助 SMCC 理论模型将受众对信息渠道选择的特征总结为:①在危机事件爆发时,由于公众想获得更为准确的内部信息或者希望能与亲朋好友进行讨论,相对于传统媒体他们常常更愿意选择通过社交媒体获取相关信息;②媒体的互动性、便捷性、信息超载以及个人推荐等特征成了危机发生时公众究竟选择通过社交媒体还是通过传统媒体获取相关信息的重要影响因素。Duggan 和 Banwell(2004)则从内部及外部两方面分析信息发送和信息接收过程中的影响因素,并基于信息发送及信息接收的过程视角进行模型构建,认为信息在传播过程中的编码特征对危机信息传播效果产生重要影响。然而,随着互联网及信息技术的快速发展,网络危机信息传播的相关研究也日益成为学者们关注的热点和重点。由于互联网信息传播机制和影响因素所具有的复杂特征,国内外学者主要借助复杂网络理论以及系统仿真等方法对互联网危机信息传播进行研究。P.R.Monge 等(2003)从网络的系统特征出发,以复杂适应系统理论为基础,利用计算机仿真及模拟技术,对危机传播过程中各影响因素间的相互作用及其动力机制进行了探索和研究。Moreno 等(2004)主要着眼于危机信息在传播过程中的演化规律和特征,基于复杂网络理论,构建了无标度网络危机信息传播模型,并运用计算机仿真技术对危机信息传播过程进行模拟和分析。Coombs(2002,2004,2007)则以信息传播的情境因素为研究视角提出了"情境危机传播理论"(situational crisis communication theory,SCCT),该理论主要阐述信息在传播过程中会受到不同情境因素的影响,而不同情境因素则通过差异化作用机制对危机信息的传播过程及传播效果产生不同影响,该理论可帮助企业或组织识别危机信息传播中的不同情境影响因素,并可基于此提出针对不同种情境的危机应对策略。

(2)基于过程视角

除了基于信息视角外,也有学者从信息传播的过程视角对品牌危机传播进行研究,也获得了一定的研究成果。这类研究主要认为危机信息的传播过程由多个阶段组合而成,各阶段相互衔接且具有不同的特征趋势。Fink(1986)所构建的"阶段分析理论"认为危机传播过程经历着现象期、成长期、持续期及恢复期四个相继发展的阶段,该阶段的划分是危机信息传播过程理论的代表,已得到大量学者的认同。曹劲松(2010)则以危机信息传播过程的时间轴线作为阶段划分标准,认为网络危机信息传播经历着扩散、热议、升华、延续四个阶段。

2.1.1.3 危机信息监管

从危机传播的功能和作用视角出发,Heath(1998)认为在危机信息传播的不同阶段应该具有不同的管理重点和功能特征,基于该思想,Heath 提出了著名的 4R 模型,认为完整的危机管理过程应该具备前期、就绪、实施及回归四个阶段。其中,就绪阶段,即对危机发展态势进行监视和预警,配备相应人员及资源对危机进行跟踪和识别;实施阶段,即对危机发展态势进行分析,据此制定有效和高效的危机应对策略,并对危机实施控制和管理。由此可见,在危机管理中,了解和掌握危机信息传播的规律特征,对危机信息传播过程进行有效监控和预测是正确制定危机应对策略及对危机传播进行有效干预的重要基础。贺正楚(2003)则明确指出对危机信息传播过程进行监控和预测是一切危机管理工作的起点,在危机信息传播过程中,企业或组织要足够重视危机信息传播过程演化的规律特征及其监控环节,注重系统性、全面性及连续性的数据收集、分析和利用。魏玖长等(2006)则从元搜索引擎理论出发,开发出一种具有智能性和实时性的危机信息传播监控系统,该系统能较好地监视和跟踪危机信息传播过程,利用这些信息可以帮助企业或组织制定有效的危机应对策略,从而提高危机管理效率,有助于企业在危机传播中化危为机,将危机损害最小化。叶秉喜(2004)通过对具体案例的归纳和分析,发现一些组织或企业在面对危机信息传播时束手无策,或不能对危机信息传播过程进行有效干预,认为出现该现象的主要原因在于管理者未能对危机信息传播进行有效监控,从而无法实施信息反馈和信息干预工作。王知津和宋正凯(2006)从竞争情报理论视角对品牌危机信息传播过程及应对策略进行了分析和探索,认为危机传播管理过程应该强化对危机信息的监测、识别和共享,并利用危机信息的监测和识别结果对信息网络、组织网络以及人际网络进行有效整合,从而实现有效和高效的策略制定和危机管理。

2.1.2 微博信息传播

近年来随着微博信息平台的迅速发展,关于微博信息传播的相关研究已成为学者们关注的热点。同时,随着研究工作的不断拓展,相关研究领域及研究主题也在不断扩大,其中微博信息流、信息传播模型、传播影响机制等研究主题更是近年来学者们关注的重点。

2.1.2.1 微博概念及特征

关于微博的定义和特征,不同学者进行了不同的界定和阐述。Kaplan 等(2015)认为微博是一种进行信息发布、传播、分享和互动的信息平台,它充分利用了互联网信息传播的优势,使用户可以通过该平台对一定容量大小的信息进行发布和互动,包括文字、视频、音频、图片等格式的数据信息。李开复(2011)则将微博定义为一种便捷、及时的信息传播和交流平台,也称为微型博客,用户在微博中可以形成各种形式的用户关系网络,可以根据自己的需要参与或构建某种特定虚拟社区,借助这些特定的关系网络,用户可即时进行 140 字左右的文本、音频、图片以及视频等格式的信息的发布、传播、分享及交流行为。关于微博的属性特征,多数学者主要是借助传播学理论从信息传播特征及传播模式等方面进行阐述,如杨晓茹(2010)从微博传播过程、用户特征、信息特征等角度对微博传播特征进行归纳和描述,认为微博传播具有形式交互性、内容广泛性、信息碎片化、传播及时性、信息微小性、用户多元性等特征。赵玲和张静(2013)则认为微博信息平台主要提供了关注、被关注、转发及评论等信息行为功能。其中,用户通过关注他人微博获得信息,通过被他人关注使自己的信息得以传播,通过对他人微博信息的转发和评论实现信息的共享。

2.1.2.2 微博信息传播影响因素

Suh 和 Hong 等(2010)使用主成分分析法对大量微博数据进行处理,探索了微博中信息转发行为的主要影响因素。研究发现,博文中的标签和统一资源定位符(URL)对转发行为影响最大,其次是博文作者账号开通时间的长短、作者粉丝数以及关注数,这些均与博文转发存在显著相关,而博文作者的微博发布数量与信息是否被转发之间的相关性不明显。Liu 等(2012)则是以 HSM 理论为基础,从信息的启发式及系统式线索出发,对微博信息传播及扩散的影响因素进行研究,并以突发事件信息在新浪微博中的转发数据作为实证数据来源,通过回归模型检验和分析各变量间因果关系。研究发现,信源吸引力、信源可信度及信源专业性均对信息转发行为产生显著正向影响,同时危机信息传播所涉及的媒体数量对信息转发行为也具有正向效应。Stieglitz 和 Xuan(2011)从信息情感性差异视角对政治事件信息在微博中被转发的影响进行研究,发现相对于中性情感性信息,具有正向或负向情感的信息更容易被转发。Cha 和 Haddadi 等(2010)从博文作者的属性视角,对信源用户的粉丝数、信息的转发总数以及提及数(@用户昵称)所产生的影响进行比较分析,发现用户特征因素与他们信息的转发及被转发行为存在显著相关,并对转发及被转发行为产生重要影响。Hansen 和 Arvidsson 等(2011)通过机器学习方法将 Twitter 信息分为新闻类及非新闻类两种类型,并采用内容分析对该微博中每天所发布的信息的情感性进行赋值,构建回归模型,对信息情感性与信息传播特征关系进行研究。结果表明,Twitter 平台上的信息情感性与信息传播特征存在显著相关,且负面情感性内容容易导致新闻类信息的传播,正面情感性内容容易导致非新闻类信息的传播。在国内相关研究中,张媛伊(2013)通过对用户的微博营销信息行为研究发现,微博博文作者的专业性对信息转发和评论行为均具有显著影响。孙会和李丽娜(2012)在对新浪微博信息转发排行榜的热门微博进行文本分析后发现,微博信息内容特征是人们在进行信息转发时加以考虑的重要因素。其中,内容轻松、愉悦及实用的信息获得的转发率最高,而图文型信息相对于复杂冗长的微博信息则更容易被转发和分享。

2.1.2.3 微博信息传播模型

关于微博信息传播模型,Kwon 和 Cha 等(2013)通过对微博数据的收集和处理,对信息转发行为的特征及影响机制进行了实证研究,构建了微博用户信息转发行为理论模型,该模型可用于对用户转发行为进行预测和分析。Wang 和 Jin 等(2012)认为那些没有关注过信息发布者的用户仍然会对信息进行转发,同时,博文的转发用户可能会对相同的信息进行多次转发。在此基础上,文献借助了 SIS 病毒模型,将上述两种转发行为特征作为变量融入模型中,从而构成了新的信息传播模型,该模型可用于对信息转发行为进行动态描述。Boyd 和 Golder 等(2010)通过对 Twitter 的研究,分析微博中各种信息转发行为的不同形式,探讨了微博用户对信息转发行为的多种可能性动机。Yang 和 Counts(2010)则通过对 Twitter 微博的实证研究,从时间距离、用户属性以及博文特征等方面归纳出信息转发行为的 22 个特征,人们可根据这些特征变量对用户信息转发行为的演化进行预测。易成岐和鲍媛媛等(2013)根据信息传播呈现的不同网络特征,把微博信息传播模式归结为七种类型,其中每种类型具有不同的信息传播机制和传播形态。平亮和宗利永(2010)则主要借助复杂网络和社会网络理论,通过新浪微博中的相关数据,以用户间的"关注"与"被关注"作为研究重点,从中心性、度、节点等网络属性特征角度构建了微博信息网络传播模型。

2.1.3 信息行为研究

2.1.3.1 信息行为特征及分类

Davenport(1997)认为信息行为是指人们根据自身需求,通过某种方式或手段对信息进行搜寻、查找、存储、处理、利用及分享的过程。Sonnenwald(1999)将信息行为视为用户为了满足特定信息需求而与信息资源进行协同互动的过程,主要涉及用户的信息检索、搜寻、处理、利用、分享及交流的过程。在互联网环境下,由于网络的便捷性以及网络所具有的强大功能,网络用户的信息行为则具有更为独特而广泛的特征。李书宁(2004)则把网络用户信息行为表述为用户在网络环境下,受到自身信息需求刺激以及受到特定动机的影响,从而使用某种工具或信息平台对信息进行检索、选择、分享、交流以及发布等行为的集合。由于信息行为是一种人类特有的活动,因此具有多种社会属性特征。邓小咏和李晓红(2008)指出人们的信息行为主要具有六大特征,即社会性、便捷性、经济性、目的性、习惯性和积累性。然而,由于信息行为是人们以信息为客体所进行的一切相关活动的总和,因此根据其目的和功能的不同可将信息行为划分为不同类型。王艳和邓小昭(2009)通过对网络用户信息行为的归纳,认为网络用户所有信息行为主要包括信息搜寻、信息保存、信息处理、信息利用、信息分享、信息互动六种类型。

2.1.3.2 信息行为影响因素

Harris 和 Dewdney(1994)较早提出了信息查询和信息获取行为的六大基本原则:①有助于主体进行信息查询和信息获取的环境或情境则能够促进他们对信息需求的产生;②在信息查询与获取过程中,内部及外部诸多因素会对信息行为主体是否寻求帮助产生重要影响;③信息获取的便捷性以及资源的易用性是用户进行信息获取的两个重要影响因素;④人们更愿意从自身人际关系网络中获取相关信息,尤其愿意从与自身状况存在较大相似的人际或信源处搜寻信息;⑤信息行为主体在进行信息查询、获取及利用过程中期望能得到内部或外部某种情感的支持;⑥人们的习惯行为会对信息的寻求和利用产生重要影响。由此可见,在人们进行信息查询、获取和利用过程中,内部及外部环境均会对用户的信息行为产生重要影响。一方面,用户信息行为会受到行为主体的人口统计特征差异的影响,如年龄、学历、职业、性别、认知风格以及信息技能等内部因素的影响;另一方面,也会受到诸如网络环境、信息情景、软件及硬件等外部因素的影响。王艳和邓小昭(2009)认为在网络环境中用户的信息行为会受到多种因素影响,主要包括信息特征及信息环境因素。其中信息特征主要指信息的表征与组织形式、信息的符号表义形式;信息环境因素主要体现在网络硬件与软件、互动形式、信息系统、社会规范以及行为时空等方面;信息行为情境因素,主要包括行为的激发性及阻碍性情境因素;信息用户的个体特征,主要包括工作角色、媒介素养、认知风格、时间框架、知识结构、社会阅历等方面。曹双喜和邓小昭(2006)指出网络用户的信息行为一般受个人特征、社会关系、人际关系及内外部环境等方面的影响。甘利人和白晨等(2008)从信息行为主体认知风格的视角,将网络信息用户分为场依赖型及场独立型,并指出场依赖型用户相对于场独立型用户的信息行为更容易受到外部环境的影响。林平忠(1996)通过对大量用户信息行为数据的分析,认为人们的信息行为会受到来自主体内部以及外部环境因素的影响,如用户的信息素养、认知风格、信息环境以及信息需求驱动因素等方面。

2.1.3.3 信息行为模式

信息行为理论及相关模型能够揭示信息行为的功能结构、构成要素及其作用机制,能为互联网用户信息行为的相关研究提供理论基础和支撑。国外学者在信息行为领域开始研究的时间相对较早,多偏向于运用成熟的心理学作为基础进行理论研究和模型构建。其中,Wilson(1981)是较早对信息行为模型进行研究的学者,他提出了至今具有较大影响力的Wilson信息模型,该模型认为个体信息行为起始于信息需求,在此基础上产生对信息的寻求、传播、利用和分享等行为过程,其中在需求出现直至行为产生的过程中会受到多种外部因素的影响。其后,Wilson(1999)再次对该模型进行了完善,在原来模型基础上融入了情境影响因素和相关中介变量,并认为在行为过程的各环节中均存在动力机制作用。由于Wilson首先考虑了情境因素的影响,这期间所创建的理论更侧重于对用户信息行为产生的原因和途径进行研究,并强调应将与信息行为相关的环境因素放入理论模型中。因此,该研究思想为之后的信息行为情境理论的研究奠定了坚实基础。其后，Niedzwiedzka(2003)提出了信息行为一体化模型，该模型表达了三个观点：①将信息行为的中介变量与情境影响因素进行融合；②信息行为总是发生于某些情境之中；③信息行为过程受到多种动力机制的影响和驱动；④用户信息搜寻存在两种检索方式，即通过完全独立自主的方式以及通过媒体中介作用方式。Spink 和 Cole(2006)提出了"信息行为初级模型"，认为人们所处的某些"预先情境"刺激了他们根据自身已有的知识结构在一定范围内进行信息查询、采集、处理和利用等信息行为，人们的信息行为过程是用户不断调节自身行为以适应持续变化的外部环境或情境，从而保持认知上的平衡状态。Taylor(1986a)从信息行为环境因素出发，提出信息使用环境理论（information use environment，简称 IUE），并于 1991 年在此基础上进行了补充和完善，指出信息行为环境是用户信息需求、检索、选择及利用等行为产生的始点，不同的信息环境或情境培养了不同的信息行为主体，从而使得不同环境或情境中个体的信息行为会出现不同的特征和状态。Sonnenwald(1999)构建了信息视域（information horizons）理论，其中状况（situation）、情景（context）及社会网络（social network）构成了该模型的主体框架，该理论可用以分析用户信息行为特征及其影响因素。在此基础上，还通过实证研究发现了情境因素对人们信息行为的形成具有重要作用。Byström 和 Järvelin(1995)指出情境因素、个体差异、环境结构以及查询类型均对用户信息行为产生重要影响，不同的个体经历和认知风格造就不同的信息行为。国内学者在该领域也一直进行着探索和研究，如王艳和邓小昭(2009)借助行为学、传播学以及社会学等相关理论对网络用户信息行为进行了研究，而甘利人(2007)则通过对科技用户信息行为进行研究，发现在互联网环境下，网络环境特征、系统特征以及个人特征对用户信息行为产生重要影响，并以此构建了信息行为影响因素分析模型。

2.1.4 行为情景因素

2.1.4.1 情景概念及分类

Schilit 和 Adams 等(1994)对情景的概念做了界定，认为情景是个体感知到的实体存在、实体位置、周围资源以及这些状态信息的变化，并认为情景因素可划分为物理情景、计算机情景、用户情景三种类型。Schmidt 和 Beigl 等(1999)认为情景是用以对事物、设备以及用户等所处的状态、发展趋势及环境特征的相关信息进行描述，主要包括主体、行为及环境三方面，且每个主体均对应着一组相关的情景特征信息,如计算机情景(包括网络带宽、连通性及周围的信息资源)、物理情景、时间情景、用户情景及社会情景。Dey(2001)也对情景进行了定义,认为情景是主体周围环境中可用来揭示其所处状态(如历史状态)的所有显性或隐性的信息,既包含计算机或网络中的应用程序,也包含用户主体自身以及用户与应用程序交互过程中相关实体的位置以及人或物,该定义目前已得到大量学者的认同。根据不同标准,情景因素可划分为不同类型。Dey(2001)认为情景信息主要包括用户环境中的实体、位置、方向、情感状态、时间信息以及关注点等。Christiansen和Dahl(2005)则认为情景是用户在与他人交互过程中与用户相关的物理性及社会性的任何可感知或非感知的实体和信息的总和。Snowdon和Grasso(2000)认为情景具有多个层级结构,主要包括:个体层(personal)、项目层(project)、群体层(group)和组织层(organisation)。Henricksen和Indulska等(2002)对情景的内涵进行了拓展,认为情景是指用户、计算机以及所处环境的所有特征、状态和趋势信息的总和。关于情景的定义和特征,国内学者也对此进行了积极的研究,姜卉和黄钧(2009)从事态演化的视角,将情景定义为在突发事件出现后行为主体所面临的事态演变、所处状态以及未来发展趋势。李仕明(2010)认为情景是事物在发展和演化过程中所呈现的势态和状况的集合。其中,势态是演化趋势及演化过程信息的体现,状况则是演化后的结果。顾君忠(2009)则将情景因素划分为:用户情景,主要指用户人口统计特征、用户身份及用户所处方位等;时间情景,主要包括时间距离、季节、月份、星期及每日时段等;计算机情景,主要指系统特征、网络状况及网络关系等;社会情景,主要包含社会规范、道德、习惯、制度、法律等;物理情景,主要指硬件设施、方位、摆设、亮度、温度等。此外,根据情景被察觉的难易程度,可将情景分为显性情景和隐性情景,前者主要指用户能够察觉和感觉到的因素,如设施状态、数据及温度等,后者主要指用户难以察觉和感觉到的因素,如关系网络、用户偏好以及个体身份等。

  本研究在前人研究的基础上,从网络环境视角,将情景定义为关于主体所处状态以及周围环境变化的所有信息的集合,用以对主体和客体所处状态、环境特征及发展趋势等方面进行描述,主要包括主体、行为及环境三方面。并将之分为静态情景及动态情景两种类型,静态情景主要指主体、行为或环境所固有的属性维度,或不随时间变化而变化的因素;动态情景主要指主体、行为或环境中会随着时间变化而变化的因素。

2.1.4.2 情景因素效应

Biederman(1972)认为信息查询过程总会受到多种因素的干扰,而这些干扰因素的组合便构成了一类特殊信息,即情景信息(context,又称背景信息)。然而,人们的信息行为并非独立存在,它的演化过程和所处状态总是情景和环境连续作用的结果。Gibson(2000)认为在人们的视域中总存在着复杂而丰富的场景和情景结构,一旦某事物发生了变化,也会对其他相关事物产生重要影响,这种事物结构体称为共变关系(covariation)。Kintsch 和 Dijk(1978)认为用户在信息阅读过程中会在脑海中形成浅层表征、基础表征及情景表征三种理解形式,其中情景表征是指用户为了对文本信息形成全局性和连贯性的认识而根据自身经历及背景知识对信息情景进行整合,它是人们对信息加工和理解的最高层次。Zwaan 和 Radvansky(1998)认为人们在对信息进行加工和解析时,主要从信息情感特征、空间方位、因果关联、时间维度以及主体目标等方面构建信息表征情景模型。Zwaan(1995)则通过"事件—指针"模型的构建,发现信息用户对信息进行解析的过程会受到时间信息及空间信息两种情景因素的影响,当用户离开某个方位或间隔一定时间后,人们在头脑中便会形成一种与从前不同的情景模型对相同信息进行表征和理解。Adomavicius 和 Sankaranarayanan 等(2005)通过对信息推荐模型的研究,指出在信息推荐机制中应加入情景信息的相关内容。Cho 和 Lee 等(2006)以情景为基础进行了信息多维协同过滤研究,认为情景因素对信息的推荐效果会产生重要影响,因此有必要将信息的情景因素引入信息推荐模型中,加强情景因素特征及其影响机制的研究。Oku 和 Nakajima 等(2006)从情景因素视角对信息推荐的评分排序进行了研究,结果显示不同情景中的相同用户对信息内容重要性的认知存在明显差异,这表明情景因素对人们的信息加工和处理产生重要影响。蒋英杰(2012)则从认知模型及人因可靠性视角分析了情景环境对人们行为模式产生的重要影响。该研究主要运用控制科学理论探索情景环境如何对人们行为产生误差,并将情景环境分为静态情景和动态情景两种类型。

2.1.5 研究评述

2.1.5.1 研究成果

随着微博信息平台的迅速发展以及在多领域的广泛应用,危机信息微博传播相关领域的研究也成为人们关注的热点,也取得了一些成果。总体而言,这些研究多数围绕公共危机事件或突发事件的主题展开,研究内容主要集中于微博信息的传播结构、传播模式、用户特征、影响因素、信息行为、信息挖掘、用户关系等方面,其研究方法主要是文本分析、描述性统计、回归模型、方差分析、主成分分析等,在样本选取和数据采集上,主要以国外的 Twitter 以及国内的新浪微博作为研究对象或样本数据来源。

2.1.5.2 研究不足

虽然过去的研究在微博信息传播的相关领域已取得了一定研究成果,但结合本研究的内容和目标,过去研究仍存在不足和有待进一步完善之处。

(1)关于用户信息行为的动态机制研究依然缺乏。过去的相关研究主要采用相关分析、方差分析及回归模型对用户转发和评论行为的影响因素、影响路径及过程特征进行探索和分析,这类研究通常只能得出自变量对因变量是否具有显著影响,以及影响大小和方向如何等诸如此类的研究结论,而难以得出自变量对因变量产生影响的动态特征如何的相关研究结论。由于对应的自变量与因变量均以时间序列存在,它们之间的大小关系以及影响的正负性在不同时点上均不断变化,即变量关系存在动态性,而仅通过某一时点或总体相加数的相关分析以及回归分析难以实现对自变量与因变量动态关系的准确描述。其中,过去关于信息行为影响机制的研究多数是从静态机制视角展开,而从动态机制视角展开的研究文献相对较少,而从情景因素的视角对危机信息分享行为动态影响机制进行研究的文献就更少了。

(2)国内关于微博领域的研究起步较晚,在信息行为特征、冲击响应、影响力、扰动贡献率以及行为预测等方面的研究精准度有待提高,且关于信息行为波动的自相关性分析在现有文献中几乎未有涉及。在过去的研究中,关于波动特征的分析主要是通过描述性统计分析,以及对总数折线图走向趋势的分析而得出相关研究结论。实际上,这些波动是由趋势成分、周期成分及不规则成分组合而成,且同时具有自相关性及集群性特征,因此在研究时若仅通过描述性分析而不对各特征成分进行分解分离,则其结果只能得出较为粗略的研究结论,难以得出对波动的自相关性、趋势特征、周期特征、不规则特征及集群特征较为精确的研究结论。

(3)虽然过去文献已提及或阐述了情景因素会对用户信息行为产生影响,但具体何种影响并未说明。此外,关于信息分享行为影响机制的研究,过去文献主要是从"个人特征—动机—行为"的视角,或者通过回归模型(如逻辑回归)、方差分析等方法对相关因素的影响机制进行研究。前者沿袭了传统心理学研究范式,其自变量的选取更多来自于用户心理学变量,这可能会由于当下计算机信息技术的飞速发展,导致用户信息行为在很大程度上受到情景因素的影响,使得整个影响路径可能表现为:源自于情景,作用于心理,表现于行为。因此,信息行为影响机制研究更需要从情景因素视角出发对信息行为进行探索,以便更好地从动力的源头上揭示用户行为产生的作用机理,从而得出更为全面的研究结论;而后者通常只能得出自变量对因变量的影响是否显著、影响大小如何以及方向如何等诸如此类的研究结论,而不能得出自变量对因变量产生影响的具体路径如何以及路径系数大小如何的研究结论,即只"知其然而不知其所以然"。

(4)关于用户信息行为具体性监控策略的研究依然很少。过去的研究多数只给出宏观及中观层面的应对策略,而微观可操作、具体性、精确化的监控策略依然很少。而企业在根据这类宏观及中观策略对危机信息分享行为进行实际监管操作时很可能会存在一定难度,如针对性不强以及难以落实等。同时,过去研究在对监控指标级别划分以及监控时段定位方面,多数建立在定性分析及描述性统计分析基础上,由于定性分析及描述性统计方法本身所存在的局限性,其研究结论的精确度仍有待进一步提高。此外,从情景因素视角对信息行为进行监控的研究也依然缺乏,相关的研究也有待进一步完善。

2.2 理论基础

2.2.1 信息情境理论

2.2.1.1 信息使用环境理论

Taylor(1986a)提出了信息使用环境理论(information use environment,简称 IUE),并于 1991 年对该理论进行了补充和完善。该理论认为,信息使用环境可促使用户形成信息需求,并驱动他们积极地进行信息搜索、查询及利用等行为,它是用户信息需求产生以及信息搜寻、评估和利用等一切信息行为的起点,通过对信息使用环境的分析,结合内部及外部信息,可实施对信息资源的利用、决策的制定、方案的提出及措施的改善等一系列活动。信息使用环境主要包括如下四个方面:用户个体、待解决的问题、应对策略、信息环境(Taylor,1986b;Taylor,1991)。用户在信息使用环境中,会根据自身的信息需求在特定时间内查询和获取对他们有价值的信息。其中,信息使用环境中的各种因素会对他们的信息甄别和选择产生重要影响。总而言之,信息在用户间的流动、传递和利用均受到信息使用环境的影响,信息使用环境可用于信息的有用性及价值大小的判断。[①] IUE 理论强调,信息行为分析应以信息用户为中心,并对其信息行为过程中的信息环境加以考虑,这充分体现了信息行为研究善于把用户心理特征及社会取向相结合的研究理念。另外,该理论指出用户的不同职业和社会角色会对人们的信息行为产生重要影响,这些因素在某种程度上培育了用户信息行为的不同特征。在此基础上,它还根据人们工作属性及社会角色的差异将用户分为不同职业类型群体,该信息用户分类观有助于人们对不同职业领域的信息行为进行深入研究(Taylor,1996)。

2.2.1.2 信息视域理论

Sonnenwald(1999)在实证研究基础上提出了信息视域(information horizons)理论,该理论架构主要包含社会网络关系(social network)、情景因素(context),以及所处状况(situation)三个基本构念。该理论通过实证分析,研究了不同情境因素对用户信息搜寻行为的影响,为人们信息行为的研究提供了一种结构性分析框架和手段,可用来解析用户的信息检索、信息利用及信息分享等信息行为特征。信息视域理论主要包含如下五个基本观点:①用户信息行为主要由用户主体、情境因素、所处状况以及社会关系四部分组成;②信息用户能够感知所处环境的变化,并对此进行评估及做出实时反应,用户信息行为是由于他们缺乏某些知识而形成的一系列评估、选择及反应的行为过程;③用户通常会在自身信息视域范围内进行信息搜寻、信息获取及信息利用等信息活动;④用户信息搜寻行为是个体不断调整自身行为而与信息资源保持互动、协同的过程;⑤用户信息视域包含多种信息资源,这些信息资源可用来应对他们所发生的情况,且在该信息视域中,用户会根据自身条件采用最优方案进行有效的信息搜索、查询、获取及利用等信息行为(Trusina, Rosvall M & Sneppen, 2004)。该理论可用于分析用户在进行信息行为时所产生的想法、意愿以及最终形成的决策行为,其中主要包括用户个人偏好、人际关系、信息环境、情境因素、分享意愿等方面(张海游,2012)。

---

① CHIANG I P, YANG S Y. Exploring users' information behavior on facebook through online and mobile devices[M]. Springer Berlin Heidelberg,2015:354-362.

2.2.2 信息场理论

Fisher(1999)在研究中发现,人们周围的环境并非独立存在,而是一个由多种影响因素组成的巨大共同体,这些因素相互影响,相互作用。他在此基础上提出信息场(information ground)这一信息学概念,并将这种由诸多影响因素构成的巨大环境称为信息场。起初,他将信息场定义为人们为了实现某种目的而聚集在一起的特定场所,该场所却营造出一种氛围能够促使人们自发地进行信息交流和信息分享等行为(Fisher,1999;Fisher,Landry & Naumer,2006)。在此基础上,Fisher于2002年对该理论进行了完善,并正式提出了信息场理论的七大基本命题:①人们在任何时间和地点信息场均可以存在和发生;②人们聚集于信息场是为了某种特定目的而非进行信息共享及信息交流行为;③在信息场中存在各种类型的社会个体,他们在信息分享及信息交流中扮演不同的角色,该现象有利于信息场的有效构成;④人们在信息场中的行为主要表现为社会交换活动,而信息流的形成和流动仅是该场所产生的衍生物;⑤在信息场中人们可以以正式或非正式的形式进行信息分享和交流,而其中的信息流可沿着任何方向进行流动和传递;⑥在信息场中人们可以采用任何形式获取信息,且信息的获得将对个体的生理、认知、情感以及社会等方面产生积极影响;⑦信息场由多种子环境构成,诸多子环境构成了巨环境体,该环境体即为信息场(Fisher & Naumer,2006)。

信息场影响因素三元论强调,个体、场所及信息三大因素对信息分享行为产生重要影响。

(1)个体。由于信息查询、信息分享等信息行为是社会的产物,因此,人的因素对信息场中信息搜寻及信息分享行为产生最重要的影响(Fisher & McKechnie,2005)。

(2)场所。由于信息场是由场所中一切显性及隐性要素构成,场所中的物理属性和社会属性均会对人们信息分享行为的方向和强度产生重要影响,场所的基本条件和状况可能会对人们的信息寻求和信息分享行为具有促进或抑制的作用,从而影响人们进行信息交流和信息分享的效果和意愿程度。①②

(3)信息。信息转发和评论的频率、主题内容、热点话题、信息源、信息可信度、易用性及熟悉度等信息特征均会对人们的信息分享行为产生重要影响(Fisher & Julien,2009;马岩,王锰,2014)。信息场三元论框架结构如图2-2所示。

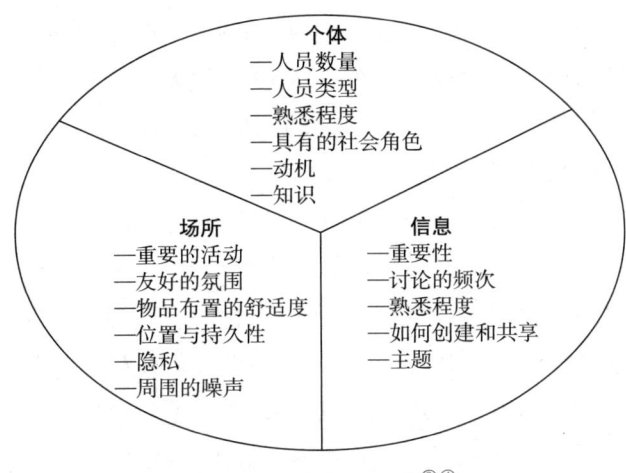

图2-2　信息场三元论③④

随着互联网技术的快速发展和广泛应用,网络媒体已成为人们获取信息的重要途径,也成为用户在虚拟环境里聚集的重要场所。Counts和Fisher(2008)在对移动社交网络信息行为进行研究时,将信息场概念引入了虚拟网络环境中,并指出,用户进行信息交流及信息分享的社交网络属于一种新型的信息场,它与现实环境信息场存在一定差异,其主要功能与现实环境信息场不同。其中,进行信息交流和信息分享是社交网络的主要功能和目的,而现实信息场中的信息共享则只是人们进行社会活动时所产生的衍生物(Counts & Fisher,2010)。Savolainen(2009)也对该内容进行了研究,他通过对信息寻求及信息分

---

① 马岩,王锰.国外信息场理论的发展与演进研究[J].图书与情报,2014,155(1):105-110.
② LIN P, EISENBERG M B, Marino J. Second life as an information ground: Implications for collaborative information behavior[C].Proceedings of the 2nd International Workshop on Collaborative Information Seeking.Florida,2010.
③ FISHER K E, LANDRY C F, NAUMER C. Social spaces, casual interactions, meaningful exchanges: "Information ground" characteristics based on the college student experience[J]. Information Research,2006,12(2):291-291.
④ 赵俊玲,周旭.信息行为研究中信息场理论发展评析[J].情报科学,2015(4):35-39.

享行为中的信息场理论与小世界理论的比较,发现在互联网迅速发展和快速普及的今天,信息场理论更适合对虚拟社交网络中的信息行为进行分析。

2.2.3 信息加工理论

2.2.3.1 精细可能性模型

精细可能性模型(the elaboration likelihood model,简称 ELM)是信息加工理论及说服效果理论中的主要理论之一,该模型将人们对信息加工的过程分为中心及边缘两条路径,不同加工路径对人们具有不同的说服效果,这体现了人们从信息接收到信息加工,再到态度改变的整个变化过程(Cacioppo & Petty, 1984)。其中,中心路径强调人们在获取信息后对信息进行细致分析和思考,积极甄别其中的相关论据并仔细寻找其中的相关线索,个体在该路径中对信息的认知程度较为精细;边缘路径则是指人们在获取信息后倾向于通过感性认知对信息内容和观点进行识别和判断,信息加工的精细程度相对较低,从而快速、直观地形成态度改变。ELM 认为人们态度的改变会受到他们对信息加工精细程度高度的影响(Pierro, Mannetti & Kruglanski, 2004),如果个体有能力且愿意对信息进行深入分析和思考,或者信息论据充分、逻辑清晰及数据准确,那么在该情况下他们更可能采用中心路径对信息进行加工和处理,从而使信息产生较佳的说服效果;若个体不具有对信息进行深入分析和思考的能力和意愿,他们便会通过某些容易觉察或容易获取的线索对信息进行加工和判断,从而快速形成态度改变(O'Keefe, 2008)。

2.2.3.2 启发系统式模型

启发—系统式模型(heuristic-systematic model,简称 HSM)与精细可能性模型相似,它根据人们对信息加工努力程度的差异将信息认知分为启发式及系统式两种类型,其中,人们的加工能力及意愿对他们加工的努力程度具有重要影响(Chaiken & Eagly, 1989)。其中,系统式方式与 ELM 的中心路径相似,人们对信息的显性及隐性线索进行全面而审慎的思考,在此基础上形成态度反应。而启发式方式则类似于 ELM 的边缘路线,但较之更为细致,且在"最小认知努力程度"原则下进行信息加工和处理(Todorov, Chaiken & Henderson, 2002)。HSM 将人们对信息加工的努力程度视为一个连续体,加工意愿和能力的高低差异影响了人们采用不同的加工方式,从而使得信息对人们产生不同的说服效果。当个体对信息加工的意愿和认知能力水平较高时,他们会通过系统式加工形成态度改变;而当加工意愿和认知能力水平较低时,个体则会通过启发式加工形成自身态度(Griffin,Neuwirth & Giese,2002)。

2.2.3.3 解释水平理论

解释水平理论(construal level theory,CLT)主要阐述了人们对信息的加工和理解会受到人们对事物心理距离的感知差异的影响,其中该心理距离包含时间距离、空间距离、社会距离及对事物真假性的感知[①],从而导致人们对事物解释水平存在高水平和低水平之分。其中,高水平解释主要是从事物的抽象特征及高图式化程度对事物进行认知,低水平解释主要是从事物的具体特征及低图式化程度对事物进行认知。[②] 当人们对事物的感知心理距离较大时,主体倾向于采用高解释水平对信息进行加工;而当人们对事物的感知心理距离较小时,主体倾向于采用低解释水平对信息进行加工。CLT作为认知领域的理论之一,认为不同的情境特征通常会引起人们对事物认知的差异。有学者对情境因素与解释水平之间的关系进行过研究,认为社会信息的共享程度与人们的解释水平存在相关性。[③] 在该理论的研究上,过去较多文献主要还是集中于对时间距离维度的研究,通常当主体对事物的感知时间距离较大时,则倾向于采用高解释水平的信息加工方式;当主体对事物的感知时间距离较小时,则倾向于采用低解释水平的信息加工方式。[④] 时间是人们对信息解释及行为选择的重要影响因素,针对不同的时间距离,人们对事物解释水平的差异会带来解释后不同效价大小的差异。对于一些事物,经过高水平解释后的效价要大于经过低水平解释后的效价;而对于另外一些事物,经过低水平解释后的效价要大于经过高水平解释后的效价。[⑤] 因此,时间距离的差异引起了人们对事物不同水平的解释,而不同水平的解释对于不同事物又产生了不同大小的感知效价,最后不同大小的感知效价导致了人们不同类型和程度的行为选择和决策。

---

① TROPE Y, LIBERMAN N, WAKSLAK C. Construal levels and psychological distance: Effects on representation, prediction, evaluation, and behavior[J]. Journal of consumer psychology: the official journal of the society for consumer psychology, 2007, 17(2): 83.

② TROPE Y, LIBERMAN N. Construal-level theory of psychological distance[J]. Psychological review, 2010, 117(2): 440.

③ JIGA-BOY G M, CLARK A E, SEMIN G R. Situating construal level: The function of abstractness and concreteness in social contexts[J]. Social cognition, 2013, 31(2): 201.

④ TROPE Y, LIBERMAN N. Temporal construal[J]. Psychological review, 2003, 110(3): 403.

⑤ 孙晓玲,张云,吴明证.解释水平理论的研究现状与展望[J].应用心理学,2007,02:181-186.

2.2.4 心理场理论

心理场理论主要由 Lewin(1951)创建和提出,其中心理场是该理论的核心概念,为了较好地阐述心理场的特征和作用,Lewin 使用了另一个概念对其加以说明,即心理生活空间(life space,又称生活空间),该空间主要由个人和环境两大因素构成。他认为,一个人的行为总是发生于特定时间和空间中,且会受到内部因素和外部环境的交互影响,即个体心理生活空间决定着他们的行为特征(Cartwright,1951)。心理场理论可用公式表示为:$B=f(P×E)=f(L×S)$,其中 B 表示行为,f 表示函数关系(也称为某种定律),P 代表个体,E 代表全部环境,L×S 为生活空间。该公式表明,人的行为特征是个体与环境因素交互影响的结果。在此基础上,Lewin 还借助拓扑学理论阐述了心理场的作用机制,他认为心理场的动力过程主要由需要、紧张、效价、矢量、障碍和平衡六个环节构成。[1][2] 其中,需要是指人们由于某种生理条件缺失而产生的一种驱动力;紧张则是人们由于存在某种需求而导致心理失调的一种情绪状态;效价表明人们在当前内部和外部环境下对某种需求所形成的主观性判断及情绪体验;矢量是指主体对客体具有的动机在强度和方向两个维度上的表达;障碍是指从需求产生到需求得以实现的过程中对该实现过程具有阻碍作用的任何事物;平衡则表明人们所采取的一切行为,其目的是跨越各种障碍以消除心理紧张,从而实现从心理失衡重新回到心理平衡的过程(Lewin,Heider & Heider,1936;Lewin,1939;Lewin,1951;陶鹏飞,2012)。

心理场理论表明,个体在任何时间点上的行为即为个人因素与外部环境交互作用而产生的结果,并时刻保持不断变化,是一个动态的过程,其中,环境的任何变化均会对处于该环境中个体的行为具有不同程度的影响。

2.2.5 信息行为理论

关于信息行为理论,不同学者从不同视角对人们信息行为进行了多种探索,从而形成了多种行为理论体系。结合本研究需要,笔者只选择当前应用广泛且具有较大影响力的两种理论进行阐述。

---

[1] LEWIN K,HEIDER F T,HEIDER G M. Principles of topological psychology [M]. McGraw-Hill,1936:185-190.

[2] 陶鹏飞.基于心理场理论的驾驶行为建模[D].吉林大学,2012.

2.2.5.1 一般性信息行为理论

　　Wilson(1999)一般性信息行为理论将用户信息行为视为一个有序的循环过程,以信息需求作为循环路径起点,以信息利用作为环路终点。该理论主要包含如下五个基本观点:①信息需求是整个模型的重点,个体在进行信息寻求和信息利用过程中会受到多种干扰因素的影响,它们对用户的搜寻效果和利用行为既可能存在促进作用,也可能存在阻碍作用;②信息寻求行为受到多种因素影响,存在多个动力机制环节,其中主动检索是个体信息行为的关键;③对获取的信息进行处理和利用则是整个环路的重要组成部分,而在该环路中存在多种中介变量对信息行为及动力机制产生重要影响,其中主要包括心理特征、人口统计特征、社会角色、人际关系、环境特征以及信源特征等;④该理论对信息获取过程的影响因素和动力机制尤为关注,其中主要包括个体认知风格、社会环境、信息交换、信息分享及信息利用等;⑤该理论还强调,个体对信息的需求可能来源于工作需要或生活环境,也可能来自用户工作角色或个体自身等方面,且与自身处境相似的用户对他们的信息行为起着重要干扰作用(Wilson,1997)。总而言之,一般性信息行为理论将个体信息需求、动力机制、影响因素和信息反应均纳入模型中,使得信息行为过程中的情境因素、干扰变量以及其中的动力机制更加清晰可见,从而能较好地用以对用户信息行为进行预测和分析。该理论模型如图 2-3 所示。

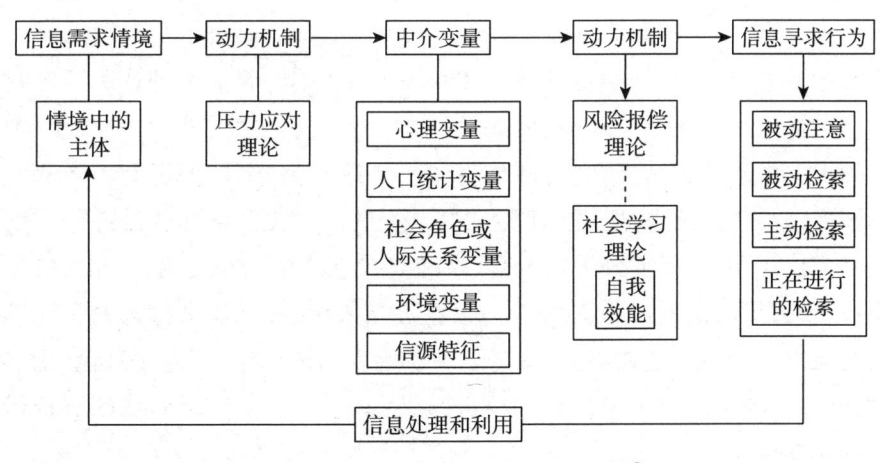

图 2-3　Wilson 信息行为一般性模型[①]

---

①　宋雪雁,王萍.用户信息行为研究述评[J].情报科学,2010(4):625-629.

2.2.5.2 信息行为一体化模型

Niedzwiedzka(2003)在对用户信息行为进行深入分析和实证研究基础上,对 Wilson(1999)"一般性信息行为理论"进行了批判,认为人们的信息行为几乎很少发生于一种完全独立的环境中,而是通常伴随着他人的信息行为,并与他人行为相互交织,相互影响,从而对自身信息行为产生重要影响和干扰。基于此,Niedzwiedzka 提出了"信息行为一体化模型",该模型继承了 Wilson(1999)一般性模型的核心理念,如擅长借鉴多学科理论的研究方法对信息行为进行探索,用户信息行为总是特定情境因素的产物,社会角色以及个体和环境在信息行为过程中发挥着重要作用等。该模型具有如下核心观点:①将信息行为中的中介变量与情境因素进行了整合;②信息行为总是发生于某些情境中,即用户信息行为是特定情境的产物;③信息行为过程的各环节均存在动力机制作用;④用户进行信息搜寻存在两种方式,即通过完全独立自主方式以及通过媒体中介作用方式(宋雪雁、王萍,2010)。

2.3 本章小结

本章对相关文献及对相关理论进行了梳理和阐述。笔者在文献梳理和综述中,主要从品牌危机传播、微博信息传播、信息行为研究以及行为情景因素四方面展开。经梳理发现,过去相关研究多数围绕公共危机事件或突发事件展开,研究主题主要集中于信息传播机制、结构模式、行为特征、信息挖掘、用户关系及影响因素等方面,且主要以国外 Twitter 以及国内新浪微博作为研究对象或样本数据来源,其研究方法主要采用文本分析、描述性统计、回归模型、方差分析等。总体而言,过去研究虽然取得了一定的研究成果,但仍有不足和有待进一步提升和完善之处,主要体现在:关于信息行为波动特征的动态研究仍然缺乏;信息行为波动特征分析较粗略,精确度有待提高;动态影响机制研究未有涉及;情景因素对信息行为影响的具体性研究依然缺乏;信息行为的具体性监控策略相对较少。在此基础上,笔者分别对信息情境理论、信息场理论、信息加工理论、心理场论以及信息行为理论进行了阐述,从而为此后各章研究提供理论基础和理论支撑。

第 3 章　品牌危机信息微博分享行为波动特征

近年来,随着微博的迅速发展和广泛应用,微博用户不断增加,它以巨大影响力占据着社交媒体市场,其迅猛的发展态势被人们称为互联网时代的一场意义深远的"微革命"。名人明星、意见领袖,以及普通的草根阶层,都积极地从传统媒体、论坛、社区、播客等媒体转向微博信息平台。与此同时,在品牌危机常态化的今天,微博作为社会公众及消费群体广泛使用的信息分享和交流的工具,无疑会对危机信息的传播和扩散起到推波助澜的作用。在此背景下,企业需具备有效应对和处理品牌危机中微博信息的迅速传播和扩散,并对信息的分享行为实施有效监控以减小危机给企业造成损失的能力,这首先就要求企业管理者对品牌危机信息在微博中的分享行为特征有较深入的了解。

一般性信息行为理论认为,用户信息行为是一个有序的循环过程,以信息需求作为循环路径起点,以信息利用作为环路终点。信息需求是整个信息行为过程的重点,个体在进行信息寻求和信息利用过程中会受到多种干扰因素的影响,它们对用户的搜寻效果和利用行为既可能存在促进作用,也可能存在阻碍作用。该过程存在多个动力机制环节,其中主动检索是个体信息行为的关键(Wilson,1997)。同时,在该环路中多种中介变量对信息行为及动力机制产生重要影响,其中主要包括心理特征、人口统计特征、社会角色、人际关系、环境特征以及信源特征等。而个体对信息的需求可能来源于工作需要或生活环境,也可能来自用户工作角色或个体自身等方面,且与自身处境相似的用户对他们的信息行为起着重要干扰作用(Wilson,1999)。此外,信息行为一体化模型认为,人们的信息行为几乎很少发生于一种完全独立的环境中,它们通常伴随着他人的信息行为,并与他人的行为相互交织、相互影响,从而对自身的信息行为产生重要影响和干扰,且信息行为过程的各环节均存在动力机制作用(Niedzwiedzka,2003)。针对微博用户信息分享的行为特征,由于用户生活习惯对他们信息行为具有重要影响,而人们的习惯特征又会因为他们的性别、年龄、职业、学历等个体差异而存在不同,因此,微博平台中用户信息分享行为总会存在习惯效应,并具有自相关性及周期性的特点。同时,微博作为社交网络,属于一类自组织系统,其中的信息行为除了受到用户习惯特征影响外,还具有自组织性和突变性,即用户信息行为在经过一段休眠后会再次呈现频繁发布和分享的幂律分布特征。① 此外,微博信息大量转发和评论的背后还隐藏着名人效应及从众效应,这种心理特征表现为人们对意见领袖[如明星、教授、知名学者、企业家等]的喜爱和追随,或是受到群体趋同心理压力的影响,为了在心理上找到某种"集体认同感"而刻意保持自身行为与群体行为趋于一致(高涵,2012)]。同时,个体也可以根据自身需求和兴趣爱好选择与特定用户群体进行信息分享和互动,从而导致不同用户群体间关系网络的自组织性和凝聚力存在差异,这些因素的共同作用便会使得信息分享行为呈现出明显的集群特征(李林红、李荣荣,2013)。然而,在此基础上,如何对品牌危机信息微博分享行为特征进行深入分析,以便对该行为进行有效监控和引导,已成为学界和业界普遍关注的焦点。在过去,关于微博用户信息行为特征的研究一直方兴未艾,②~⑥但多数研究主要采用描述性统计及总数折线图的研究方法对行为波动的趋势特征、周期特征以及集群特征进行粗略探讨。事实上,人们的信息转发和评论行为具有自相关性,同时其总体波形由趋势特征、周期特征、集群特征及不规则性共同组合而成,通过描述性统计及总数折线图的方式仅能进行粗略了解,难以给出具体而精确的研究结论。因此,有必要对信息分享行为进行模型构建和对各特征变量进行分解,以便精确分析相应信息行为的自相关性以及其波动的趋势特征、周期特征、集群特征和不规则特征。

本章以新浪微博作为样本数据来源,借助时间序列 ARIMA 模型、趋势分解及自回归条件异方差模型对信息分享行为自相关性、趋势特征、周期特征、集

---

① PENG X, ZHU Q, LIU X. Research on behavior characteristics and classification of micro-blog users—Taking "Sina micro-blog" as an example[J]. Information science, 2015(1):14.
② 易兰丽.基于人类动力学的微博用户行为统计特征分析与建模研究[D].北京邮电大学,2012.
③ 付江丽.微博用户行为分析及建模研究[D].北京邮电大学,2015.
④ GAO Q, ABEL F, HOUBEN G J, et al. A comparative study of users' microblogging behavior on Sina Weibo and Twitter[M]. Springer Berlin Heidelberg, 2012:88-101.
⑤ GUAN W, GAO H, YANG M, et al. Analyzing user behavior of the micro-blogging website Sina Weibo during hot social events[J]. Physica A: Statistical Mechanics and its Applications, 2014(395):340-351.
⑥ BUCCAFURRI F, LAX G, NICOLAZZO S, et al. Comparing twitter and facebook user behavior: privacy and other aspects[J]. Computers in human behavior, 2015(52):87-95.

群特征及不规则特征进行精确分析。

本章研究框架如图 3-1 所示。

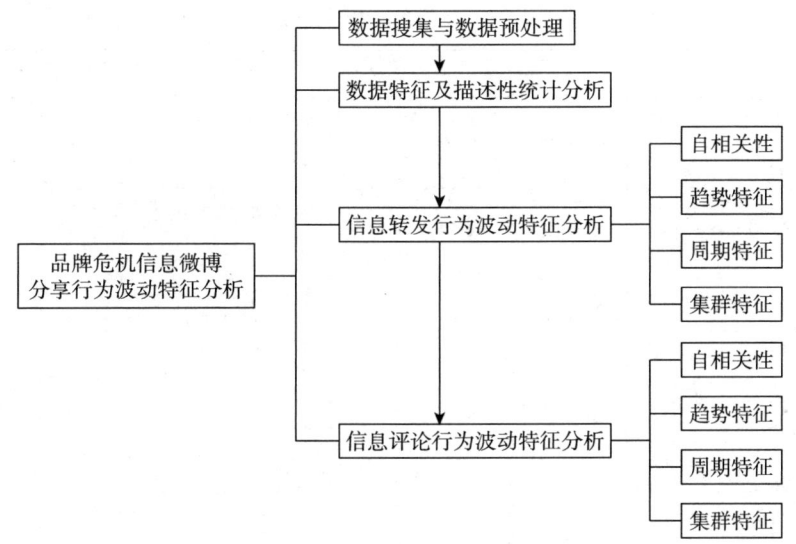

图 3-1　本章框架结构图

3.1 数据获取与描述统计

3.1.1 数据搜集与数据预处理

3.1.1.1 样本选取

(1)品牌危机样本选取。由于国内微博主要于 2009 年后才得以逐渐发展和不断完善,因此,本研究将品牌危机信息微博分享行为研究的品牌危机样本时间框架确定为 2010 年至 2016 年。通过对 2010 年至 2016 年所发生的品牌危机事件进行梳理和分析,以品牌知名度、媒体报道程度、危机关注度、危机持续性、危机影响力及危机破坏力六个维度作为选择标准[①],以及结合品牌中国产业联盟发展研究中心历年发布的"十大品牌危机事件"进行综合考量,最终确定选择 66 个具有代表性品牌危机事件(如表 3-1 所示)。该样本涵盖了汽车、电子、食品、药品、家居、媒体、企事业等大多数行业的品牌。由于所选危机事件的综合影响力较大,且产品品牌均为人们日常生活所接触,参与程度整体上相对较

---

① 李华君,陈先红.中国危机公关案例研究报告[M].华中科技大学出版社,2013.

高,使得最终的研究结论具有较好的普遍性。

表 3-1 品牌危机样本一览表

编号	事件	发生时间	品牌类型	编号	事件	发生时间	品牌类型
1	丰田汽车"召回门"	2010年	汽车	14	奥的斯电梯事故	2011年	家居
2	惠普"蟑螂门"	2010年	电子	15	达芬奇家居造假	2011年	家居
3	肯德基"秒杀门"	2010年	食品	16	老罗砸西门子冰箱事件	2011年	家居
4	美的紫砂煲黑幕	2010年	家居	17	蒙牛"致癌门"事件	2011年	食品
5	霸王洗发水致癌事件	2010年	其他	18	淘宝"提价风波"	2011年	媒体
6	真功夫"排骨门"事件	2010年	食品	19	麦当劳过期食品风波	2012年	食品
7	金浩茶油致癌物超标	2010年	食品	20	加多宝与王老吉商标战	2012年	食品
8	蒙牛诽谤圣元"激素门"	2010年	食品	21	百度与360搜索大战	2012年	媒体
9	腾讯qq与奇虎360大战	2010年	媒体	22	修正药业明胶毒胶囊	2012年	药品
10	家乐福"价格欺诈"	2011年	企事业	23	归真堂活熊取胆事件	2012年	药品
11	双汇"瘦肉精"	2011年	食品	24	可口可乐"含氯门"	2012年	食品
12	锦湖轮胎召回风波	2011年	其他	25	肯德基"速生鸡"事件	2012年	食品
13	酷六"裁员"风波	2011年	媒体	26	酒鬼酒塑化剂风波	2012年	食品

续表

编号	事件	发生时间	品牌类型	编号	事件	发生时间	品牌类型
27	光明乳业质量危机	2012年	食品	41	马航客机MH370失联	2014年	企事业
28	碧生源广告	2012年	食品	42	携程"泄密门"风波	2014年	媒体
29	安信地板甲醛超标事件	2012年	家居	43	尼康相机"黑斑门"	2014年	电子
30	光大证券"乌龙指"事件	2013年	企事业	44	麦当劳山东招远血案	2014年	食品
31	圆通"夺命快递"	2013年	企事业	45	麦当劳"福喜门"	2014年	食品
32	康泰生物疫苗致死事件	2013年	药品	46	厦门大学博导诱奸女学生事件	2014年	企事业
33	恒天然"毒奶粉"	2013年	食品	47	优酷涉嫌侵权事件	2014年	媒体
34	农夫山泉"标准门"	2013年	食品	48	特斯拉"订单门"	2014年	汽车
35	同仁堂"质量门"	2013年	药品	49	iPhone6"弯曲门"	2014年	电子
36	小肥羊假肉风波	2013年	食品	50	一汽奥迪泡水车	2015年	汽车
37	沃尔玛狐狸肉冒充牛肉	2013年	企事业	51	滴滴出行"logo门"	2015年	媒体
38	多美滋"行贿门"	2013年	食品	52	携程"瘫痪门"	2015年	媒体
39	星巴克中国价格"暴利"	2013年	食品	53	优衣库三里屯不雅视频	2015年	其他
40	大众DSG变速箱"故障门"	2013年	汽车	54	复旦大学校庆宣传片"抄袭门"	2015年	企事业

续表

编号	事件	发生时间	品牌类型	编号	事件	发生时间	品牌类型
55	38元天价虾引致的青岛城市品牌危机	2015年	企事业	61	"饿了么"黑心作坊事件	2016年	食品
57	台湾导游爆康师傅馊水油内幕	2015年	食品	62	如家和颐酒店女生遇袭	2016年	企事业
56	京东的"六六维权"	2015年	媒体	63	斗鱼TV直播"造人"事件	2016年	媒体
58	王学兵引发的电影《一个勺子》的上线危机	2015年	其他	64	滴滴顺风车女乘客被杀	2016年	媒体
59	百度推广之魏则西事件	2016年	媒体	65	顺丰快递员被打事件	2016年	企事业
60	淘宝"刷单"事件	2016年	媒体	66	沃尔玛活鱼检出孔雀石绿	2016年	企事业

(2)微博平台选取。当前,国内较为成熟的微博平台主要有新浪微博、网易微博、搜狐微博及腾讯微博。其中,新浪微博是当前运营最成功,使用规模、访问量、注册数及使用率最大的微博平台。中国互联网络信息中心(CNNIC)发布的第36次《中国互联网络发展状况统计报告》显示,自2013年开始,搜狐、网易、腾讯等公司对微博投入力度陆续减少,微博整体市场进入洗牌期。截至2015年6月,微博市场品牌竞争格局已经明朗,用户逐渐向新浪微博迁移和集中。其中,新浪微博用户占69.4%,一至五级城市的新浪微博使用率均在65%以上,全面超越其他微博运营商,新浪微博一家独大的格局已经基本确立和稳定。[①] 同时,新浪微博数据中心发布的《2015年度微博用户发展报告》显示,截至2015年9月30日,微博月活跃用户数(MAU)已达2.12亿人,较上年同期增

---

① 中国互联网络信息中心(CNNIC).第36次中国互联网络发展状况统计报告[EB/OL]. http://www.cnnic.net.cn/hlwfzyj/hlwxzbg/hlwtjbg/201507/P020150723549500667087.pdf,2015－7－23.

长48％,其中9月份移动MAU在MAU总量中的占比为85％;9月份日均活跃用户数(DAU)已达1亿人,较上年同期增长30％。① 因此,本研究选取新浪微博作为微博平台样本,能够较好地代表微博信息平台的特征和属性。

3.1.1.2 数据搜集方法

本研究主要采用新浪官方API及网络爬虫技术对样本数据进行采集。

(1)官方API。API(application programming interface,应用程序编程接口)属于一些预先设定的函数形式,这些函数可方便地为程序开发人员在既不需要对源代码进行访问,也不需要对内部运行原理详细掌握的情况下,在某些软件或硬件上通过编写应用程序便可对网站中的一组例程进行访问,从而实现数据共享(丁兆云、贾焰、周斌,2014)。微博是一种建立在自身信息系统上的一种可为用户提供信息传播、交流和分享的开放性信息平台,该站点中存储有大量用户资料、用户关系以及传播信息等相关数据资源,只要开发者或用户登录该站点,通过平台的开放性接口(open API)进行应用程序创建,在获得官方授权后即可访问和获取其中的相关数据资源。采用官方API获取数据资源通常具有准确性、高效性以及格式标准化等优点(廉捷、周欣、曹伟,等,2011)。

(2)网络爬虫。网络爬虫是一种根据某些特定搜索规则对网点页面信息进行自动解析和数据抓取的搜集技术,主要通过将对应站点上的网页存储于本地硬盘从而创建一个该程序访问过的页面的镜像备份,在此基础上,搜索引擎便可以快速地对保存的副本进行访问和检索。该方法可使得web上的一些链接得以自动执行或能够对html代码进行自动确认,还可以获取某些站点中一些特定的信息(孙立伟、何国辉、吴礼发,2010)。在其数据抓取过程中,首先需要将站点中某一组需要访问的URL(统一资源定位符)设置为爬行起点,这些初始的URL称为种子,首先对这些链接进行访问,识别出该页面上其他全部的链接并逐一抓取URL对应的页面,然后将它们存储于URL列表中,反复上述URL的访问操作,不断从当前站点获取新的URL,从而实现继续抓取新的页面信息和内容,依次反复爬行直至程序运行结束。

爬虫在对网页进行解析的过程中通常存在三种策略,即最佳优先、深度优先及广度优先。其中,深度优先策略在爬取时容易出现"陷入"困境,因此最佳优先和广度优先策略就成为人们常用的网页爬取手段。本研究即采用广度优

---

① 新浪微博数据中心.2015年度微博用户发展报告[EB/OL]. http://www.useit.com.cn/thread-10921-1-1.html,2015-12-16.

先策略爬虫对网页进行抓取。广度优先(又称宽度优先),即从起始网页开始,抓取其中所有链接的网页,然后从中选择一个,继续抓取该网页中的所有链接页面。本研究采用的广度优先策略爬虫有如下优点[①]:

第一,万维网的实际深度最大能达到17层,网页之间四通八达,因此存在从一个网页到另一个网页的最短路径问题。如果采用深度优先,则有可能从一个 PageRank 很低的网页爬取到一个 PageRank 实际很高的网页,不方便计算 PageRank。而且,门户网站提供的链接往往最具价值,PageRank 也很高,而每深入一层,网页价值和 PageRank 都会相应地有所下降。这表明了重要网页通常距离种子较近,而过度深入抓取到的网页价值却很低。然而,最佳优先,即按照某种网页分析算法预测候选 URL 与目标网页的相似度,或主题的相关性,并选取其中评价最好的一个或几个 URL 进行进一步的爬取,这可能会导致很多相关网页被忽略。

第二,采用宽度优先策略有利于多个爬虫并行爬取。这种多爬虫合作抓取通常是先抓取站内链接,遇到站外链接就爬出去,抓取的封闭性很强。

第三,广度优先策略的优点在于其设计和实现相对简单,且这种策略的基本思想是:与种子在一定距离内的网页重要度较高,符合实际。

本研究除了采用官方 API 方法外,还同时采用网络爬虫技术对数据进行抓取,这可以降低对官方 API 方法的依赖程度,同时自主程度较高(徐远超、刘江华、刘丽珍,2007)。

3.1.1.3 数据获取流程

(1)基于 API 的数据获取

新浪微博平台为了能让研究者共享和获取其中的数据资源,专门提供了可使用编程而调取数据的官方 API。人们在通过 API 获取数据资源时首先需要获得新浪官方的授权,获得授权后方可通过开放系统调取诸如用户资料、微博信息等相关的数据资源(陈向阳、陈丽萍、姜振国,2015)。

(2)网络爬虫数据获取

通过网络爬虫对新浪微博平台的相关页面信息进行抓取,其工作流程为先设定种子 URL 作为页面爬取的起始地址,采用广度优先爬行策略对每个 URL 指向的页面信息进行抓取,并对页面中的内容进行解析,然后继续抽取下一个

[①] 360doc 个人图书馆.网络爬虫技术浅析[EB/OL]. http://www.360doc.com/content/14/1001/12/19598626_413646742.shtml,2014-10-1.

链接的 URL 进行页面爬取和解析,依次反复爬行,直至程序运行结束(杨定中,赵刚,王泰,2009)。本研究的样本数据获取流程如图 3-2 所示。

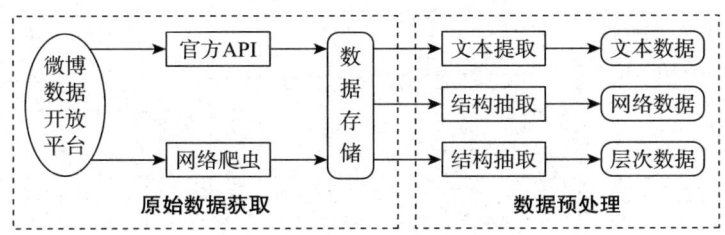

图 3-2　样本数据获取流程

3.1.1.4　数据搜集结果

本研究网络爬虫采用 Java 语言程序编程实现,笔者综合考虑到各品牌危机样本信息传播过程的有效时长,确定对各样本信息在新浪微博中的转发和评论行为跟踪天数为 21 天。在数据搜集过程中,为了数据整理和表达的方便,对所获取的数据进行统一编号处理,对每一位用户及其转发的信息赋予唯一的 ID 编号,其中所获取的原始数据文件格式参见本书附录 1 "本研究网络原始数据获取格式"。在通过官方 API 及网络爬虫方法所获取的原始数据的基础上,对数据进行清洗,即对数据一致性、重复数据、无效数据、缺失值、错误数据等可识别的不符合要求的数据和文件进行审查、校验、纠正和处理。经过数据清洗后,最终获得的有效转发数为 358014 条,有效评论数为 376492 条,将所搜集的数据整理为两个数据集,即数据集 1 和数据集 2。数据集 1 为所采集用户的具体资料信息,主要包含如下变量:用户 ID、昵称、所在地、性别、创建时间、认证状态,数据格式如表 3-2 所示。数据集 2 为所采集用户的相关粉丝数、相关关注数及信息时间距离的数据资料,主要包含如下变量:YID(用户 ID)、WID(微博 ID)、ZF(是否转发)、PL(是否评论)、ZS(转发时间)、PS(评论时间)、ZZ(该信息转发总数)、PZ(该信息评论总数)、ZiF(自身粉丝数)、ZiG(自身关注数)、XF(信源粉丝数)、XG(信源关注数)、SJ(信息时间距离),数据格式如表 3-3 所示。

表 3-2　整理后数据集 1 所含字段

用户 ID	昵称	所在地	性别	创建时间	认证状态
1749267314	雪碧猫	湖北武汉	M	6/1/2011	yes
1749267315	开心果	广西柳州	F	9/3/2010	no
...	...	...	...	...	...

表 3-3　整理后数据集 2 所含字段

YID	WID	ZF	PL	ZS	PS	ZZ	PZ	ZiF	ZiG	XF	XG	SJ
1749267314	289144	yes	yes	23-Oct-2013 16:28:51	24-Oct-2013 21:46:29	925	1362	68	274	91	186	192′47″
1749267314	289145	yes	yes	24-Oct-2013 17:36:19	24-Oct-2013 11:25:47	1503	1695	68	278	126	249	34′6″
…	…	…	…	…	…	…	…	…	…	…	…	…

3.1.2 数据特征与描述统计分析

3.1.2.1 样本分布特征

品牌危机样本特征分析主要包含品牌类型分布及样本时间分布，其对应的分布特征分别如图 3-3 和图 3-4 所示。

图 3-3 的品牌危机类型分布特征显示，汽车品牌占 6.06%，电子品牌占 4.55%，食品品牌占 33.33%，药品品牌占 6.06%，家居品牌占 7.58%，媒体品牌占 19.70%，企事业品牌占 16.67%，其他品牌占 6.06%。由此可见，所选取的品牌危机样本涵盖了人们日常接触的大多数行业的品牌类型。

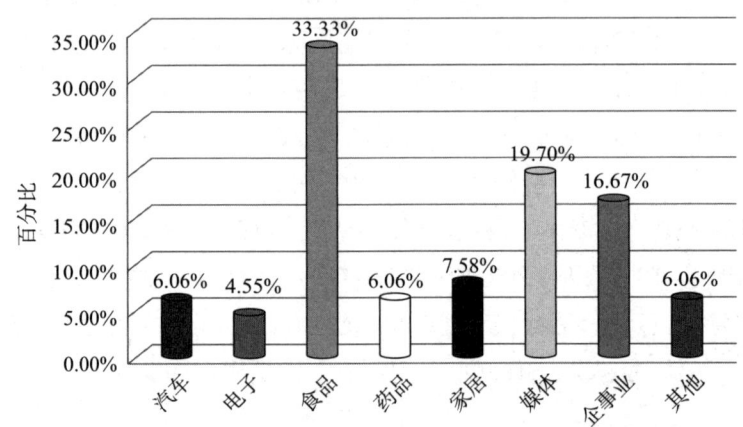

图 3-3　品牌危机样本类型分布

图 3-4 的样本时间分布特征显示，2010 年样本数占 13.64%，2011 年样本数占 13.64%，2012 年样本数占 16.67%，2013 年样本数占 16.67%，2014 年样本数占 13.64%，2015 年样本数占 13.64%，2016 年样本数占 12.12%。由此可见，所

选取的品牌危机样本涵盖了国内微博出现以来的所有年份。

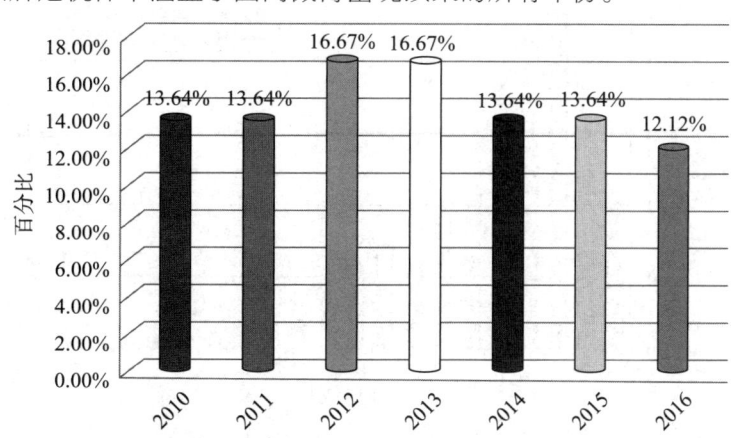

图 3-4　品牌危机样本年份分布

3.1.2.2 数据描述统计分析

在统计学中,平均值是一组数据集中程度的度量,能代表该组数中每个数据的特征,且在数学上能够使得误差值的平方之和实现最小化,即使得二次损失函数值达到最小,这表明它能够较全面地包含各成员数据的所有信息,能够较好地代表该组数据各成员的特征属性。但平均数的不足之处主要表现在,它容易受到该组数据中极值存在的影响。而在本研究中,由于品牌危机样本主要以品牌知名度、媒体报道程度、危机关注度、危机持续性、危机影响力及危机破坏力六个维度作为选择标准,所以各样本数据存在极值的概率将会很小。本研究采用样本的平均值进行数据处理和分析,由于它包含了其中各样本成员的信息特征,且通过样本的设计避免了极值的影响,能有效地利用和整合所有样本数据的属性特征,故能较好地反映所有样本数据所具有的普遍规律特征。为了从各危机事件样本数据中寻找出品牌危机信息在微博中转发和评论行为演化的普遍规律特征,本研究采用所有品牌危机样本在各时点上的转发数及评论数的平均值作为研究变量。其中,样本的转发数均值和评论数均值的条形及折线图分别如图 3-9 和图 3-10 所示。

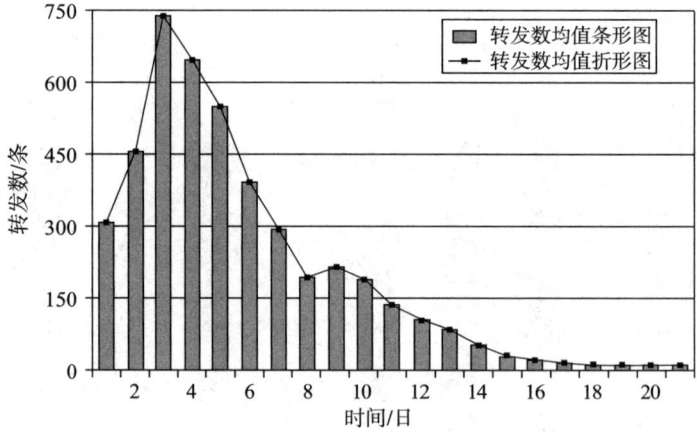

图 3-9　转发数均值条形图及折线图

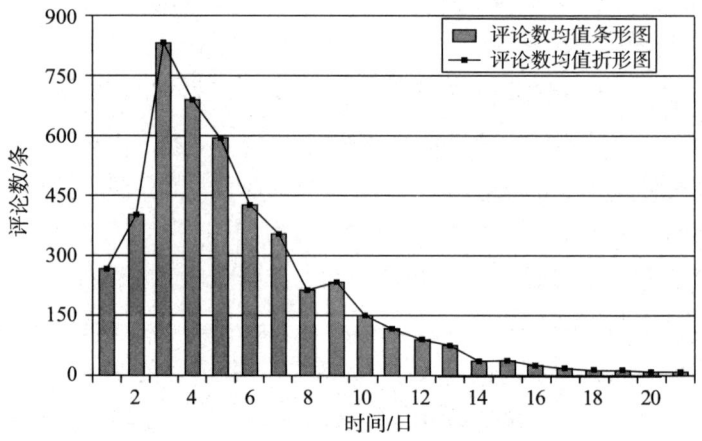

图 3-10　评论数均值条形图及折线图

由图 3-9 和图 3-10 可见,品牌危机信息转发及评论行为的演化特征大体相似,表现出明显的潜伏期、爆发期、高潮期、衰退期及长尾期五个阶段的生命周期特征。危机发生后的第一天可称为危机信息分享行为潜伏期;第二天至第三天,危机信息分享行为迅速上升,呈现爆发式增长,该阶段可称为危机信息分享行为爆发期;危机发生后的第三天及以后,信息分享行为达到高峰值,该阶段可称为危机信息分享行为高潮期;在信息分享行为的高潮期后,会存在一个衰退的过程,该阶段的信息蔓延态势会略为上下波动,约持续至第十四天左右,此阶段可称为危机信息分享行为衰退期;在信息分享行为衰减过程中,该信息行为并非立即消失,而是存在一个较长的余波过程,其影响力较小,持续时间长短则因品牌危机属性的不同而存在差异,该阶段可称为危机信息分享行为长尾期。

为了进一步了解品牌危机信息在微博平台中的转发及评论行为的分布特征,以便采用恰当的研究方法进行模型构建,在此先对转发数及评论数的均值进行直方图绘制及正态分布检验。对应的直方图及正态分布检验结果如图 3-11 和图 3-12 所示。

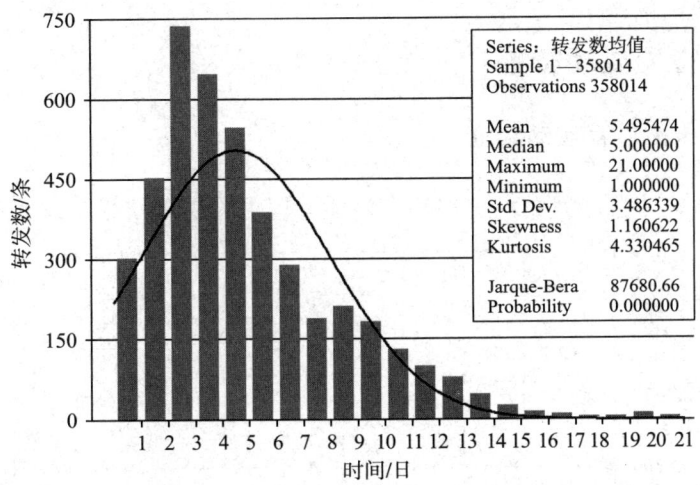

图 3-11 转发数均值直方图及检验结果

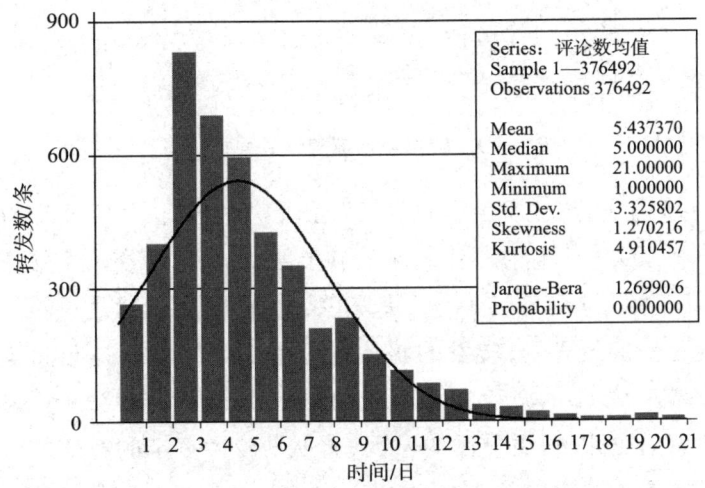

图 3-12 评论数均值直方图及检验结果

图 3-11 和图 3-12 中的柱形分别为转发数和评论数的频率分布,图中的抛物线分别为对应数据的标准正态分布曲线。其中,转发数和评论数的频率分布

特征与对应的标准正态分布曲线存在较大差异,同时对应的正态分布检验结果显示,检验的 p 值均小于 0.05 的显著水平,因此拒绝样本数据服从正态分布的原假设,可以认为样本数据不具有正态分布特征,故后续相关模型的构建需对两序列进行相应转换或只能采用非正态分布数据的研究方法进行数据处理和分析。

3.2 转发行为波动特征

3.2.1 整体传播过程波动特征

品牌危机信息转发数均值在整个传播过程中的变化如图 3-13 所示。

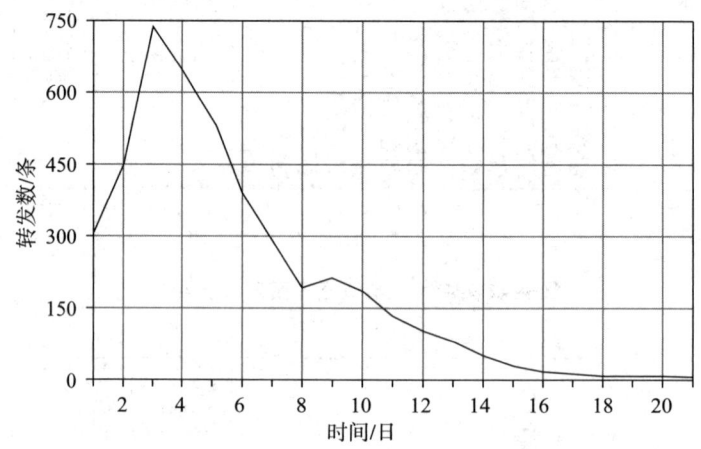

图 3-13 转发数均值整体过程折线图

由图 3-13 可见,危机发生后的前三天呈现快速增长,于第三天达到最大值,其后快速下降至第八天存在一个较小的向上波动,接着存在一个缓慢下降的过程,整个演化过程逐渐按照潜伏期、爆发期、高潮期、衰退期及长尾期五个生命周期发展变化。该图表明,转发的整体过程折线走向特征并非简单的线性关系,而是一个较为复杂的波动过程,因此,仅通过描述性统计分析还是难以发现该波动现象背后更深层、更具体的原因,需借助较为复杂的特征成分分解方法对其相关特征要素进行精确分离,才能较好地分析引起该波动现象背后更深层的根源。然而,在整个传播过程中,由于转发波动特征具有自相关性,且由趋势特征、集群特征及不规则特征叠加而成,为了对转发行为的整体传播过程特征进行详细了解,需对转发均值序列进行自相关分析,且分别对趋势特征、集群特征和不规则特征进行精确分离。

3.2.1.1 自相关性

为了分析转发行为的自相关性,首先需对转发均值时间序列进行自相关和偏自相关分析,以探测该序列是否存在自相关特征。其中,自相关是指某一特定时间序列与该序列滞后 N 阶后所形成的序列之间相关性的度量;偏自相关是指某一时间序列在其他时间序列均给定的情况下与该序列滞后 N 阶序列之间条件相关性的度量。可通过如下算式进行计算:

转发行为的自相关系数:

$$r_{zhuanfa,k} = \frac{\sum_{t=k+1}^{T}(y_{zhuanfa,t} - \bar{y}_{zhuanfa})(y_{zhuanfa,t-k} - \bar{y}_{zhuanfa})}{\sum_{t=1}^{T}(y_{zhuanfa,t} - \bar{y}_{zhuanfa})^2}$$

,其中 $\bar{y}_{zhuanfa}$ 为转发均值序列的样本均值;

转发行为的偏自相关系数:

$$\varphi_{k,k}^{zhuanfa} = \begin{cases} r_{zhuanfa,1} & k=1 \\ \dfrac{r_{zhuanfa,k} - \sum_{j=1}^{k-1}\varphi_{k-1,j}^{zhuanfa} r_{zhuanfa,k-j}}{1 - \sum_{j=1}^{k-1}\varphi_{k-1,j}^{zhuanfa} r_{zhuanfa,k-j}} & k>1 \end{cases}$$

,其中 $r_{zhuanfa,k}$ 为 k 阶滞后的自相关系数值,$\varphi_{k,j}^{zhuanfa} = \varphi_{k-1,j}^{zhuanfa} - \varphi_{k,k}^{zhuanfa}\varphi_{k-1,k-j}^{zhuanfa}$。

其对应的自相关和偏自相关 spike 图分别如图 3-14 和图 3-15 所示。

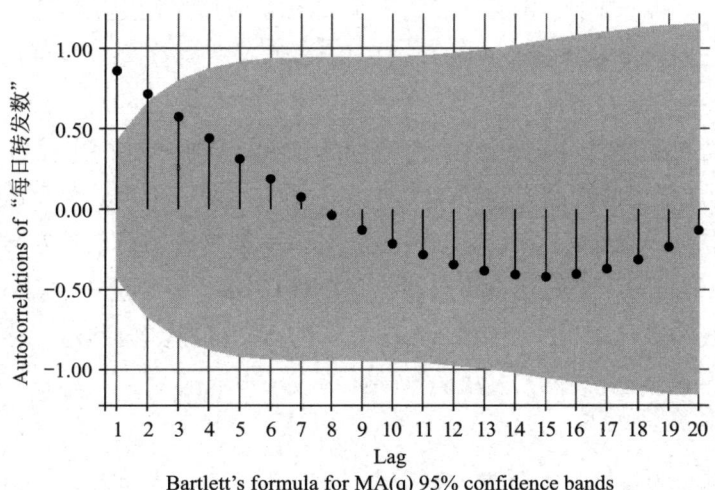

图 3-14 转发数自相关图

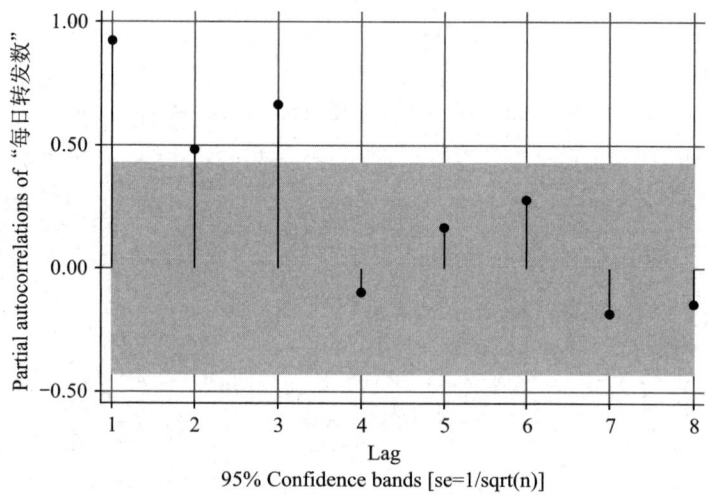

图 3-15 转发数偏相关图

图 3-14 和图 3-15 中的阴影区域标注了 95% 的置信区间,表明落在该区域之外的点的相关性个体显著。由图 3-14 可见,转发时间序列的自相关性在滞后 2 期内显著;由图 3-15 可见,其偏自相关性在滞后 3 期内显著。由此可以判定转发数序列存在显著自相关性,即转发行为具有显著的自相关特征,且约于滞后 2 阶至 3 阶范围内较为明显。其中,转发行为的自相关函数呈指数衰减,但其衰减速度缓慢,因此可初步认为转发序列为非稳定序列。为了进一步了解转发行为自相关特征,需对转发均值时间序列进行 ARIMA 模型构建,从而进行深入分析。然而,为了防止伪回归的产生,ARIMA 模型构建需以平稳序列为基础,因此,在对转发数进行 ARIMA 模型构建前,需先对序列进行平稳性单根检验(Hamilton,1994)。

在上述转发序列非稳定性的粗略判断基础上,对其进行平稳性单位根检验,以便确定采用恰当的方法对序列进行转换使其变为平稳。为了减少数据较大波动引起的不稳定性,在检验前首先要对转发数序列进行自然对数转换。其中 ADF(Augment Dicky-Fuller)检验为最常用的平稳性检验方法(Box,Jenkins & Reinsel,2011),本研究使用 EViews 8.0 统计软件对其自然对数序列及其差分序列的平稳性进行分析,其检验结果如表 3-4 所示。

表 3-4 转发数对数序列单根检验

序列	ADF 值	临界值			p 值	检验结果
		1%	5%	10%		
$\ln(zhuanfa)$	0.978	−3.808	−3.021	−2.650	0.994	非稳定
$D(\ln(zhuanfa))$	−4.540	−3.832	−3.030	−2.655	0.002	稳定

表 3-4 检验结果显示,转发自然对数序列的检验统计量绝对值小于 5% 临界水平统计量的绝对值,即检验 p 值大于 0.05 显著水平,不能拒绝"存在单根"的原假设,表明 $\ln(zhuanfa)$ 序列至少存在一个单根,即序列非平稳。同时 $\ln(zhuanfa)$ 的一阶差分序列统计量的绝对值大于 5% 临界水平统计量的绝对值,即检验 p 值小于 0.05 显著水平,拒绝原假设,表明该序列的一阶差分序列不存在单根,即 $\ln(zhuanfa)$ 一阶差分序列平稳。

在转发对数 $\ln(zhuanfa)$ 的一阶差分序列平稳的基础上,对该差分序列进行自相关及偏相关分析,以识别和确定 $ARIMA(p,d,q)$ 模型中的 p 值和 q 值。其中,$\ln(zhuanfa)$ 的一阶差分序列相关性分析如图 3-16 所示。

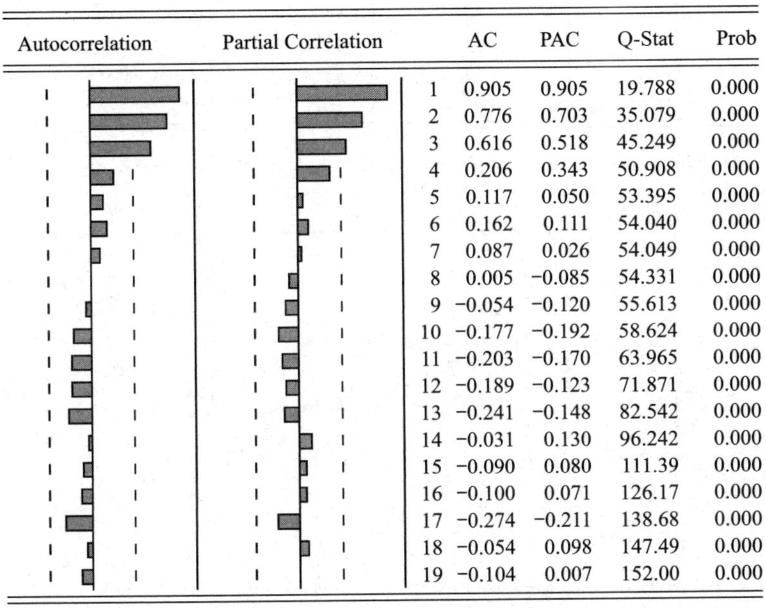

Autocorrelation	Partial Correlation		AC	PAC	Q-Stat	Prob
		1	0.905	0.905	19.788	0.000
		2	0.776	0.703	35.079	0.000
		3	0.616	0.518	45.249	0.000
		4	0.206	0.343	50.908	0.000
		5	0.117	0.050	53.395	0.000
		6	0.162	0.111	54.040	0.000
		7	0.087	0.026	54.049	0.000
		8	0.005	−0.085	54.331	0.000
		9	−0.054	−0.120	55.613	0.000
		10	−0.177	−0.192	58.624	0.000
		11	−0.203	−0.170	63.965	0.000
		12	−0.189	−0.123	71.871	0.000
		13	−0.241	−0.148	82.542	0.000
		14	−0.031	0.130	96.242	0.000
		15	−0.090	0.080	111.39	0.000
		16	−0.100	0.071	126.17	0.000
		17	−0.274	−0.211	138.68	0.000
		18	−0.054	0.098	147.49	0.000
		19	−0.104	0.007	152.00	0.000

图 3-16 转发数对数一阶差分相关图

图 3-16 显示,转发数对数一阶差分偏相关函数在前 3 期超出了 95% 的置

信区间，其余各期均位于置信区间内，且各阶函数值呈现缓慢衰减，表明 ARIMA(p,d,q)模型中的 p 值可试取数值3；自相关函数在前3期超出了95%的置信区间，其余各期均位于置信区间内，且各阶函数值存在拖尾现象，表明 ARIMA(p,d,q)模型中的 q 值可试取数值3。其中 d 值表示第 d 阶差分序列平稳，此处 d 值为1，故可初步对转发对数一阶差分序列构建 ARIMA(3,1,3)模型。在此基础上，对该模型的有效性和适配度进行检验，其检验结果分别如图3-17和图3-18所示。

Autocorrelation	Partial Correlation		AC	PAC	Q-Stat	Prob
		1	-0.123	-0.123	0.3671	
		2	-0.091	-0.108	0.5781	
		3	0.111	0.088	0.9113	
		4	-0.044	-0.029	0.9673	
		5	-0.012	-0.003	0.9720	
		6	-0.060	-0.081	1.0868	
		7	0.138	0.132	1.7429	0.973
		8	-0.195	-0.187	3.1585	0.927
		9	-0.017	-0.019	3.1704	0.957
		10	-0.146	-0.242	4.1031	0.943
		11	0.037	0.059	4.1705	0.965
		12	0.202	0.164	6.3580	0.897
		13	-0.161	-0.064	7.9180	0.849
		14	-0.017	-0.091	7.9372	0.893
		15	-0.029	-0.065	8.0032	0.924
		16	0.051	0.035	8.2575	0.941

图3-17　D(ln($zhuanfa$))序列 ARIMA(3,1,3)模型残差相关图

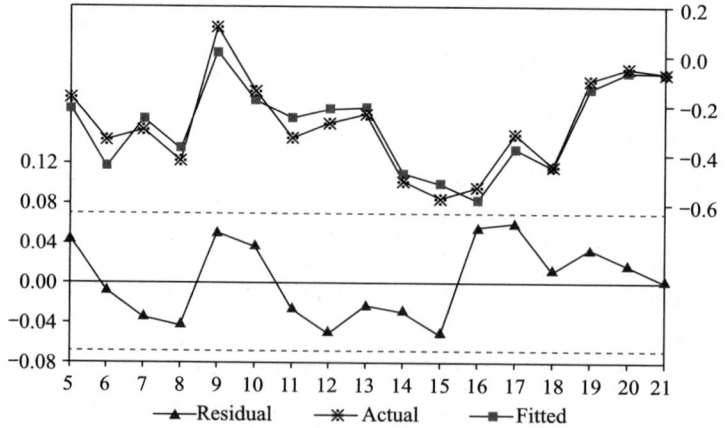

图3-18　D(ln($zhuanfa$))序列 ARIMA(3,1,3)模型拟合效果图

图 3-17 显示,转发对数一阶差分序列 ARIMA(3,1,3)模型残差的自相关及偏相关函数值在所有滞后阶上均位于 95％的置信区间内,同时残差序列各阶相关性检验的 p 值均大于显著水平 0.05,即接受原假设,表明所构建的 ARIMA(3,1,3)模型的残差序列不存在序列相关性。图 3-18 显示,转发对数一阶差分的实际值与 ARIMA(3,1,3)模型估计值拟合效果良好,且所有残差值均位于 95％的置信区间内,表明该模型设定及模型估计结果均有效。其中,模型 ARIMA(3,1,3)的相关性及滞后显著期数表明,转发行为对自身行为在滞后 3 期内具有重要影响,即用户自身过去参与转发的行为对自身现在参与转发的行为产生显著影响,且现在的转发行为与过去的转发行为在滞后 3 期内存在显著依赖关系。

转发对数一阶差分序列的 ARIMA(3,1,3)模型估计结果如表 3-5 所示。

表 3-5 显示,模型中的截距项及各变量对应系数的显著性检验 p 值均小于 0.05 显著水平,同时模型的拟合优度指标 R^2 和调整 R^2 值均大于 86％,且模型整体性拟合度检验 p 值达到 0.001 显著水平,说明模型设定及模型估计结果均较佳,表明该模型可用于对转发数进行有效预测和估计。该模型 ARIMA(3,1,3)的表达式可写为:

$$\Delta \ln(zhuanfa_t) = -0.297 + 0.311 \times \Delta \ln(zhuanfa_{t-1}) + 0.388 \times \Delta \ln(zhuanfa_{t-2}) - 0.387 \times \Delta \ln(zhuanfa_{t-3}) + \hat{\varepsilon}_t + 1.076 \times \hat{\varepsilon}_{t-1} - 1.137 \times \hat{\varepsilon}_{t-2} + 3.239 \times \hat{\varepsilon}_{t-3}$$

表 3-5 $D(\ln(zhuanfa))$ 序列 ARIMA(3,1,3)模型估计结果

Variable	Coefficient	Std. Error	t-Statistic	Prob.
C	−0.2966	0.1009	−2.9384	0.0148
AR(1)	0.3110	0.2311	−4.5826	0.0008
AR(2)	0.3879	0.0768	5.0469	0.0005
AR(3)	−0.3866	0.0934	−4.1388	0.002
MA(1)	1.0760	1.2656	4.1459	0.0016
MA(2)	−1.1370	1.1216	−2.3767	0.0367
MA(3)	3.2390	1.1641	2.7822	0.0194
R-squared	0.9154	Mean dependent var		−0.275

续表

Variable	Coefficient	Std. Error	t-Statistic	Prob.
Adjusted R-squared	0.8646	S.D. dependent var		0.1888
S.E. of regression	0.0694	Akaike info criterion		−2.2029
Sum squared resid	0.0482	Schwarz criterion		−1.8598
Log likelihood	25.7252	Hannan-Quinn criter.		−2.1688
F-statistic	18.0342	Durbin-Watson stat		1.6002
Prob(F-statistic)	0.00007			

其中,该模型的脉冲响应特征如图 3-19 所示。

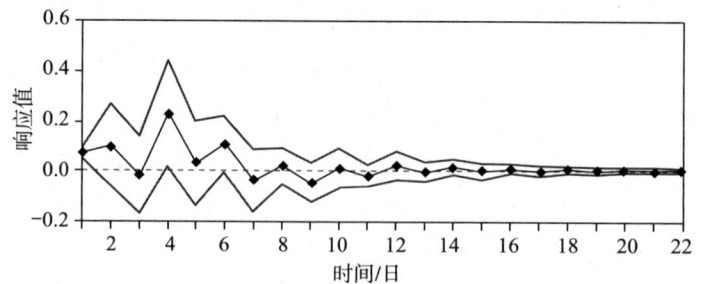

图 3-19　D(ln(*zhuanfa*))序列 ARIMA(3,1,3)模型脉冲图

图 3-19 表明,品牌危机信息微博转发行为的每一次冲击均会对滞后第 1 期、第 2 期、第 4 期及第 6 期的信息转发行为产生较大影响,而对其余滞后期的影响相对较小。

3.2.1.2 趋势特征

采用时间序列趋势分解法对转发行为波动的各特征变量进行分解,在整个传播过程的转发时间序列 $Whole\_zhuanfa$ 中,由于该时间序列为非季度或月度数据,则不存在季节要素的影响,故该序列的各特征成分可分解为:

$Y_{whole\_zhuanfa,t} = TC_{whole\_zhuanfa,t} + I_{whole\_zhuanfa,t}$,式中 $TC_{whole\_zhuanfa,t}$ 表示趋势循环要素,$I_{whole\_zhuanfa,t}$ 表示不规则要素。

其中,$TC_{whole\_zhuanfa,t} = Y^T_{whole\_zhuanfa,t} + Y^C_{whole\_zhuanfa,t}$,式中 $Y^T_{whole\_zhuanfa,t}$ 为时间序列中的趋势成分,$Y^C_{whole\_zhuanfa,t}$ 为周期成分。由于该时间序列为非季度或月度数据,则其中的周期成分 $Y^C_{whole\_zhuanfa,t}$ 不存在,即 $Y^C_{whole\_zhuanfa,t} = 0$,故 $TC_{whole\_zhuanfa,t} = Y^T_{whole\_zhuanfa,t}$。其中,可利用 $Henderson$ 加权移动平均方法(MA)计算转发时间

序列 $Whole\_zhuanfa$ 的趋势循环要素，即为：

$$TC_{whole\_zhuanfa,t} = Y_{whole\_zhuanfa,t}^T = MA_{whole\_zhuanfa,t} = \sum_{j=-H}^{H} h_j^{2H+1} Y_{whole\_zhuanfa,t+i}, H+1 \leq t \leq T-H$$

基于此，转发时间序列 $Whole\_zhuanfa$ 中的不规则要素成分可计算为：

$$I_{whole\_zhuanfa,t} = Y_{whole\_zhuanfa,t} - TC_{whole\_zhuanfa,t} = Y_{whole\_zhuanfa,t} - Y_{whole\_zhuanfa,t}^T$$

其分解结果如图 3-20 所示。

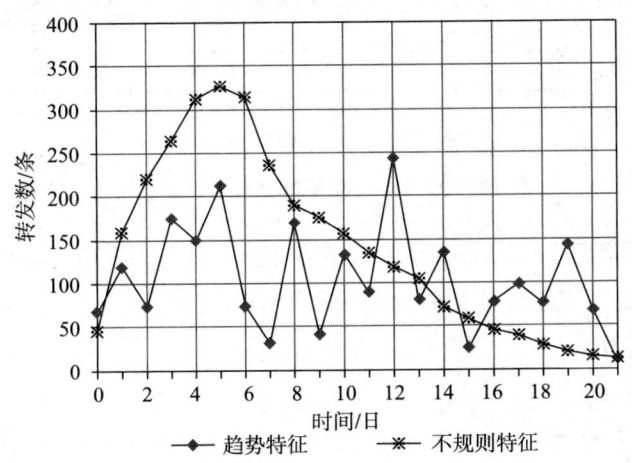

图 3-20　转发数整体过程波动特征分解

由图 3-20 可见，整个传播过程的转发趋势呈现单峰曲线特征，危机出现后表现为迅速上升，于危机发生后的第四天和第五天达到转发行为趋势的最大值，其后表现为迅速下降，于第十四天后呈现缓慢衰减趋势。而转发的不规则特征曲线则呈双峰特征，不具有明显规律，表现为每一期增加紧接着下一期下降的波动特征，于第五天和第十二天不规则特征的影响较大。

为了分析危机信息转发行为随时间推移的变化率特征，需对转发行为进行边际变化率分析。其中，边际是指随着自变量的增长，自变量每增加一个单位而引起因变量的变化量。转发的边际变化率是指随着时间的推移，每单位时间内转发数的变化量，可用于分析单位时间转发增量的变化情况。该指标可用如下算式进行计算：

$$MQ_i(t) = Y_i'(t) = \frac{\Delta Y(t)_{whole\_zhuanfa,i}}{\Delta t}, i \text{ 为第 } i \text{ 天，取值分别为 } 1,2,3,\cdots,21。$$

其中 $\Delta Y(t)_{whole\_zhuanfa,i} = Y(i+1)_{whole\_zhuanfa} - Y(i)_{whole\_zhuanfa}$，$\Delta t$ 为单位时间。

其计算结果如图 3-21 所示。

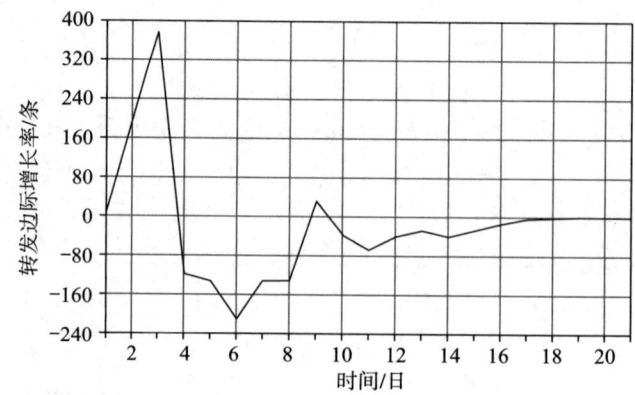

图 3-21 转发数整体过程边际变化

图 3-21 显示,危机信息转发行为直至接近第四天时其边际增长率均为正数,第八天与第九天相邻处的数值略有正向波动,第十七天之后则趋向于 0,其余时段皆为负数。

3.2.1.3 集群特征

在整个危机传播过程中,信息分享行为除了具有趋势特征及不规则特征外,还常常表现为在某一时期波动较小,而在另一时期波动相对较大的特征,即波动集群性。为了分析危机信息传播过程转发行为的集群特征是否存在,先对转发行为的自回归条件异方差(ARCH)模型进行估计,根据转发行为残差平方相关图,结合 ARCH 效应检验结果,从而判定整个传播过程的转发行为是否存在波动集群特征。

在构建 ARCH(q) 模型时,为了减少数据波动带来的误差,先对 $Y_{whole\_zhuanfa}$ 序列取其自然对数。则对应的 ARCH(q) 模型为:

$$\begin{cases} \ln Y_{wh\_zh,t} = \beta_{wh\_zh,0} + \beta_{wh\_zh,1} \ln Y_{wh\_zh,t-1} + \beta_{wh\_zh,2} \ln Y_{wh\_zh,t-2} + \cdots + \\ \qquad\qquad \beta_{wh\_zh,k} \ln Y_{wh\_zh,t-k} + u_{wh\_zh,t} \\ \sigma^2_{wh\_zh,t} = \alpha_{wh\_zh,0} + \alpha_{wh\_zh,1} u^2_{wh\_zh,t-1} + \alpha_{wh\_zh,2} u^2_{wh\_zh,t-2} + \cdots + \\ \qquad\qquad \alpha_{wh\_zh,q} u^2_{wh\_zh,t-q} \end{cases}$$

式中 i 为第 i 天,取值分别为 $1,2,3,\cdots,21$。利用 EViews 8.0 对该模型进行拟合计算,其结果为:

$$\ln Y_{wh\_zh,t} = 2.56 + 0.16 \ln Y_{wh\_zh,t-1} + 0.52 \ln Y_{wh\_zh,t-2} + \hat{u}_{wh\_zh,t},$$

其中,模型整体 F 统计检验 p 值为 0.000,表明模型整体上显著;常数项及

各变量系数对应的 p 值分别为 0.024、0.000、0.017，表明各拟合系数均显著；且 $\bar{R}^2$ 值为 0.995，表明拟合效果良好，故该模型的拟合结果有效。

其对应的残差平方相关图如图 3-22 所示。

Autocorrelation	Partial Correlation		AC	PAC	Q-Stat	Prob
		1	0.892	0.892	19.196	0.000
		2	0.701	−0.456	31.697	0.000
		3	0.484	−0.123	37.975	0.000
		4	0.307	0.150	40.657	0.000
		5	0.170	−0.076	41.533	0.000
		6	0.076	−0.009	41.721	0.000
		7	−0.016	−0.185	41.729	0.000
		8	−0.106	−0.064	42.148	0.000
		9	−0.187	0.014	43.552	0.000
		10	−0.254	−0.107	46.386	0.000
		11	−0.307	−0.077	50.947	0.000
		12	−0.340	−0.024	57.133	0.000
		13	−0.356	−0.061	64.782	0.000
		14	−0.369	−0.111	74.166	0.000
		15	−0.358	−0.070	84.458	0.000
		16	−0.324	−0.011	94.592	0.000
		17	−0.258	0.063	102.62	0.000
		18	−0.171	0.026	107.34	0.000
		19	−0.067	0.057	108.43	0.000
		20	−0.019	−0.319	108.60	0.000

图 3-22　转发数整体过程残差平方相关图

由图 3-22 可见，残差平方的自相关和偏相关函数均存在至少滞后 1 期超出 95% 的置信区间，表明该序列相关性显著不为 0，且自相关函数呈现缓慢衰减势态，即"拖尾现象"。同时，其对应的 Q 统计检验 p 值均小于 0.001，即检验结果非常显著，从而表明整个传播过程的转发行为 ARCH 模型的残差平方序列存在自相关，即该序列存在 ARCH 效应。

在进行模型估计时，为了避免 ARCH 模型滞后长度 q 选择不当而可能导致违背 $\alpha_{wh\_zh,i}$ 值应为非负数的约束条件，致使条件方差 $\sigma^2_{wh\_zh,t}$ 为正值的条件得不到满足，从而使得整个模型估计无效，因此此处采用广义的 ARCH 模型 (GARCH) 对随机误差项的条件方差进行拟合。则对应的 GARCH(p,q) 模型可表示为：

$$\begin{cases} \ln Y_{wh\_zh,t} = \gamma_{wh\_zh,0} + \gamma_{wh\_zh,1}\ln Y_{wh\_zh,t-1} + \gamma_{wh\_zh,2}\ln Y_{wh\_zh,t-2} + \cdots + \\ \qquad\qquad \gamma_{wh\_zh,k}\ln Y_{wh\_zh,t-k} + u_{wh\_zh,t} \\ \sigma^2_{wh\_zh,t} = \alpha_{wh\_zh,0} + \alpha_{wh\_zh,1}u^2_{wh\_zh,t-1} + \alpha_{wh\_zh,2}u^2_{wh\_zh,t-2} + \cdots + \\ \qquad\qquad \alpha_{wh\_zh,q}u^2_{wh\_zh,t-q} + \beta_{wh\_zh,1}\sigma^2_{wh\_zh,t-1} + \beta_{wh\_zh,2}\sigma^2_{wh\_zh,t-2} + \cdots + \\ \qquad\qquad \beta_{wh\_zh,q}\sigma^2_{wh\_zh,t-p} \end{cases}$$

GARCH 模型最终拟合结果如表 3-6 所示。

表 3-6　整体转发过程 GARCH 模型拟合结果

GARCH＝C(4)＋C(5)*RESID(-1)^2+C(6)*GARCH(-1)				
均值方程				
Variable	Coefficient	Std. Error	z-Statistic	Prob.
C	0.119807	0.228161	2.19068	0.0285
$\ln Y_{wh\_zh}(-1)$	1.539718	0.173131	8.89335	0.0000
$\ln Y_{wh\_zh}(-2)$	-0.573092	0.178239	-3.215304	0.0013
方差方程				
Variable	Coefficient	Std. Error	z-Statistic	Prob.
C	0.004668	0.003111	2.646242	0.0081
RESID(-1)^2	-0.199248	0.125982	3.881121	0.0001
GARCH(-1)	1.02175	0.187706	5.443347	0.0000
拟合指标				
R-squared	0.984854	Mean dependent var		8.451398
Adjusted R-squared	0.98296	S.D. dependent var		1.699413
S.E. of regression	0.221835	Akaike info criterion		-0.433337
Sum squared resid	0.787374	Schwarz criterion		-0.135093
Log likelihood	10.1167	Hannan-Quinn criter.		-0.382863
Durbin-Watson stat	2.093343			

表 3-6 拟合结果中均值方程及方差方程系数对应的 z 检验 p 值均达到 0.05 的显著水平，且整个模型的拟合指标 R-squared 值接近 1 值，故该模型构建及拟合结果有效。

由于整个传播过程转发行为集群效应的存在,在此基础上可通过 GARCH 模型的残差序列图及条件方差图对转发行为的集群特征进行分析。其对应的残差序列折线图及条件方差折线图分别如图 3-23 和图 3-24 所示。

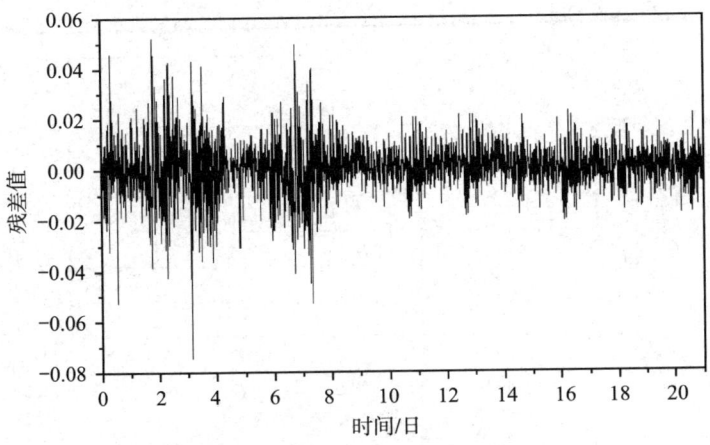

图 3-23　转发数整体过程残差折线图

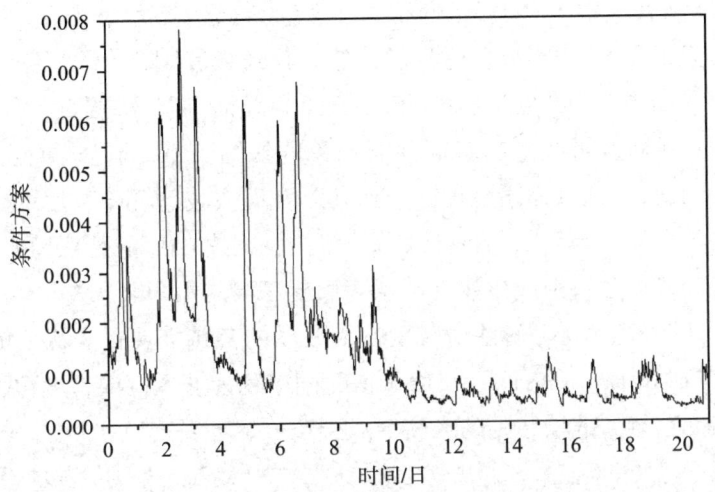

图 3-24　转发数整体过程条件方差折线图

残差折线图 3-23 显示,在危机发生后第二天、第三天及第七天均具有波动集群现象,且集群效应明显,而其余时段集群效应较弱。条件方差折线图 3-24 显示,危机发生后的第二天至第七天内条件方差最大,第一天及第八至第十天的条件方差较大,表明转发行为在相应时段存在较大波动,且第十天后条件方差均较小。

3.2.2 一周波动特征

3.2.2.1 趋势及周期特征

品牌危机信息一周转发均值折线图如图 3-25 所示。

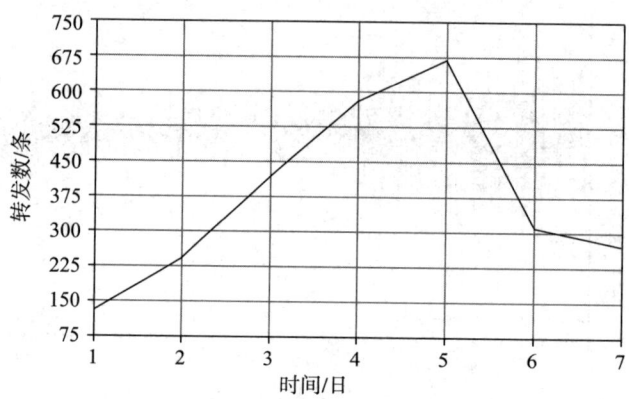

图 3-25 一周转发数折线图

图 3-25 显示,周一至周二上升较为平缓,周三至周五快速上升,周六快速下降,周日缓慢下降,其中于周五达到最大值。其结果表明,一周中周一为转发的预热期,周二和周三为升温期,周四和周五为高潮期,周六和周日为降温期。该结果表明,一周转发折线走向特征并非简单的线性关系,而是一个较为复杂的波动过程,因此,仅通过描述性统计分析难以发现该波动现象背后更深层、更具体的原因,需借助较为复杂的特征成分分解方法对其相关的特征要素进行精确分离,才能较好地分析引起该波动现象背后更深层的根源。

采用时间序列趋势分解法对转发行为波动的各特征变量进行分解,在一周转发时间序列 $Week\_zhuanfa$ 中,由于该时间序列为非季度或月度数据,则不存在季节要素的影响,故该序列的各特征成分可分解为:

$Y_{week\_zhuanfa,t} = TC_{week\_zhuanfa,t} + I_{week\_zhuanfa,t}$,式中 $TC_{week\_zhuanfa,t}$ 表示趋势循环要素,$I_{week\_zhuanfa,t}$ 表示不规则要素。

其中,$TC_{week\_zhuanfa,t} = Y^T_{week\_zhuanfa,t} + Y^C_{week\_zhuanfa,t}$,式中 $Y^T_{week\_zhuanfa,t}$ 为时间序列中的趋势成分,$Y^C_{week\_zhuanfa,t}$ 为周期成分。其中,可利用 Henderson 加权移动平均方法(MA)计算转发时间序列 $Week\_zhuanfa$ 的趋势循环要素成分,即为:

$TC_{week\_zhuanfa,t} = MA_{week\_zhuanfa,t} = \sum_{j=-H}^{H} h_j^{2H+1} Y_{week\_zhuanfa,t+i}, H+1 \leqslant t \leqslant T-H$

其中，可利用 HP（Hodrick-Prescott）滤波将趋势成分 $Y^T_{week\_zhuanfa,t}$ 从 $TC_{week\_zhuanfa,t}$ 中分离出来。通过求解如下最小化问题可实现将趋势成分 $Y^T_{week\_zhuanfa,t}$ 分离：

$$\min \sum_{t=1}^T \{(TC_{week\_zhuanfa,t} - Y^T_{week\_zhuanfa,t})^2 + \lambda [c(L)Y^T_{week\_zhuanfa,t}]^2\}$$，其中参数 λ 为某一给定的先验值，其值 $\lambda \in [0,\infty)$，而 $c(L)$ 为延迟算子多项式，即 $c(L)=(L^{-1}-1)-(1-L)$。对应的 HP 滤波问题则转化为求如下最小化损失函数：

$$\min\{\sum_{t=1}^T (TC_{week\_zhuanfa,t} - Y^T_{week\_zhuanfa,t})^2 + \lambda \sum_{t=2}^{T-1} [(Y^T_{week\_zhuanfa,t+1} - Y^T_{week\_zhuanfa,t}) - (Y^T_{week\_zhuanfa,t} - Y^T_{week\_zhuanfa,t-1})]^2\}$$ 最后，转发时间序列 $Week\_zhuanfa$ 中的不规则要素成分可计算为：

$$I_{week\_zhuanfa,t} = Y_{week\_zhuanfa,t} - TC_{week\_zhuanfa,t} = Y_{week\_zhuanfa,t} - \sum_{j=-H}^{H} h_j^{2H+1} Y_{week\_zhuanfa,t+i}$$

经计算，一周转发数波动的趋势特征、周期特征及不规则特征分离结果如图 3-26 所示。

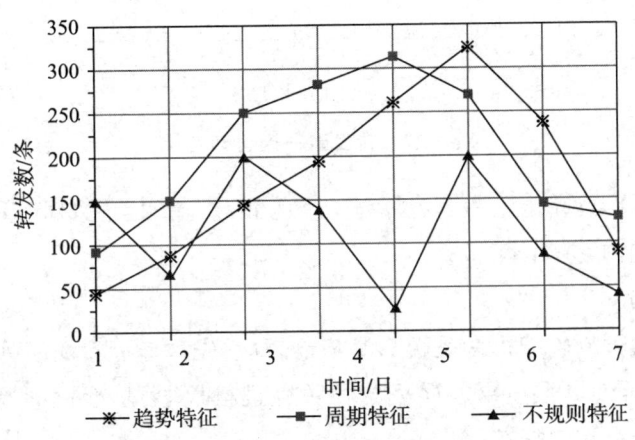

图 3-26　一周转发数波动特征分解

图 3-26 显示，一周转发趋势呈现单峰曲线特征，周一至周五为上升趋势，于周五达到最大值，周六及周日呈快速下降趋势。周期特征表现为单峰曲线过程，于周二上升较快，周三及周四均呈缓慢上升，周五至周日呈下降特征，其中周六下降幅度较大。在周期特征上，周一的周期效应最小，其次为周日，而周二

至周五的周期性转发行为较为活跃,其中周四达到最大值。而不规则特征曲线则呈双峰特征,不具有明显规律,表现为每一期增加紧接着下一期下降的波动特征,且周二和周五其不规则影响力较大。

为了分析危机信息一周转发数的变化率特征,需对其进行边际变化率分析。该指标可用如下算式进行计算:

$$MQ_i(t) = Y'_i(t) = \frac{\Delta Y(t)_{week\_zhuanfa,i}}{\Delta t}, i$$ 为一周中的星期 i,取值分别为 $1, 2, 3, \cdots, 7$。

其中 $\Delta Y(t)_{week\_zhuanfa,i} = Y(i+1)_{week\_zhuanfa} - Y(i)_{week\_zhuanfa}$,$\Delta t$ 为单位时间。其计算结果如图 3-27 所示。

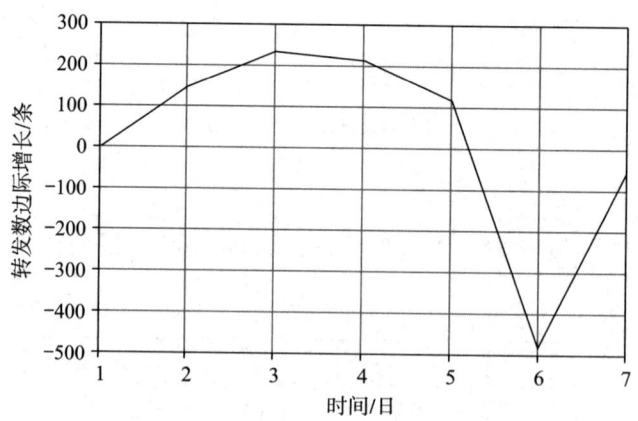

图 3-27 转发数一周边际变化

图 3-27 表明,周一至周五边际增长率为正数,周六至周日其值为负数,其中周三至周五的边际增长率较大。

3.2.2.2 集群特征

为了检验一周转发行为是否具有集群效应,先对一周转发序列进行 ARCH 模型估计,进而对其残差平方序列的相关性进行检验,从而据此判定一周转发行为波动是否存在集群特征。

在构建 ARCH(q) 模型时,为了减少数据波动带来的误差,先对 $Y_{week\_zhuanfa}$ 序列取其自然对数。则对应的 ARCH(q) 模型为:

$$\begin{cases} \ln Y_{wk\_zh,t} = \beta_{wk\_zh,0} + \beta_{wk\_zh,1}\ln Y_{wk\_zh,t-1} + \beta_{wk\_zh,2}\ln Y_{wk\_zh,t-2} + \cdots + \\ \qquad\qquad \beta_{wk\_zh,k}\ln Y_{wk\_zh,t-k} + u_{wk\_zh,t} \\ \sigma^2_{wk\_zh,t} = \alpha_{wk\_zh,0} + \alpha_{wk\_zh,1}u^2_{wk\_zh,t-1} + \alpha_{wk\_zh,2}u^2_{wk\_zh,t-2} + \cdots + \\ \qquad\qquad \alpha_{wk\_zh,q}u^2_{wk\_zh,t-q} \end{cases}$$

式中 i 为一周中的星期 i，取值分别为 $1,2,3,\cdots,7$。利用 EViews 8.0 对该模型进行拟合计算，其结果为：

$$\ln Y_{wk\_zh,t} = 2.89 + 0.64\ln Y_{wk\_zh,t-1} + 0.32\ln Y_{wk\_zh,t-2} + \hat{u}_{wk\_zh,t},$$

其中模型整体 F 统计检验 p 值为 0.002，表明模型整体上显著；常数项及各变量系数对应的 p 值分别为 0.001、0.005、0.000，表明各拟合系数均显著；且 $\bar{R}^2$ 值为 0.971，表明拟合效果良好，故该模型的拟合结果有效。

其对应的残差平方相关图如图 3-28 所示。

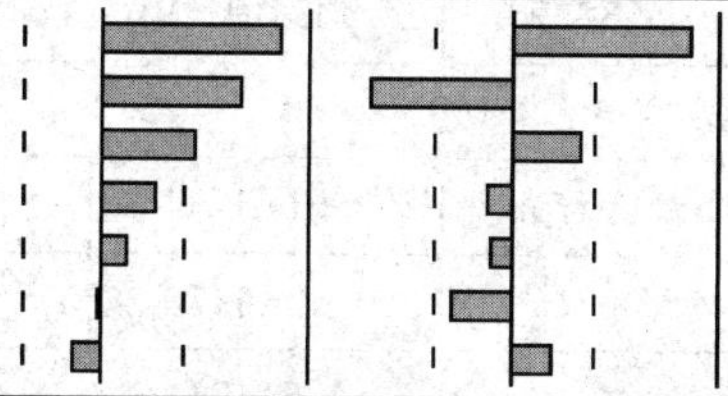

Autocorrelation	Partial Correlation		AC	PAC	Q-Stat	Prob
		1	0.910	0.910	22.445	0.000
		2	0.703	−0.720	36.463	0.000
		3	0.474	0.344	43.129	0.000
		4	0.277	−0.135	45.523	0.000
		5	0.122	−0.100	46.015	0.000
		6	−0.018	−0.295	46.026	0.000
		7	−0.150	0.193	46.850	0.000

图 3-28　一周转发数残差平方相关图

由图 3-28 可见，残差平方序列的自相关和偏相关函数均存在至少滞后 1 期超出 95% 的置信区间，表明该残差序列相关性显著不为 0，且自相关函数呈缓慢衰减势态，即"拖尾现象"。同时，其对应的 Q 统计检验 p 值均小于 0.001，即检验结果非常显著，从而表明一周转发行为的残差平方序列存在自相关性，即该序列存在 ARCH 效应。

在进行模型估计时，为了避免 ARCH 模型滞后长度 q 选择不当而可能导致违背 $\alpha_{wk\_zh,i}$ 值应为非负数的约束条件，致使条件方差 $\sigma^2_{wk\_zh,t}$ 为正值的条件得不到满足，从而使得整个模型估计无效，因此此处采用广义的 ARCH 模型 (GARCH) 对随机误差项的条件方差进行拟合。则对应的 GARCH (p,q) 模型可表示为：

$$\begin{cases} \ln Y_{wk\_zh,t} = \gamma_{wk\_zh,0} + \gamma_{wk\_zh,1}\ln Y_{wk\_zh,t-1} + \gamma_{wk\_zh,2}\ln Y_{wk\_zh,t-2} + \cdots + \\ \qquad \gamma_{wk\_zh,k}\ln Y_{wk\_zh,t-k} + u_{wk\_zh,t} \\ \sigma^2_{wk\_zh,t} = \alpha_{wk\_zh,0} + \alpha_{wk\_zh,1}u^2_{wk\_zh,t-1} + \alpha_{wk\_zh,2}u^2_{wk\_zh,t-2} + \cdots + \\ \qquad \alpha_{wk\_zh,q}u^2_{wk\_zh,t-q} + \beta_{wk\_zh,1}\sigma^2_{wk\_zh,t-1} + \beta_{wk\_zh,2}\sigma^2_{wk\_zh,t-2} + \cdots + \\ \qquad \beta_{wk\_zh,q}\sigma^2_{wk\_zh,t-p} \end{cases}$$

GARCH 模型最终拟合结果如表 3-7 所示。

表 3-7 一周转发数 GARCH 模型拟合结果

GARCH＝C(3)＋C(4)＊RESID(−1)^2＋C(5)＊GARCH(−1)			
均值方程			
Variable	Coefficient	Std. Error	z-Statistic	Prob.
C	−0.466034	0.219452	−2.123633	0.0337
$\ln Y_{wk\_zh}(-1)$	1.025609	0.023299	44.01917	0.0000
方差方程			
Variable	Coefficient	Std. Error	z-Statistic	Prob.
C	0.007513	0.0074	−2.46476	0.0137
RESID(−1)^2	−0.325896	0.324164	3.64471	0.0003
GARCH(−1)	1.199276	0.624148	1.921462	0.0547
拟合指标			
R-squared	0.973278	Mean dependent var	8.544772
Adjusted R-squared	0.971794	S.D. dependent var	1.705983
S.E. of regression	0.286514	Akaike info criterion	0.045052
Sum squared resid	1.477627	Schwarz criterion	0.293985
Log likelihood	4.549477	Hannan-Quinn criter.	0.093647
Durbin-Watson stat	0.757296		

表 3-7 拟合结果中均值方程及方差方程系数对应的 z 检验 p 值均达到 0.05 的显著水平，且整个模型的拟合指标 R-squared 值接近 1 值，故该模型构建及拟合结果有效。

由于集群效应的存在，在此基础上可通过 GARCH 模型的残差序列图及条件方差图对一周转发行为的集群特征进行进一步分析。其残差折线图及条件方差折线图分别如图 3-29 和图 3-30 所示。

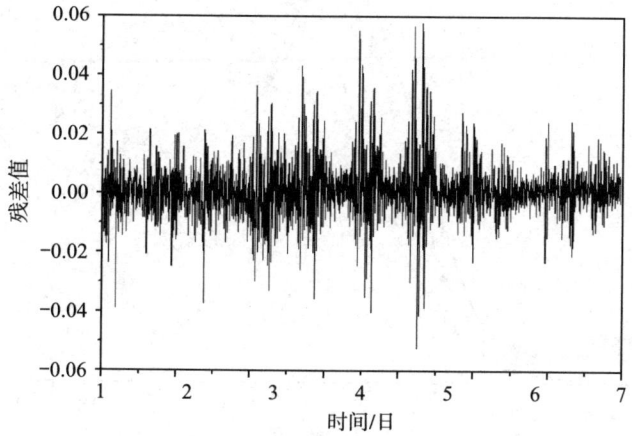

图 3-29　一周转发数残差折线图

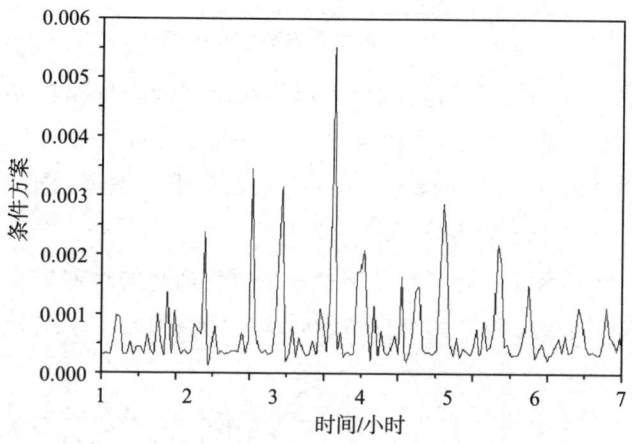

图 3-30　一周转发数条件方差折线图

由残差折线图 3-29 可见,周三、周四、周五均具有波动集群现象,且集群效应明显,而其余时段集群效应较弱。由条件方差折线图 3-30 可见,周四上午条件方差最大,其次为周三上午、周五下午、周二上午及周六上午,表明一周转发行为在相应时段存在较大波动,而其余时段的波动幅度均较小。

3.2.3　一日波动特征

品牌危机信息一周中每日转发数折线图如图 3-31 所示。

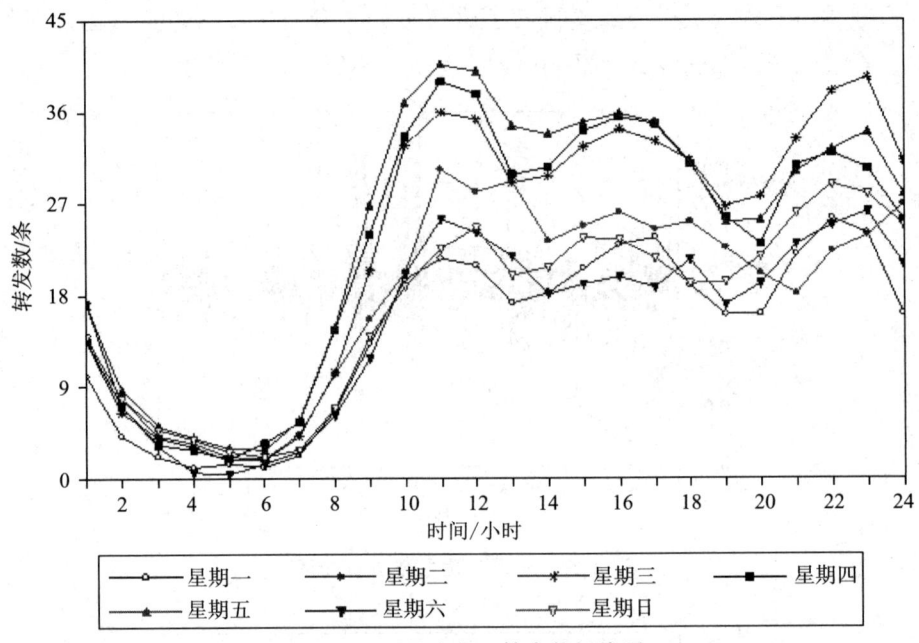

图 3-31 一周中每日转发数折线图

图 3-31 显示,一周中每日转发行为均表现出共同的规律特征,即上午七点至十一点转发量快速上升,其后直至中午一点存在小幅下降,下午两点至四点呈小幅上升,其后存在一个下降过程,晚上八点至十一点再次存在一个上升过程,其后至次日上午六点则呈大幅度下降趋势。

为了进一步了解危机信息每日转发行为更为精确的普遍规律特征,需对每日转发均值进行时刻分析。其每日转发数均值折线图如图 3-32 所示。

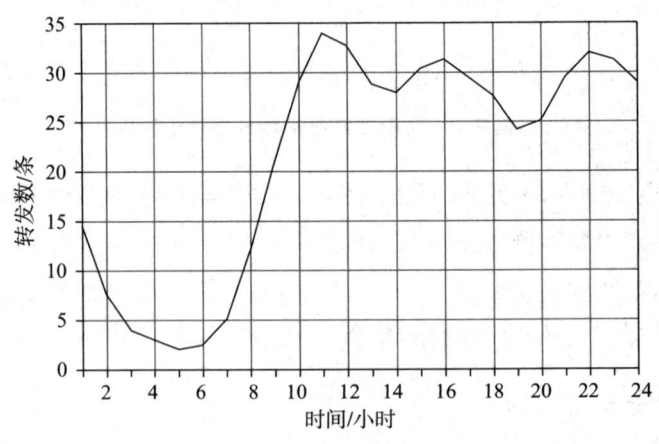

图 3-32 一日转发数均值折线图

由图 3-32 可见,每日转发均值表现为上午七点至十一点快速上升,其后小幅下降至下午两点,下午两点至四点呈小幅上升,其后下降至晚上七点,晚上八点至十点呈快速上升,其后至次日上午六点呈大幅下降特征。其结果显示,在一日二十四小时中转发行为呈现"三峰三谷"的特征,其中"三峰"的波动过程大小顺序依次为:上午九时至十二时、晚上九时至十一时、下午三时至五时,其中"三谷"的波动过程大小顺序依次为:晚上十一时至上午九时、下午五时至晚上九时、上午十二时至下午三时。该图表明,一日转发折线走向特征并非简单的线性关系,而是一个较为复杂的波动过程,因此,仅通过描述性统计分析难以发现该波动现象背后更深层、更具体的原因,需借助较为复杂的特征成分分解方法对其相关特征要素进行精确分离,从而才能较好地分析引起该波动现象背后更深层的根源。

3.2.3.1 趋势及周期特征

采用时间序列趋势分解法对转发行为波动的各特征变量进行分解,在一日转发时间序列 $Day\_zhuanfa$ 中,由于该时间序列为非季度或月度数据,故不存在季节要素的影响,因此该序列的各特征成分可分解为:

$$Y_{day\_zhuanfa,t} = TC_{day\_zhuanfa,t} + I_{day\_zhuanfa,t}$$,式中 $TC_{day\_zhuanfa,t}$ 表示趋势循环要素,$I_{day\_zhuanfa,t}$ 表示不规则要素。

其中,$TC_{day\_zhuanfa,t} = Y^T_{day\_zhuanfa,t} + Y^C_{day\_zhuanfa,t}$,式中 $Y^T_{day\_zhuanfa,t}$ 为时间序列中的趋势成分,$Y^C_{day\_zhuanfa,t}$ 为周期成分。其中,可利用 Henderson 加权移动平均方法(MA)计算转发时间序列 $Week\_zhuanfa$ 的趋势循环要素成分,即为:

$$TC_{day\_zhuanfa,t} = MA_{day\_zhuanfa,t} = \sum_{j=-H}^{H} h_j^{2H+1} Y_{day\_zhuanfa,t+i}, H+1 \leqslant t \leqslant T-H$$

其中,可利用 HP(Hodrick-Prescott)滤波将趋势成分 $Y^T_{day\_zhuanfa,t}$ 从 $TC_{day\_zhuanfa,t}$ 中分离出来。通过求解如下最小化问题可实现将趋势成分 $Y^T_{day\_zhuanfa,t}$ 分离:

$$\min \sum_{t=1}^{T} \{(TC_{day\_zhuanfa,t} - Y^T_{day\_zhuanfa,t})^2 + \lambda [c(L) Y^T_{day\_zhuanfa,t}]^2\}$$,其中参数 λ 为某一给定的先验值,其值 $\lambda \in [0, \infty)$,而 $c(L)$ 为延迟算子多项式,即 $c(L) = (L^{-1} - 1) - (1 - L)$。对应的 HP 滤波问题则转化为求如下最小化损失函数:

$$\min \left\{ \sum_{t=1}^{T} (TC_{day\_zhuanfa,t} - Y^T_{day\_zhuanfa,t})^2 + \lambda \sum_{t=2}^{T-1} [(Y^T_{day\_zhuanfa,t+1} - Y^T_{day\_zhuanfa,t}) - (Y^T_{day\_zhuanfa,t} - Y^T_{day\_zhuanfa,t-1})]^2 \right\}$$ 最后,转发时间序列 $Week\_zhuanfa$ 中的不规则

要素成分可计算为：

$$I_{day\_zhuanfa,t} = Y_{day\_zhuanfa,t} - TC_{day\_zhuanfa,t} = Y_{day\_zhuanfa,t} - \sum_{j=-H}^{H} h_j^{2H+1} Y_{day\_zhuanfa,t+i}$$

经计算，一日中转发数均值波动的趋势特征、周期特征及不规则特征的分离结果如图 3-33 所示。

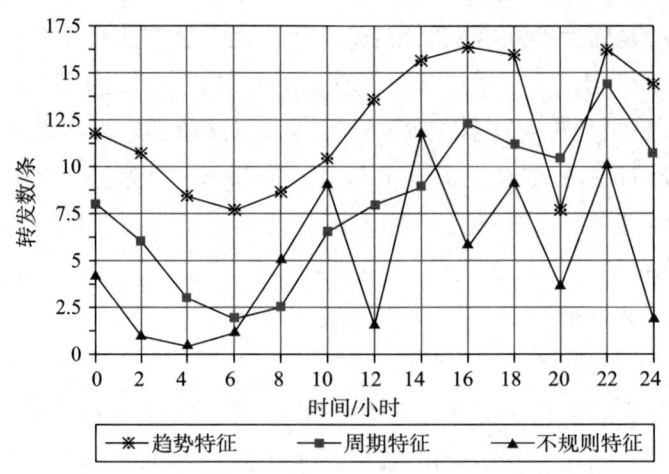

图 3-33　一日转发数均值波动特征分解

图 3-33 显示，一日转发行为的变化趋势呈双峰曲线特征，表现为于上午六点至下午四点呈快速上升趋势，于下午六点至晚上八点快速下降，晚上八点至十点快速上升，之后直至次日上午六点则呈下降趋势。周期性表现为于上午八点至晚上十点呈上升特征，晚上十点至次日上午六点表现为下降特征。其中，上午六点为一日转发行为周期效应最小的时点，下午四点及晚上十点均较大，表明下午四点及晚上十点的周期性转发行为比较活跃。而不规则特征曲线则表现为多峰特征，不具有明显规律，呈现出每两期增加紧接其后两期下降的波动特征，主要表现为上午十点、下午两点、下午六点及晚上十点的不规性变化较大。

为了分析危机信息一日波动变化率特征，需对一日转发行为边际变化率进行分析。该指标可用如下算式进行计算：

$$MQ_i(t) = Y_i'(t) = \frac{\Delta Y(t)_{day\_zhuanfa,i}}{\Delta t}, i 为一周中的星期 i，取值分别为 1, 2, 3, \cdots, 7。$$

其中 $\Delta Y(t)_{day\_zhuanfa,i} = Y(i+1)_{day\_zhuanfa} - Y(i)_{day\_zhuanfa}$，$\Delta t$ 为单位时间。

其计算结果如图 3-34 所示。

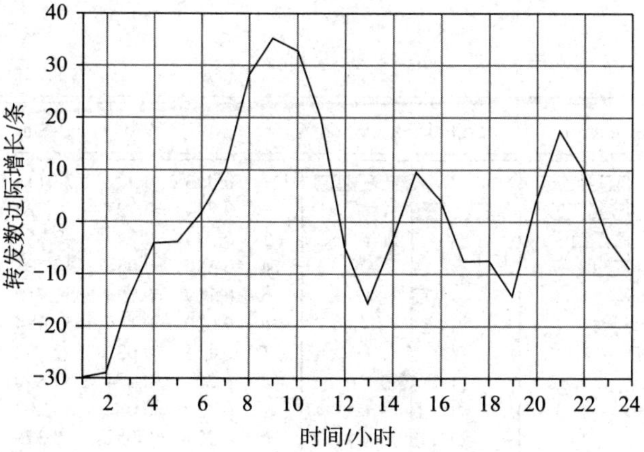

图 3-34　一日转发数均值边际变化

图 3-34 显示,上午六点至中午十二点、下午两点半至四点半、晚上八点至十一点所对应的时段边际增长率均为正值,其余时段边际增长率为负值。其中,上午七点至中午十一点边际增长率最大,其次为晚上八点至晚上十一点,而下午两点半至四点半其边际增长率相对较小。

3.2.3.2　集群特征

为了检验一日转发行为是否具有集群效应,采用 ARCH 模型对一日转发行为残差平方序列相关性进行分析,从而据此判定一日转发行为是否存在波动集群特征。

在构建 ARCH(q) 模型时,为了减少数据波动带来的误差,先对 $Y_{day\_zhuanfa}$ 序列取其自然对数。则对应的 ARCH(q) 模型为:

$$\begin{cases} \ln Y_{day\_zh,t} = \beta_{day\_zh,0} + \beta_{day\_zh,1}\ln Y_{day\_zh,t-1} + \beta_{day\_zh,2}\ln Y_{day\_zh,t-2} + \cdots + \\ \qquad\qquad \beta_{day\_zh,k}\ln Y_{day\_zh,t-k} + u_{day\_zh,t} \\ \sigma^2_{day\_zh,t} = \alpha_{day\_zh,0} + \alpha_{day\_zh,1}u^2_{day\_zh,t-1} + \alpha_{day\_zh,2}u^2_{day\_zh,t-2} + \cdots + \\ \qquad\qquad \alpha_{day\_zh,q}u^2_{day\_zh,t-q} \end{cases}$$

式中 i 为一日中的第 i 时刻,取值分别为 $1,2,3,\cdots,24$。利用 EViews 8.0 对该模型进行拟合计算,其结果为:

$$\ln Y_{day\_zh,t} = 2.61 + 0.73\ln Y_{day\_zh,t-1} + 0.15\ln Y_{day\_zh,t-2} + \hat{u}_{day\_zh,t},$$

其中模型整体 F 统计检验 p 值为 0.005,表明模型整体上显著;常数项及各变量系数对应的 p 值分别为 0.002、0.000、0.001,表明各拟合系数均显著;且 $\bar{R}^2$

值为 0.984，表明拟合效果良好，故该模型的拟合结果有效。

其对应的残差平方相关图如图 3-35 所示。

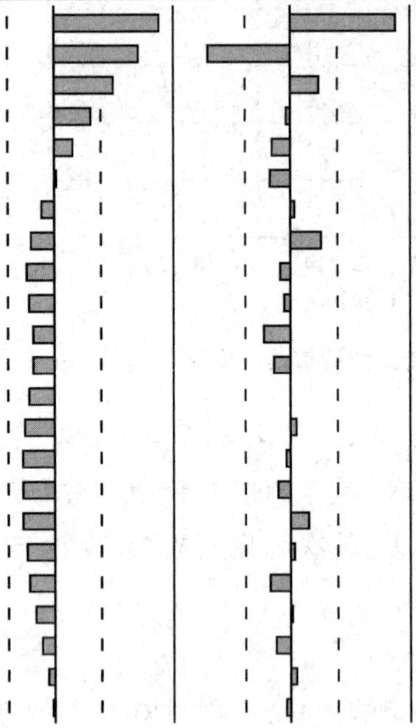

Autocorrelation	Partial Correlation		AC	PAC	Q-Stat	Prob
		1	0.923	0.923	23.114	0.000
		2	0.744	−0.727	38.826	0.000
		3	0.533	0.247	47.252	0.000
		4	0.336	−0.034	50.775	0.000
		5	0.169	−0.156	51.710	0.000
		6	0.020	−0.176	51.724	0.000
		7	−0.113	0.033	52.192	0.000
		8	−0.205	0.274	53.830	0.000
		9	−0.239	−0.086	56.203	0.000
		10	−0.221	−0.052	58.375	0.000
		11	−0.187	−0.230	60.055	0.000
		12	−0.180	−0.155	61.733	0.000
		13	−0.208	0.007	64.191	0.000
		14	−0.248	0.053	68.031	0.000
		15	−0.273	−0.040	73.205	0.000
		16	−0.277	−0.100	79.211	0.000
		17	−0.265	0.167	85.483	0.000
		18	−0.243	0.025	91.603	0.000
		19	−0.213	−0.177	97.274	0.000
		20	−0.168	0.015	101.68	0.000
		21	−0.112	−0.138	104.27	0.000
		22	−0.056	0.052	105.26	0.000
		23	−0.017	−0.029	105.43	0.000

图 3-35 一日转发数均值残差平方相关图

图 3-35 表明，残差平方序列的自相关和偏相关函数均存在至少滞后 1 期超出 95% 的置信区间，表明该序列相关性显著不为 0，且自相关函数呈缓慢衰减趋势，即"拖尾现象"。同时，对应的 Q 统计检验 p 值均小于 0.001，即检验结果非常显著，表明一日转发行为波动具有明显集群效应。

在进行模型估计时，为了避免 ARCH 模型滞后长度 q 选择不当而可能导致违背 $\alpha_{day\_zh,i}$ 值应为非负数的约束条件，致使条件方差 $\sigma^2_{day\_zh,t}$ 为正值的条件得不到满足，从而使得整个模型估计无效，因此此处采用广义的 ARCH 模型（GARCH）对随机误差项的条件方差进行拟合。则对应的 GARCH(p,q) 模型可表示为：

第 3 章 品牌危机信息微博分享行为波动特征

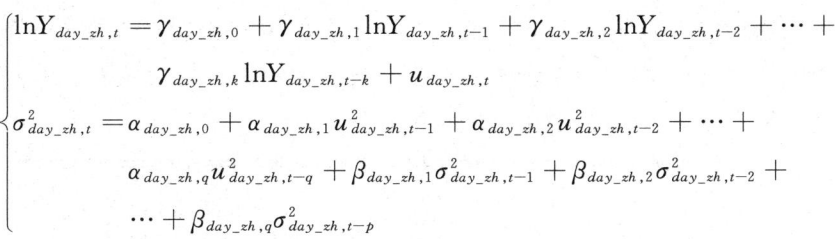

$$\begin{cases} \ln Y_{day\_zh,t} = \gamma_{day\_zh,0} + \gamma_{day\_zh,1} \ln Y_{day\_zh,t-1} + \gamma_{day\_zh,2} \ln Y_{day\_zh,t-2} + \cdots + \\ \qquad \gamma_{day\_zh,k} \ln Y_{day\_zh,t-k} + u_{day\_zh,t} \\ \sigma^2_{day\_zh,t} = \alpha_{day\_zh,0} + \alpha_{day\_zh,1} u^2_{day\_zh,t-1} + \alpha_{day\_zh,2} u^2_{day\_zh,t-2} + \cdots + \\ \qquad \alpha_{day\_zh,q} u^2_{day\_zh,t-q} + \beta_{day\_zh,1} \sigma^2_{day\_zh,t-1} + \beta_{day\_zh,2} \sigma^2_{day\_zh,t-2} + \\ \qquad \cdots + \beta_{day\_zh,q} \sigma^2_{day\_zh,t-p} \end{cases}$$

GARCH 模型最终拟合结果如表 3-8 所示。

表 3-8 一日转发数 GARCH 模型拟合结果

GARCH=C(4)+ C(5) * RESID(−1)^2+C(6) * GARCH(−1)				
均值方程				
Variable	Coefficient	Std. Error	z-Statistic	Prob.
C	−0.071621	0.390063	2.990442	0.0028
$lnY_{day\_zh}(-1)$	1.142787	0.207418	5.509585	0.0000
$lnY_{day\_zh}(-2)$	−0.162827	0.223682	14.35649	0.0000
方差方程				
Variable	Coefficient	Std. Error	z-Statistic	Prob.
C	0.019092	0.02348	−3.19232	0.0014
RESID(−1)^2	−0.198747	0.174676	27.3212	0.0000
GARCH(−1)	0.812644	0.57868	3.064	0.0022
拟合指标				
R-squared	0.969055	Mean dependent var		8.441642
Adjusted R-squared	0.965187	S.D. dependent var		1.730489
S.E. of regression	0.322877	Akaike info criterion		0.300406
Sum squared resid	1.667993	Schwarz criterion		0.59865
Log likelihood	3.146144	Hannan-Quinn criter.		0.350881
Durbin-Watson stat	1.854139			

表 3-8 拟合结果中均值方程及方差方程系数对应的 z 检验 p 值均达到 0.05 的显著水平,且整个模型的拟合指标 R-squared 值接近 1 值,故该模型构建及拟合结果有效。

由于集群效应的存在,在此基础上可通过 GARCH 模型的残差序列图及条件方差图对一日转发行为的集群特征进行进一步分析。其对应的残差序列折线图及条件方差折线图分别如图 3-36 和图 3-37 所示。

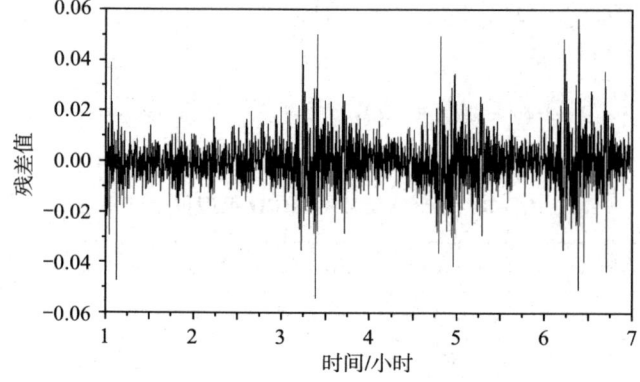

图 3-36　一日转发数残差折线图

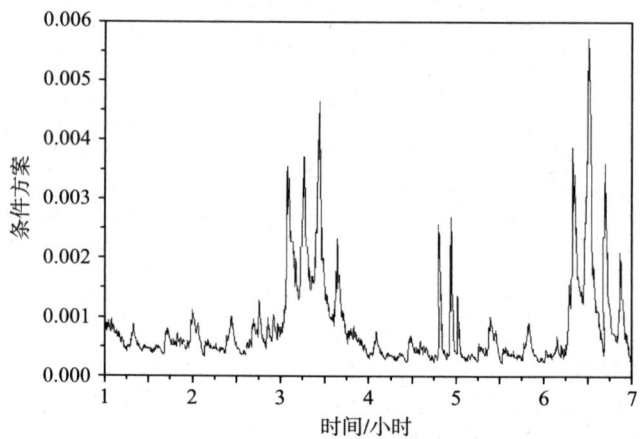

图 3-37　一日转发数条件方差折线图

从残差折线图 3-36 可见,上午九点至十一点、下午三点至五点、晚上九点至十一点均具有波动集群现象,且集群效应明显,而其余时段集群效应相对较弱。从条件方差折线图 3-37 可见,一日中的上午八点至十一点、晚上九点至十一点条件方差最大,下午三点至四点条件方差较大,表明一日转发行为在相应的时段存在较大波动,而其余时段其波动幅度均较小。

3.3 评论行为波动特征

3.3.1 整体传播过程波动特征

品牌危机信息评论均值在整个传播过程中的折线图如图 3-38 所示。

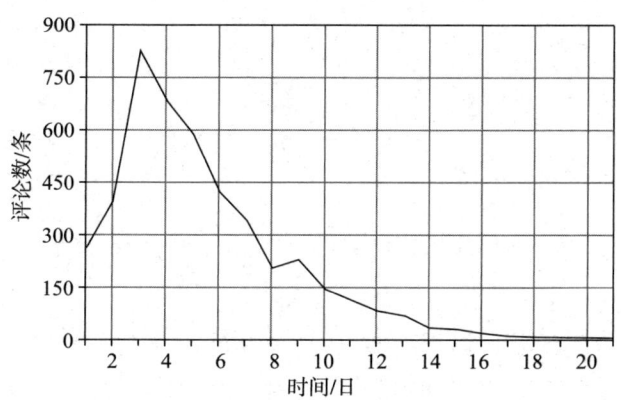

图 3-38 评论数均值整体过程折线图

由图 3-38 可见，危机发生后的前三天呈快速增长，于第三天达到最大值，其后至第八天快速下降，并于第八至第九天存在一个较小的向上波动，接着存在一个缓慢下降的过程，整个演化过程逐渐按照潜伏期、爆发期、高潮期、衰退期及长尾期五个生命周期发展变化。该图表明，评论的整体过程折线走向特征并非简单的线性关系，而是一个较为复杂的波动过程，因此，仅通过描述性统计分析则难于发现该波动现象背后更深层、更具体的原因，而需借助较为复杂的特征成分分解方法对其相关特征要素进行精确分离，从而才能较好地分析引起该波动现象背后更深层的根源。然而，在整个传播过程中，由于评论的波动特征具有自相关性，其由趋势特征、集群特征及不规则特征叠加而成，为了对整个传播过程的评论行为特征进行详细了解，需对评论均值序列进行自相关性分析，以及分别对趋势特征、集群特征和不规则特征进行精确分离。

3.3.1.1 自相关性

为了分析评论行为的自相关性，首先需对评论均值时间序列进行自相关和偏自相关分析，以探测该序列是否存在自相关性特征。可通过如下算式进行计算：

评论行为的自相关系数：

$$r_{pinglun,k} = \frac{\sum_{t=k+1}^{T}(y_{pinglun,t} - \bar{y}_{pinglun})(y_{pinglun,t-k} - \bar{y}_{pinglun})}{\sum_{t=1}^{T}(y_{pinglun,t} - \bar{y}_{pinglun})^2}, \text{其中 } \bar{y}_{pinglun} \text{ 为评论}$$

均值序列的样本均值；

评论行为的偏自相关系数：

$$\varphi_{k,k}^{pinglun} = \begin{cases} r_{pinglun,1} & k=1 \\ \dfrac{r_{pinglun,k} - \sum_{j=1}^{k-1}\varphi_{k-1,j}^{pinglun} r_{pinglun,k-j}}{1 - \sum_{j=1}^{k-1}\varphi_{k-1,j}^{pinglun} r_{pinglun,k-j}} & k>1 \end{cases},$$

其中 $r_{pinglun,k}$ 为 k 阶滞后的自相关系数值，$\varphi_{k,j}^{pinglun} = \varphi_{k-1,j}^{pinglun} - \varphi_{k,k}^{pinglun} \varphi_{k-1,k-j}^{pinglun}$。

其对应的自相关和偏自相关 spike 图分别如图 3-39 和图 3-40 所示。

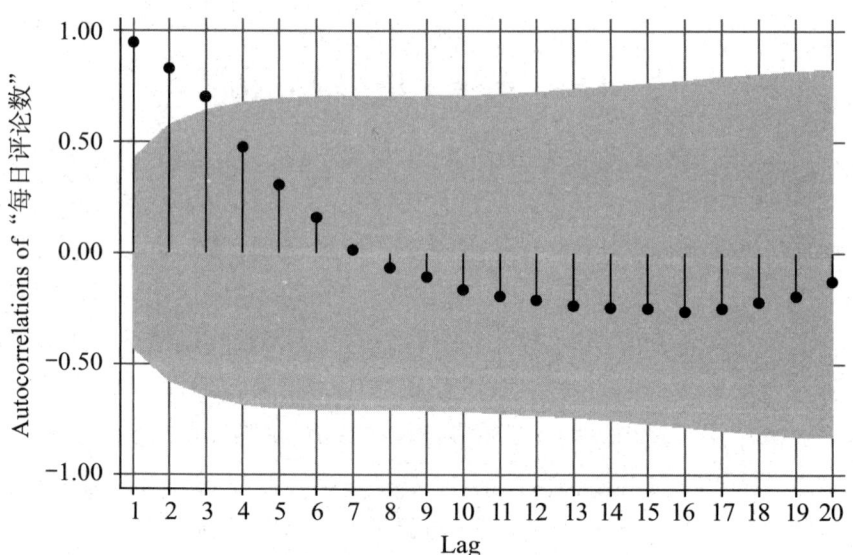

图 3-39 评论数自相关图

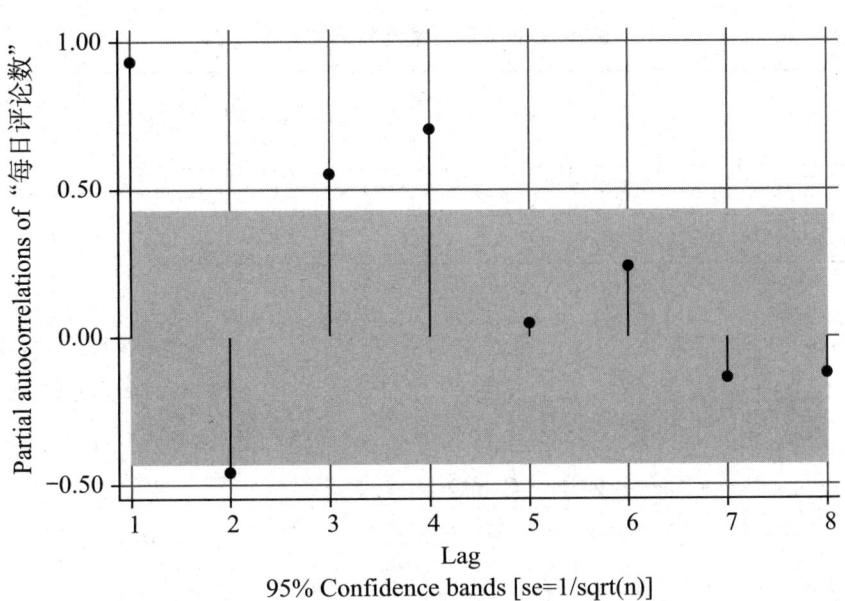

图 3-40　评论数偏相关图

图 3-39 和图 3-40 中的阴影区域标注了 95% 的置信区间,表明落在该区域之外的点的相关性个体显著。由图 3-39 可见,评论时间序列的自相关性在滞后 3 期内显著;由图 3-40 可见,其偏自相关性在滞后 4 期内显著。由此可以判定评论数序列存在显著自相关性,即评论行为具有显著的自相关特征,且约于滞后 3 阶至 4 阶范围内较为明显。其中,评论的自相关函数序列呈指数衰减,但其衰减速度缓慢,因此可初步认为评论序列非稳定。为了进一步了解评论行为自相关特征,需对评论均值时间序列进行 ARIMA 模型构建,从而进行深入分析。然而,为了防止伪回归的产生,ARIMA 模型构建需以平稳序列为基础,因此,在对评论行为进行 ARIMA 模型构建前需先对评论时间序列进行平稳性单根检验。

在上述评论序列非稳定的粗略判定基础上,需对其进行平稳性单位根检验,以便通过恰当的转换方法使序列变为平稳。为了减少数据较大波动引起的不稳定性,在检验前首先对评论数序列进行自然对数转换。其自然对数序列及差分序列的平稳性检验结果如表 3-9 所示。

表 3-9　评论数对数序列单根检验

序列	ADF 值	临界值			p 值	检验结果
		1%	5%	10%		
$\ln(pinglun)$	0.766	−3.809	−3.021	−2.650	0.991	非稳定
$D(\ln(pinglun))$	−3.512	−3.832	−3.030	−2.655	0.019	稳定

表 3-9 检验结果显示，评论自然对数序列统计量的绝对值小于 5% 临界水平统计量的绝对值，即检验 p 值大于 0.05 显著水平，不能拒绝"存在单根"的原假设，表明 $\ln(pinglun)$ 序列至少存在一个单根，即序列非平稳。同时 $\ln(pinglun)$ 一阶差分序列统计量的绝对值大于 5% 临界水平统计量的绝对值，即检验 p 值小于 0.05 显著水平，拒绝原假设，表明一阶差分序列不存在单根，即 $\ln(pinglun)$ 一阶差分序列平稳。

在评论对数 $\ln(pinglun)$ 一阶差分序列平稳的基础上，对该差分序列进行自相关和偏相关分析，以识别和确定 ARIMA(p,d,q) 模型中的 p 值和 q 值。其中，$\ln(pinglun)$ 一阶差分序列相关性分析如图 3-41 所示。

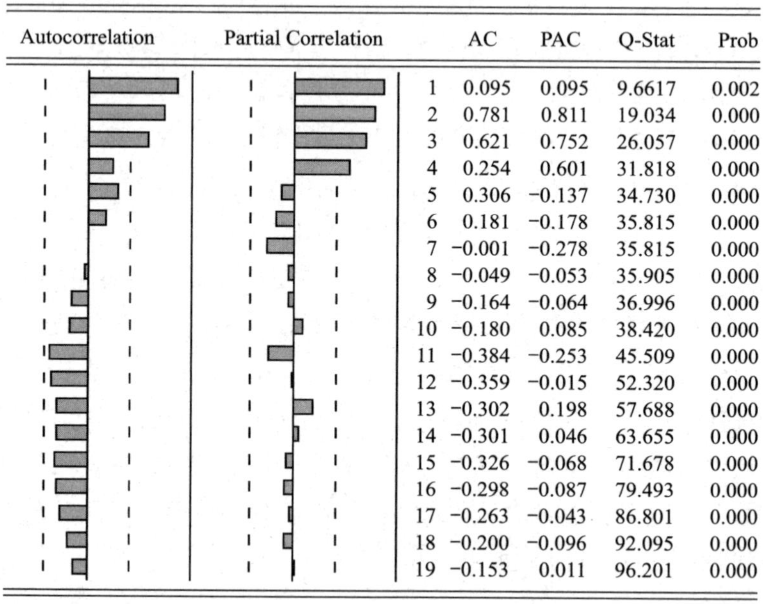

Autocorrelation	Partial Correlation		AC	PAC	Q-Stat	Prob
		1	0.095	0.095	9.6617	0.002
		2	0.781	0.811	19.034	0.000
		3	0.621	0.752	26.057	0.000
		4	0.254	0.601	31.818	0.000
		5	0.306	−0.137	34.730	0.000
		6	0.181	−0.178	35.815	0.000
		7	−0.001	−0.278	35.815	0.000
		8	−0.049	−0.053	35.905	0.000
		9	−0.164	−0.064	36.996	0.000
		10	−0.180	0.085	38.420	0.000
		11	−0.384	−0.253	45.509	0.000
		12	−0.359	−0.015	52.320	0.000
		13	−0.302	0.198	57.688	0.000
		14	−0.301	0.046	63.655	0.000
		15	−0.326	−0.068	71.678	0.000
		16	−0.298	−0.087	79.493	0.000
		17	−0.263	−0.043	86.801	0.000
		18	−0.200	−0.096	92.095	0.000
		19	−0.153	0.011	96.201	0.000

图 3-41　评论数对数一阶差分相关图

图 3-41 显示，评论数对数一阶差分偏相关函数在前 4 期超出了 95% 的置

信区间,其余各期均位于置信区间内,且呈缓慢衰减态势,表明 ARIMA(p,d,q) 模型中的 p 值可试取数值 4;其自相关函数在前 3 期超出了 95% 的置信区间,其余各期均位于置信区间内,且存在拖尾现象,表明 ARIMA(p,d,q) 模型中的 q 值可试取数值 3。其中 d 值表示第 d 阶差分序列平稳,此处 d 值为 1,故可初步对评论对数一阶差分序列构建 ARIMA(4,1,3) 模型。在此基础上,对该模型的有效性和适配度进行检验,其检验结果分别如图 3-42 和图 3-43 所示。

Autocorrelation	Partial Correlation		AC	PAC	Q-Stat	Prob
		1	-0.224	-0.224	1.2068	
		2	-0.045	-0.099	1.2572	
		3	-0.183	-0.230	2.1606	
		4	0.083	-0.028	2.3546	
		5	-0.029	-0.059	2.3800	
		6	0.161	0.120	3.2137	
		7	-0.116	-0.044	3.6782	
		8	0.078	0.069	3.9068	0.865
		9	-0.211	-0.161	5.7070	0.769
		10	0.383	0.325	12.151	0.275
		11	-0.083	0.064	12.486	0.328
		12	-0.197	-0.248	14.563	0.266
		13	-0.066	-0.029	14.825	0.318
		14	0.074	-0.039	15.207	0.364
		15	0.025	0.007	15.256	0.433

图 3-42 D(ln($pinglun$))序列 ARIMA(4,1,3)模型残差相关图

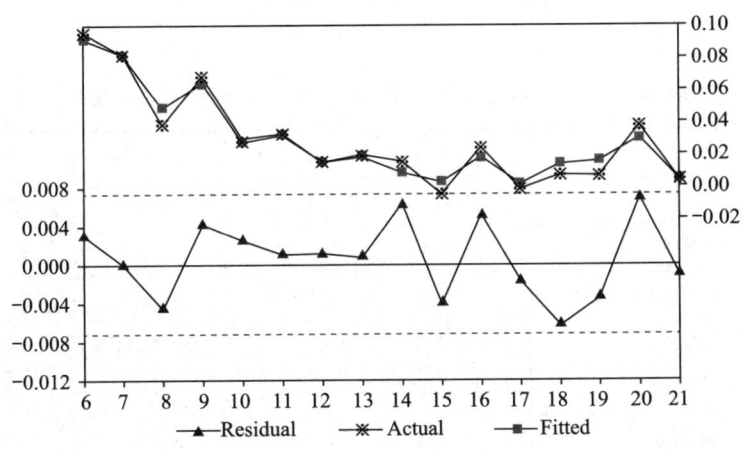

图 3-43 D(ln($pinglun$))序列 ARIMA(4,1,3)模型拟合效果图

图 3-42 显示,评论对数一阶差分序列 ARIMA(4,1,3)模型的残差自相关及偏相关函数在所有滞后阶上均位于 95% 的置信区间内,同时残差序列的各阶

相关检验 p 值均大于 0.05 的显著水平,即接受原假设,表明所构建的 ARIMA(4,1,3)模型的残差序列不存在序列相关性。图 3-43 显示,评论对数一阶差分的实际值与 ARIMA(4,1,3)模型的估计值拟合效果良好,且所有残差均位于 95％的置信区间内,表明该模型的设定和估计结果有效。其中,模型 ARIMA(4,1,3)的相关性及滞后显著期数表明,评论行为对自身行为在滞后 3 期内具有重要影响,即用户自身过去参与评论的行为对自身现在参与评论的行为产生显著影响,且现在的评论行为与过去的评论行为在滞后 3 期内存在显著依赖关系。

评论对数一阶差分序列的 ARIMA(4,1,3)模型估计结果如表 3-10 所示。

表 3-10 显示,模型中的截距项及各变量对应的系数显著性检验 p 值均小于 0.05 的显著水平,同时模型的拟合优度指标 R^2 和调整 R^2 值均大于 89％,且模型整体性拟合度检验 p 值达到 0.01 显著水平,说明模型设定和模型估计结果均较佳,即该模型可用于对评论数进行有效预测和估计。该模型 ARIMA(4,1,3)的表达式可写为:

$$\Delta \ln(pinglun_t) = -0.310 + 0.418 \times \Delta \ln(pinglun_{t-1}) + 0.028 \times \Delta \ln(pinglun_{t-2}) + 0.367 \times \Delta \ln(pinglun_{t-3}) + 0.382 \times \Delta \ln(pinglun_{t-4}) + \hat{\varepsilon}_t - 1.371 \times \hat{\varepsilon}_{t-1} - 2.295 \times \hat{\varepsilon}_{t-2} + 0.199 \times \hat{\varepsilon}_{t-3}$$

表 3-10 D(ln(pinglun))序列 ARIMA(4,1,3)模型估计结果

Variable	Coefficient	Std. Error	t-Statistic	Prob.
C	−0.3103	0.1264	−5.7753	0.0003
AR(1)	0.4175	0.2063	−3.0480	0.0138
AR(2)	0.0284	0.0948	10.1392	0.0000
AR(3)	0.3673	0.1754	2.7086	0.024
AR(4)	0.3816	0.1439	5.9640	0.0002
MA(1)	−1.3709	0.1949	3.0078	0.0148
MA(2)	−2.2954	0.2644	−3.2702	0.0097
MA(3)	0.1990	0.1141	4.2724	0.0009
R-squared	0.9596	Mean dependent var		−0.2886

续表

Variable	Coefficient	Std. Error	t-Statistic	Prob.
Adjusted R-squared	0.8969	S.D. dependent var		0.2171
S.E. of regression	0.1113	Akaike info criterion		−1.2448
Sum squared resid	0.0992	Schwarz criterion		−0.8585
Log likelihood	17.9587	Hannan-Quinn criter.		−1.2250
F-statistic	7.0025	Durbin-Watson stat		2.4334
Prob(F-statistic)	0.0067			

其中,该模型的脉冲响应特征如图 3-44 所示。

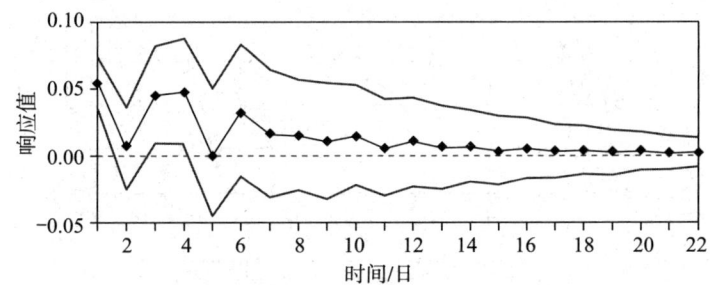

图 3-44　D($Ln(pinglun)$)序列 ARIMA(4,1,3)模型脉冲图

图 3-44 显示,品牌危机信息微博评论行为的每一次冲击均会对滞后第 1 期、第 3 期、第 4 期及第 6 期的信息评论行为产生较大影响,而对其余滞后期的影响相对较小。

3.3.1.2　趋势特征

采用时间序列趋势分解法对评论行为波动的各特征变量进行分解,在整个传播过程的评论时间序列 $Whole\_zhuanfa$ 中,由于该时间序列为非季度或月度数据,则不存在季节要素的影响,故该序列的各特征成分可分解为:

$Y_{whole\_pinglun,t} = TC_{whole\_pinglun,t} + I_{whole\_pinglun,t}$,式中 $TC_{whole\_pinglun,t}$ 表示趋势循环要素,$I_{whole\_pinglun,t}$ 表示不规则要素。

其中,$TC_{whole\_pinglun,t} = Y^T_{whole\_pinglun,t} + Y^C_{whole\_pinglun,t}$,式中 $Y^T_{whole\_pinglun,t}$ 为时间序列中的趋势成分,$Y^C_{whole\_pinglun,t}$ 为周期成分。由于该时间序列为非季度或月度数据,则其中的周期成分 $Y^C_{whole\_pinglun,t}$ 不存在,即 $Y^C_{whole\_pinglun,t} = 0$,故 $TC_{whole\_pinglun,t} = Y^T_{whole\_pinglun,t}$。其中,可利用 Henderson 加权移动平均方法(MA)计算评论时间

序列 $Whole\_pinglun$ 的趋势循环要素，即为：

$$TC_{whole\_pinglun,t} = Y^T_{whole\_pinglun,t} = MA_{whole\_pinglun,t} = \sum_{j=-H}^{H} h_j^{2H+1} Y_{whole\_pinglun,t+i}, H+1 \leq t \leq T-H$$

基于此，评论时间序列 $Whole\_pinglun$ 中的不规则要素成分可计算为：

$$I_{whole\_pinglun,t} = Y_{whole\_pinglun,t} - TC_{whole\_pinglun,t} = Y_{whole\_pinglun,t} - Y^T_{whole\_pinglun,t}$$

其计算结果如图 3-45 所示。

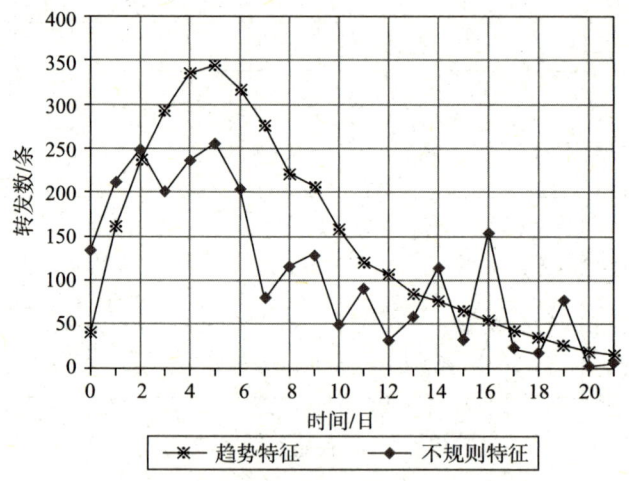

图 3-45　评论数整体过程波动特征分解

由图 3-45 可见，整个传播过程的评论趋势呈单峰曲线特征，于危机出现后表现为迅速上升，于危机发生后第四天及第五天达到评论行为趋势效应的最大值，其后表现为快速下降，约于第十四天后呈缓慢衰减趋势。而不规则特征曲线则具有多峰特征，不具有明显规律，表现为每一期增加紧接着下一期下降的波动特征，于危机发生后第二天至第六天的不规则效应较大。

为了分析危机信息评论行为随时间推移的变化率特征，需对评论行为进行边际变化率分析。该指标可用如下算式进行计算：

$$MQ_i(t) = Y_i'(t) = \frac{\Delta Y(t)_{whole\_pinglun,i}}{\Delta t}, i \text{ 为第 } i \text{ 天，取值分别为 } 1,2,3,\cdots,21。$$

其中 $\Delta Y(t)_{whole\_pinglun,i} = Y(i+1)_{whole\_pinglun} - Y(i)_{whole\_pinglun}$，$\Delta t$ 为单位时间。

其对应分析结果如图 3-46 所示。

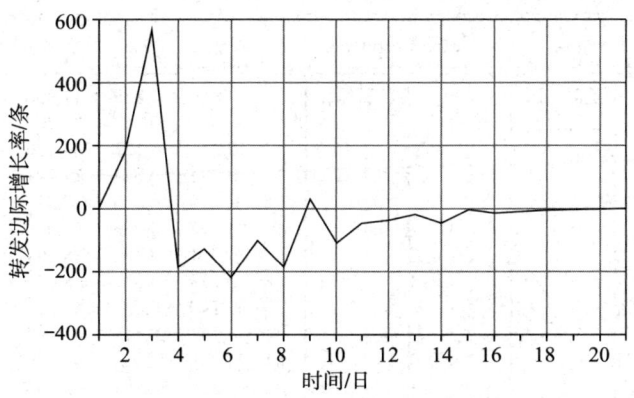

图 3-46　评论数整体过程边际变化

图 3-46 显示,危机信息评论行为至接近第四天时其边际增长率均为正数,第八天与第九天相邻处其值略有正向波动,于第十五天后则趋向于 0,而其余时段皆为负数。

3.3.1.3 集群特征

为了分析整个危机传播过程评论行为的集群特征是否存在,需先对评论行为进行 ARCH 模型估计,从而根据评论行为残差平方相关图及其显著性检验结果,判定整个传播过程的评论行为是否存在波动集群特征。

在构建 ARCH(q) 模型时,为了减少数据波动带来的误差,先对 $Y_{whole\_pinglun}$ 序列取其自然对数。则对应的 ARCH(q) 模型为:

$$\begin{cases} \ln Y_{wh\_pl,t} = \beta_{wh\_pl,0} + \beta_{wh\_pl,1}\ln Y_{wh\_pl,t-1} + \beta_{wh\_pl,2}\ln Y_{wh\_pl,t-2} + \cdots + \\ \quad\quad\quad \beta_{wh\_pl,k}\ln Y_{wh\_pl,t-k} + u_{wh\_pl,t} \\ \sigma^2_{wh\_pl,t} = \alpha_{wh\_pl,0} + \alpha_{wh\_pl,1}u^2_{wh\_pl,t-1} + \alpha_{wh\_pl,2}u^2_{wh\_pl,t-2} + \cdots + \\ \quad\quad\quad \alpha_{wh\_pl,q}u^2_{wh\_pl,t-q} \end{cases}$$

式中 i 为第 i 天,取值分别为 $1,2,3,\cdots,21$。利用 EViews 8.0 对该模型进行拟合计算,其结果为:

$$\ln Y_{wh\_pl,t} = 2.14 + 0.28\ln Y_{wh\_pl,t-1} + 0.69\ln Y_{wh\_pl,t-2} + \hat{u}_{wh\_pl,t}$$

其中,模型整体 F 统计检验 p 值为 0.000,表明模型整体上显著;常数项及各变量系数对应的 p 值分别为 0.000、0.000、0.009,表明各拟合系数均显著;且 $\bar{R}^2$ 值为 0.946,表明拟合效果良好,故该模型的拟合结果有效。

其对应的残差平方相关图如图 3-47 所示。

Autocorrelation	Partial Correlation		AC	PAC	Q-Stat	Prob
		1	0.859	0.859	17.802	0.000
		2	0.670	-0.257	29.200	0.000
		3	0.458	-0.181	34.820	0.000
		4	0.294	0.074	37.271	0.000
		5	0.146	-0.113	37.913	0.000
		6	0.052	0.053	38.000	0.000
		7	-0.051	-0.180	38.091	0.000
		8	-0.133	-0.039	38.752	0.000
		9	-0.199	-0.007	40.353	0.000
		10	-0.253	-0.119	43.154	0.000
		11	-0.298	-0.050	47.449	0.000
		12	-0.325	-0.057	53.133	0.000
		13	-0.335	-0.026	59.913	0.000
		14	-0.344	-0.108	68.094	0.000
		15	-0.326	0.023	76.633	0.000
		16	-0.291	-0.013	84.828	0.000
		17	-0.277	0.042	91.044	0.000
		18	-0.146	0.046	94.458	0.000
		19	-0.040	0.068	94.842	0.000
		20	-0.008	-0.267	94.874	0.000

图 3-47　评论数整体过程残差平方相关图

由图 3-47 可见,残差自相关和偏相关函数均存在至少滞后 1 阶超出 95% 的置信区间,表明残差相关性显著不为 0,且自相关函数呈缓慢衰减势态,即"拖尾现象"。同时,其对应的 Q 统计检验 p 值均小于 0.001,即检验结果非常显著,从而表明整个传播过程评论行为 ARCH 模型的残差平方序列存在自相关性,即该序列存在 ARCH 效应。

在进行模型估计时,为了避免 ARCH 模型滞后长度 q 选择不当而可能导致违背 $\alpha_{wh\_pl,i}$ 值应为非负数的约束条件,致使条件方差 $\sigma^2_{wh\_pl,t}$ 为正值的条件得不到满足,从而使得整个模型估计无效,因此此处采用广义的 ARCH 模型(GARCH)对随机误差项的条件方差进行拟合。则对应的 GARCH(p,q) 模型可表示为:

$$\begin{cases} \ln Y_{wh\_pl,t} = \gamma_{wh\_pl,0} + \gamma_{wh\_pl,1}\ln Y_{wh\_pl,t-1} + \gamma_{wh\_pl,2}\ln Y_{wh\_pl,t-2} + \cdots + \\ \qquad\qquad \gamma_{wh\_pl,k}\ln Y_{wh\_pl,t-k} + u_{wh\_pl,t} \\ \sigma^2_{wh\_pl,t} = \alpha_{wh\_pl,0} + \alpha_{wh\_pl,1}u^2_{wh\_pl,t-1} + \alpha_{wh\_pl,2}u^2_{wh\_pl,t-2} + \cdots + \\ \qquad\qquad \alpha_{wh\_pl,q}u^2_{wh\_pl,t-q} + \beta_{wh\_pl,1}\sigma^2_{wh\_pl,t-1} + \beta_{wh\_pl,2}\sigma^2_{wh\_pl,t-2} + \cdots + \\ \qquad\qquad \beta_{wh\_pl,q}\sigma^2_{wh\_pl,t-p} \end{cases}$$

GARCH 模型最终拟合结果如表 3-11 所示。

表 3-11 整体评论过程 GARCH 模型拟合结果

$$\text{GARCH} = C(4) + C(5) * \text{RESID}(-1)^2 + C(6) * \text{GARCH}(-1)$$

均值方程				
Variable	Coefficient	Std. Error	z-Statistic	Prob.
C	1.180381	0.26341	4.481156	0.0000
$\ln Y_{wh\_pl}(-1)$	1.656943	0.091788	18.05178	0.0000
$\ln Y_{wh\_pl}(-2)$	−0.797711	0.086799	−9.190308	0.0000
方差方程				
Variable	Coefficient	Std. Error	z-Statistic	Prob.
C	−0.000615	0.000856	2.732931	0.0063
RESID(−1)^2	−0.082028	0.134132	2.342168	0.0192
GARCH(−1)	1.01173	0.152835	6.619763	0.0000
拟合指标				
R-squared	0.973011	Mean dependent var		8.11529
Adjusted R-squared	0.97017	S.D. dependent var		0.970983
S.E. of regression	0.167702	Akaike info criterion		−0.948658
Sum squared resid	0.534355	Schwarz criterion		−0.651101
Log likelihood	16.43524	Hannan-Quinn criter.		−0.878563
Durbin-Watson stat	1.704925			

表 3-11 拟合结果中均值方程及方差方程系数对应的 z 检验 p 值均达到 0.05 的显著水平,且整个模型的拟合指标 R-squared 值接近 1 值,故该模型构建及拟合结果有效。由于整个传播过程评论行为集群效应的存在,在此基础上通过 GARCH 模型的残差序列图及条件方差图对评论行为的集群特征进行分析。其对应的整体过程残差折线图及条件方差折线图分别如图 3-48 和图 3-49 所示。

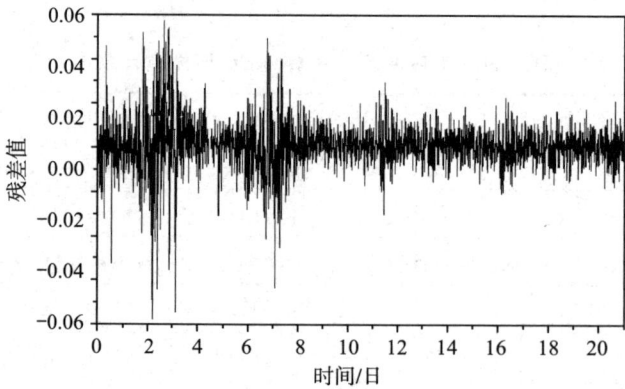

图 3-48　评论数整体过程残差折线图

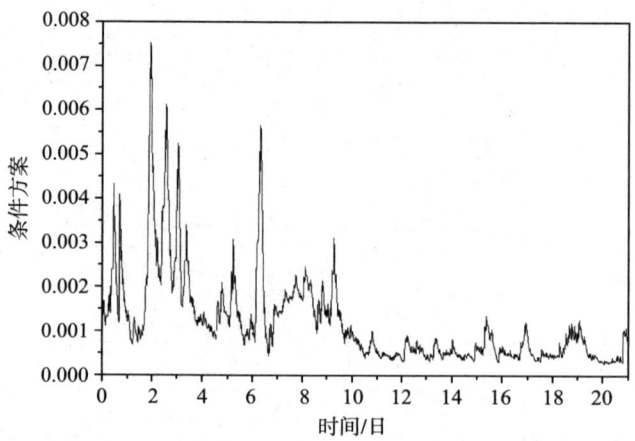

图 3-49　评论数整体过程条件方差折线图

残差折线图 3-48 显示,在危机发生后的第一天至第四天以及第七天均具有波动集群现象,且集群效应明显,而其余时段集群效应相对较弱。条件方差折线图 3-49 显示,危机发生后的第二天及第三天条件方差最大,其次为第一天及第七天,表明评论行为在相应时段存在较大幅度波动,而于第十天后其条件方差值均较小。

3.3.2 一周波动特征

3.3.2.1 趋势及周期特征

品牌危机信息一周评论数折线图如图 3-50 所示。

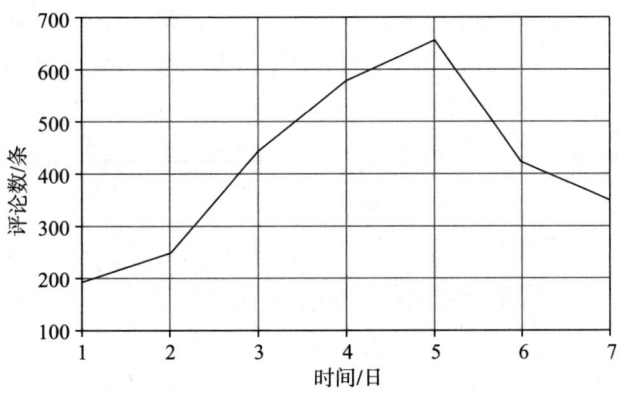

图 3-50　一周评论数折线图

图 3-50 显示,周一至周二上升较为平缓,周三至周五快速上升,周六快速下降,周日缓慢下降,其中于周五达到最大值。其结果表明,一周中周一为评论的预热期,周二和周三为升温期,周四和周五为高潮期,周六和周日为降温期。该图表明,一周评论折线走向特征并非简单的线性关系,而是一个较为复杂的波动过程,因此,仅通过描述性统计分析则难于发现该波动现象背后更深层、更具体的原因,而需借助较为复杂的特征成分分解方法对其相关特征要素进行精确分离,从而才能较好地分析引起该波动现象背后更深层的根源。

采用时间序列趋势分解法对评论行为波动的各特征变量进行分解,在一周评论时间序列 $Week\_zhuanfa$ 中,由于该时间序列为非季度或月度数据,则不存在季节要素的影响,故该序列的各特征成分可分解为:

$Y_{week\_pinglun,t} = TC_{week\_pinglun,t} + I_{week\_pinglun,t}$,式中 $TC_{week\_pinglun,t}$ 表示趋势循环要素,$I_{week\_ping\,lun,t}$ 表示不规则要素。

其中,$TC_{week\_pinglun,t} = Y^T_{week\_pinglun,t} + Y^C_{week\_pinglun,t}$,式中 $Y^T_{week\_pinglun,t}$ 为时间序列中的趋势成分,$Y^C_{week\_pinglun,t}$ 为周期成分。其中,可利用 $Henderson$ 加权移动平均方法(MA)计算评论时间序列 $Week\_pinglun$ 的趋势循环要素成分,即为:

$$TC_{week\_pinglun,t} = MA_{week\_pinglun,t} = \sum_{j=-H}^{H} h_j^{2H+1} Y_{week\_pinglun,t+i}, H+1 \leqslant t \leqslant T-H$$

其中,可利用 HP(Hodrick-Prescott)滤波将趋势成分 $Y^T_{week\_pinglun,t}$ 从 $TC_{week\_pinglun,t}$ 中分离出来。通过求解如下最小化问题可实现将趋势成分 $Y^T_{week\_pinglun,t}$ 分离:

$$\min \sum_{t=1}^{T} \{(TC_{week\_pinglun,t} - Y^T_{week\_pinglun,t})^2 + \lambda\,[c(L)Y^T_{week\_pinglun,t}]^2\}, 其中参$$

数 λ 为某一给定的先验值,其值 $\lambda \in [0,\infty)$,而 $c(L)$ 为延迟算子多项式,即 $c(L)=(L^{-1}-1)-(1-L)$。对应的 HP 滤波问题则转化为求如下最小化损失函数:

$$\min\left\{\sum_{t=1}^{T}(TC_{week\_zhuanfa,t}-Y_{week\_zhuanfa,t}^{T})^{2}+\lambda\sum_{t=2}^{T-1}\left[(Y_{week\_pinglun,t+1}^{T}-Y_{week\_pinglun,t}^{T})-(Y_{week\_pinglun,t}^{T}-Y_{week\_pinglun,t-1}^{T})\right]^{2}\right\}$$

最后,评论时间序列 $Week\_zhuanfa$ 中的不规则要素成分可计算为:

$$I_{week\_pinglun,t}=Y_{week\_pinglun,t}-TC_{week\_pinglun,t}$$
$$=Y_{week\_pinglun,t}-\sum_{j=-H}^{H}h_{j}^{2H+1}Y_{week\_pinglun,t+i}$$

经计算,一周评论数波动的趋势特征、周期特征及不规则特征分离结果如图 3-51 所示。

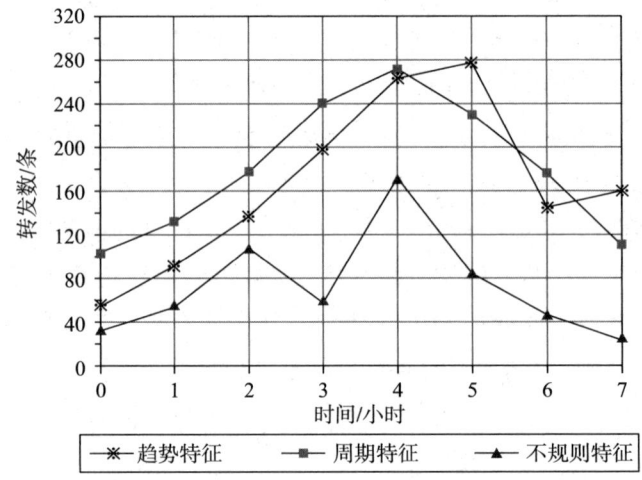

图 3-51　一周评论数波动特征分解

图 3-51 显示,一周评论趋势呈单峰曲线特征,于周一至周五表现为迅速上升过程,于周五达到上升趋势最大值,周六表现为快速下降,而周日下降幅度较小。周期特征表现为单峰曲线过程,于周二和周三上升较快,周四达到周期效应最大值,周五至周日呈下降特征,且下降幅度较大。在周期特征上,周一评论最小,其次为周日,周二至周五的周期性评论行为比较活跃,于周四达到最大值。而不规则特征曲线则具有双峰特征,不具有明显规律,总体表现为每一期增加紧接着下一期下降的波动特征,其中周二和周四的不规则性影响较大。

为了进一步分析危机信息一周评论行为的变化率特征,需对其进行边际变

化率分析。该指标可用如下算式进行计算:

$$MQ_i(t) = Y'_i(t) = \frac{\Delta Y(t)_{week\_pinglun,i}}{\Delta t}$$,i 为一周中的星期 i,取值分别为 $1,2,3,\cdots,7$。

其中 $\Delta Y(t)_{week\_pinglun,i} = Y(i+1)_{week\_pinglun} - Y(i)_{week\_pinglun}$,$\Delta t$ 为单位时间。其计算结果如图 3-52 所示。

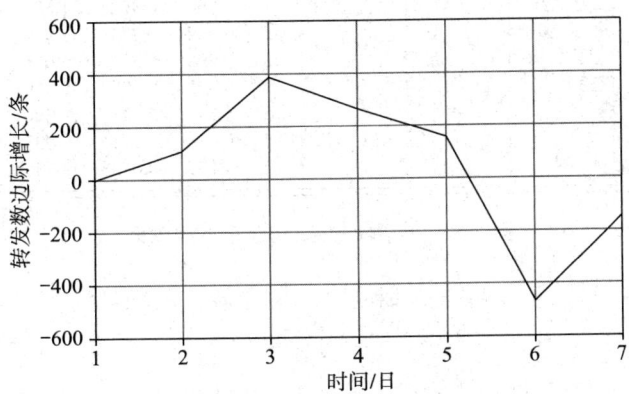

图 3-52　一周评论数边际变化

图 3-52 表明,周一至周五边际增长率为正数,周六至周日其值为负数,其中周三至周五的边际增长率较大。

3.3.2.2 集群特征

为了检验一周中的评论行为是否具有集群效应,需先对一周评论序列进行 ARCH 模型估计,进而分析一周中评论行为残差平方序列的相关性,从而据此判定一周评论行为波动是否存在集群特征。

在构建 ARCH(q) 模型时,为了减少数据波动带来的误差,先对 $Y_{week\_pinglun}$ 序列取其自然对数。则对应的 ARCH(q) 模型为:

$$\begin{cases} \ln Y_{wk\_pl,t} = \beta_{wk\_pl,0} + \beta_{wk\_pl,1}\ln Y_{wk\_pl,t-1} + \beta_{wk\_pl,2}\ln Y_{wk\_pl,t-2} + \cdots + \\ \qquad\qquad \beta_{wk\_pl,k}\ln Y_{wk\_pl,t-k} + u_{wk\_pl,t} \\ \sigma^2_{wk\_pl,t} = \alpha_{wk\_pl,0} + \alpha_{wk\_pl,1}u^2_{wk\_pl,t-1} + \alpha_{wk\_pl,2}u^2_{wk\_pl,t-2} + \cdots + \\ \qquad\qquad \alpha_{wk\_pl,q}u^2_{wk\_pl,t-q} \end{cases}$$

式中 i 为一周中的星期 i,取值分别为 $1,2,3,\cdots,7$。利用 EViews 8.0 对该模型进行拟合计算,其结果为:

$$\ln Y_{wk\_pl,t} = 2.06 + 0.51\ln Y_{wk\_pl,t-1} + 0.49\ln Y_{wk\_pl,t-2} + \hat{u}_{wk\_pl,t},$$

其中模型整体 F 统计检验 p 值为 0.000，表明模型整体上显著；常数项及各变量系数对应的 p 值分别为 0.004、0.000、0.007，表明各拟合系数均显著；且 $\bar{R}^2$ 值为 0.984，表明拟合效果良好，故该模型的拟合结果有效。

其对应的残差平方相关图如图 3-53 所示。

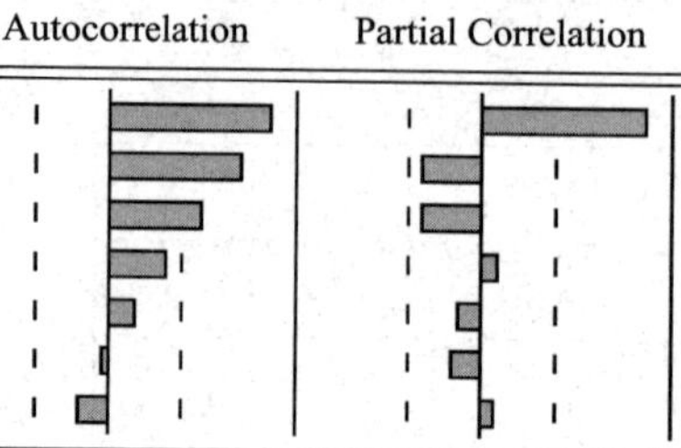

Autocorrelation	Partial Correlation		AC	PAC	Q-Stat	Prob
		1	0.894	0.894	21.681	0.000
		2	0.734	−0.324	36.970	0.000
		3	0.520	−0.331	45.001	0.000
		4	0.328	0.088	48.350	0.000
		5	0.141	−0.121	49.006	0.000
		6	−0.028	−0.167	49.033	0.000
		7	−0.157	0.073	49.941	0.000

图 3-53　一周评论数残差平方相关图

由图 3-53 可见，残差平方序列的自相关和偏相关函数均存在至少滞后 1 阶超出 95％ 的置信区间，表明该残差序列相关性显著不为 0，且自相关函数呈缓慢衰减势态，即"拖尾现象"。同时，其对应的 Q 统计检验 p 值均小于 0.001，检验结果非常显著，表明一周中评论行为残差平方序列存在自相关性，即该序列存在 ARCH 效应。

在进行模型估计时，为了避免 ARCH 模型滞后长度 q 选择不当而可能导致违背 $\alpha_{wk\_pl,i}$ 值应为非负数的约束条件，致使条件方差 $\sigma^2_{wk\_pl,t}$ 为正值的条件得不到满足，从而使得整个模型估计无效，因此此处采用广义的 ARCH 模型（GARCH）对随机误差项的条件方差进行拟合。则对应的 GARCH (p,q) 模型可表示为：

$$\begin{cases} \ln Y_{wk\_pl,t} = \gamma_{wk\_pl,0} + \gamma_{wk\_pl,1} \ln Y_{wk\_pl,t-1} + \gamma_{wk\_pl,2} \ln Y_{wk\_pl,t-2} + \cdots + \\ \qquad\qquad \gamma_{wk\_pl,k} \ln Y_{wk\_pl,t-k} + u_{wk\_pl,t} \\ \sigma^2_{wk\_pl,t} = \alpha_{wk\_pl,0} + \alpha_{wk\_pl,1} u^2_{wk\_pl,t-1} + \alpha_{wk\_pl,2} u^2_{wk\_pl,t-2} + \cdots + \\ \qquad\qquad \alpha_{wk\_pl,q} u^2_{wk\_pl,t-q} + \beta_{wk\_pl,1} \sigma^2_{wk\_pl,t-1} + \beta_{wk\_pl,2} \sigma^2_{wk\_pl,t-2} + \cdots + \\ \qquad\qquad \beta_{wk\_pl,q} \sigma^2_{wk\_pl,t-p} \end{cases}$$

GARCH 模型最终拟合结果如表 3-12 所示。

表 3-12　一周评论 GARCH 模型拟合结果

GARCH＝C(3)＋C(4)＊RESID(－1)^2＋C(5)＊GARCH(－1)				
均值方程				
Variable	Coefficient	Std. Error	z-Statistic	Prob.
C	2.815129	0.952387	2.955866	0.0031
$\ln Y_{wk\_pl}(-1)$	0.68922	0.104938	6.567893	0.0000
方差方程				
Variable	Coefficient	Std. Error	z-Statistic	Prob.
C	0.004818	0.008433	2.381022	0.0173
RESID(－1)^2	0.451094	0.868947	2.825329	0.0047
GARCH(－1)	0.255864	0.824757	17.11379	0.0000
拟合指标				
R-squared	0.966919	Mean dependent var		8.546476
Adjusted R-squared	0.95582	S.D. dependent var		0.870592
S.E. of regression	0.430199	Akaike info criterion		0.151021
Sum squared resid	3.886501	Schwarz criterion		0.397868
Log likelihood	3.263258	Hannan-Quinn criter.		0.213102
Durbin-Watson stat	0.230188			

表 3-12 拟合结果中均值方程及方差方程系数对应的 z 检验 p 值均达到 0.05 的显著水平，且整个模型的拟合指标 R-squared 值接近 1 值，故该模型构建及拟合结果有效。

由于评论行为集群效应的存在，在此基础上可通过 GARCH 模型的残差序列图及条件方差图对一周评论行为集群特征进行分析。其残差折线图及条件方差折线图分别如图 3-54 和图 3-55 所示。

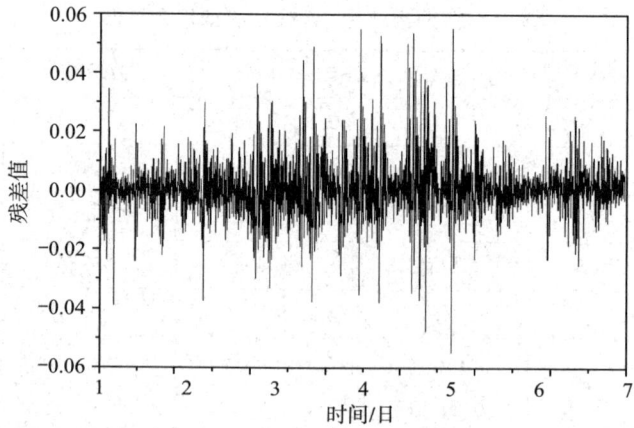

图 3-54 一周评论数残差折线图

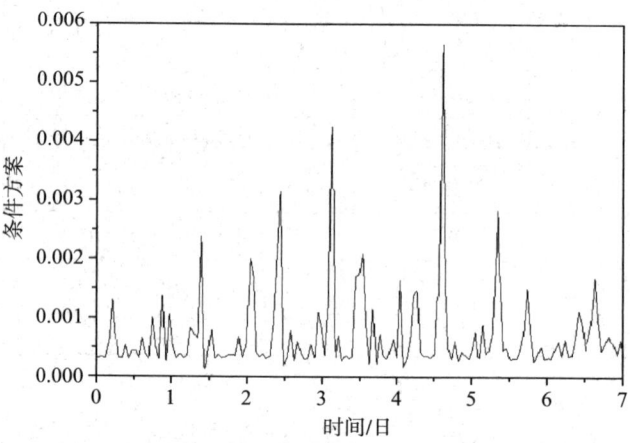

图 3-55 一周评论数条件方差折线图

由残差折线图 3-54 看出,周三、周四、周五均具有波动集群现象,且集群效应明显,而其余时段集群效应相对较弱。由条件方差折线图 3-55 可见,周五下午条件方差最大,其次为周四上午、周三上午、周六上午及周二上午,表明评论行为在相应时段内存在较大波动,而其余时段波动幅度均较小。

3.3.3 一日波动特征

品牌危机信息一周中每日评论数折线图如图 3-56 所示。

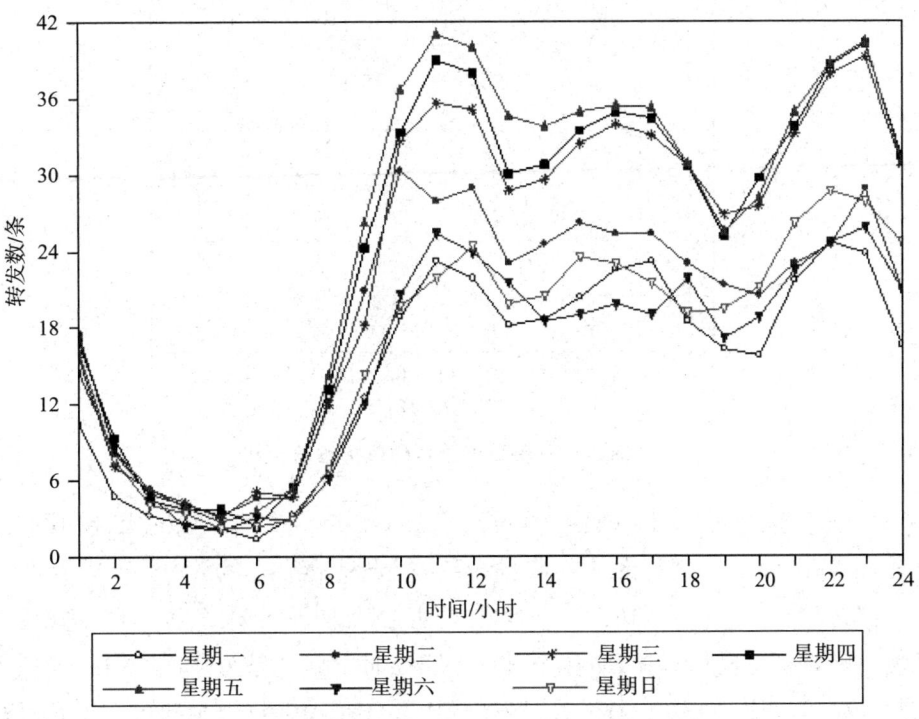

图 3-56　一周中每日评论数折线图

图 3-56 显示,一周中每日评论行为均表现出共同的规律特征,即上午七点至十一点呈快速上升,其后直至中午一点存在小幅下降,下午两点至五点则呈小幅上升,其后存在一个下降过程,并于晚上七点至十一点再次存在一个上升过程,其后至次日上午六点则呈大幅度下降趋势。在此基础上,为了进一步了解危机信息每日评论行为更精确的规律特征,需对每日评论均值进行时刻分析。其每日评论均值折线图如图 3-57 所示。

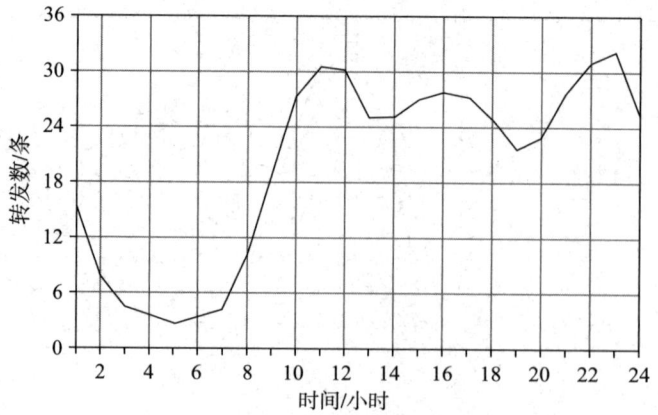

图 3-57　每日评论数均值折线图

由图 3-57 可见,每日评论均值表现为上午七点至十二点快速上升,其后至下午两点存在小幅下降,下午两点至五点呈上升趋势,其后至晚上七点存在一个下降过程,晚上八点至晚上十一点则快速上升,其后至次日上午六点则呈大幅度下降特征。其结果显示,在一日二十四小时中评论行为呈现"三峰三谷"的特征,其中"三峰"的波动过程大小顺序依次为:晚上九时至十一时、上午九时至十二时、下午三时至五时,其中"三谷"的波动过程大小顺序依次为:晚上十一时至上午九时、下午五时至晚上九时、上午十二时至下午三时。该图表明,一日评论折线走向特征并非简单的线性关系,而是一个较为复杂的波动过程,因此,仅通过描述性统计分析则难于发现该波动现象背后更深层、更具体的原因,而需借助较为复杂的特征成分分解方法对其相关特征要素进行精确分离,从而才能较好地分析引起该波动现象背后更深层的根源。

3.3.3.1 趋势及周期特征

采用时间序列趋势分解法对评论行为波动的各特征变量进行分解,在一日评论时间序列 $Day\_pinglun$ 中,由于该时间序列为非季度或月度数据,则不存在季节要素的影响,故该序列的各特征成分可分解为:

$Y_{day\_pinglun,t} = TC_{day\_pingluna,t} + I_{day\_pinglun,t}$,式中 $TC_{day\_pinglun,t}$ 表示趋势循环要素,$I_{day\_pinglun,t}$ 表示不规则要素。

其中,$TC_{day\_pinglun,t} = Y^T_{day\_pinglun,t} + Y^C_{day\_pinglun,t}$,式中 $Y^T_{day\_pinglun,t}$ 为时间序列中的趋势成分,$Y^C_{day\_pinglun,t}$ 为周期成分。其中,可利用 Henderson 加权移动平均方法(MA)计算评论时间序列 $Week\_pinglun$ 的趋势循环要素成分,即为:

$$TC_{day\_pinglun,t} = MA_{day\_pinglun,t} = \sum_{j=-H}^{H} h_j^{2H+1} Y_{day\_pinglun,t+i}, H+1 \leqslant t \leqslant T-H$$

其中，可利用 HP（Hodrick-Prescott）滤波将趋势成分 $Y_{day\_pinglun,t}^T$ 从 $TC_{day\_pinglun,t}$ 中分离出来。通过求解如下最小化问题可实现将趋势成分 $Y_{day\_pinglun,t}^T$ 分离：

$$\min \sum_{t=1}^{T} \{(TC_{day\_pinglun,t} - Y_{day\_pinglun,t}^T)^2 + \lambda [c(L)Y_{day\_pinglun,t}^T]^2\}$$

，其中参数 λ 为某一给定的先验值，其值 $\lambda \in [0,\infty)$，而 $c(L)$ 为延迟算子多项式，即 $c(L) = (L^{-1} - 1) - (1 - L)$。对应的 HP 滤波问题则转化为求如下最小化损失函数：

$$\min \left\{ \sum_{t=1}^{T} (TC_{day\_pinglun,t} - Y_{day\_pinglun,t}^T)^2 + \lambda \sum_{t=2}^{T-1} \left[(Y_{day\_pinglun,t+1}^T - Y_{day\_pinglun,t}^T) - (Y_{day\_pinglun,t}^T - Y_{day\_pingluna,t-1}^T) \right]^2 \right\}$$

最后，评论时间序列 $Week\_pinglun$ 中的不规则要素成分可计算为：

$$I_{day\_pinglun,t} = Y_{day\_pinglun,t} - TC_{day\_pinglun,t} = Y_{day\_pinglun,t} - \sum_{j=-H}^{H} h_j^{2H+1} Y_{day\_pinglun,t+i}$$

经计算，一日中评论行为波动的趋势特征、周期特征及不规则特征的分离结果如图 3-58 所示。

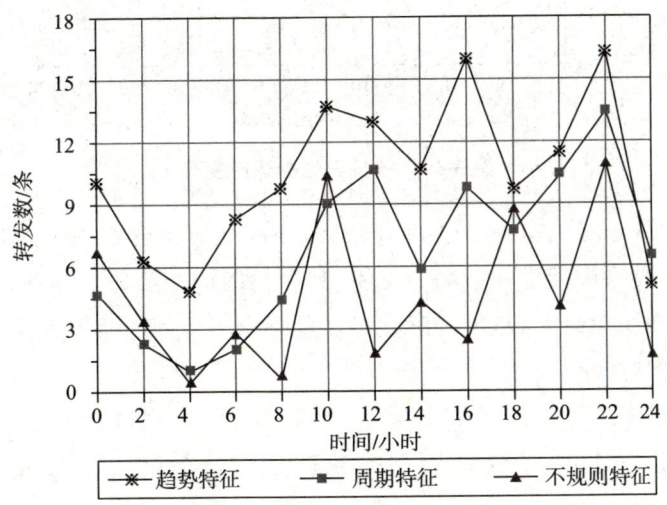

图 3-58　一日评论数波动特征分解

图 3-58 显示，一日评论趋势呈现三峰曲线特征，表现为上午十点、下午四点及晚上十点均达到阶段性峰值，且趋势效应较大，凌晨四点其趋势影响力最小。

周期特征也表现为三峰曲线特征,于中午十二点、下午四点及晚上十点均达到阶段性峰值,且周期效应较大,凌晨四点其周期性影响力最小。而不规则特征曲线则呈现多峰特征,不具有明显规律,表现为每两期增加紧接其后两期下降的波动特征,主要于上午十点、下午六点及晚上十点的不规则影响效应较大。

为了分析危机信息一日评论行为的变化率特征,需对其进行边际变化率分析。该指标可用如下算式进行计算:

$$MQ_i(t) = Y'_i(t) = \frac{\Delta Y(t)_{day\_pinglun,i}}{\Delta t}, i 为一周中的星期i,取值分别为1,2,3,\cdots,7。$$

其中 $\Delta Y(t)_{day\_pinglun,i} = Y(i+1)_{day\_pinglun} - Y(i)_{day\_pinglun}$,$\Delta t$ 为单位时间。其对应的分析结果如图 3-59 所示。

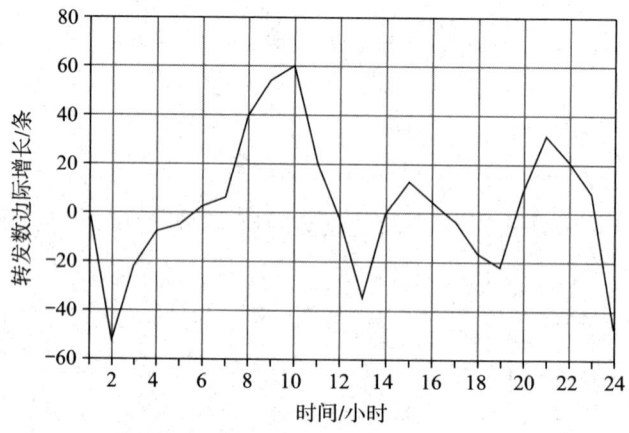

图 3-59 一日评论数边际变化

图 3-59 显示,上午六点至中午十二点、下午两点至五点、晚上七点半至十一点,其对应时段的边际增长率均为正值,其余时段均为负值。其中,上午七点至十点其边际增长率最大,其次为晚上八点至晚上十一点,而下午两点至五点其边际增长率相对较小。

3.3.3.2 集群特征

为了检验一日评论行为是否具有集群效应,需采用 ARCH 模型对一日评论行为残差平方序列相关性进行分析,从而据此判定一日评论行为是否存在波动集群特征。

在构建 ARCH(q) 模型时,为了减少数据波动带来的误差,先对 $Y_{day\_pinglun}$ 序列取其自然对数。则对应的 ARCH(q) 模型为:

$$\begin{cases} \ln Y_{day\_pl,t} = \beta_{day\_pl,0} + \beta_{day\_pl,1}\ln Y_{day\_pl,t-1} + \beta_{day\_pl,2}\ln Y_{day\_pl,t-2} + \cdots + \\ \qquad\qquad \beta_{day\_pl,k}\ln Y_{day\_pl,t-k} + u_{day\_pl,t} \\ \sigma^2_{day\_pl,t} = \alpha_{day\_pl,0} + \alpha_{day\_pl,1}u^2_{day\_pl,t-1} + \alpha_{day\_pl,2}u^2_{day\_pl,t-2} + \cdots + \\ \qquad\qquad \alpha_{day\_pl,q}u^2_{day\_pl,t-q} \end{cases}$$

式中 i 为一日中的第 i 时刻,取值分别为 $1,2,3,\cdots,24$。利用 EViews 8.0 对该模型进行拟合计算,其结果为:

$$\ln Y_{day\_pl,t} = 2.37 + 0.61\ln Y_{day\_pl,t-1} + 0.38\ln Y_{day\_pl,t-2} + \hat{u}_{day\_pl,t},$$

其中模型整体 F 统计检验 p 值为 0.013,表明模型整体上显著;常数项及各变量系数对应的 p 值分别为 0.000、0.027、0.004,表明各拟合系数均显著;且 $\bar{R}^2$ 值为 0.991,表明拟合效果良好,故该模型的拟合结果有效。

其对应残差平方相关图如图 3-60 所示。

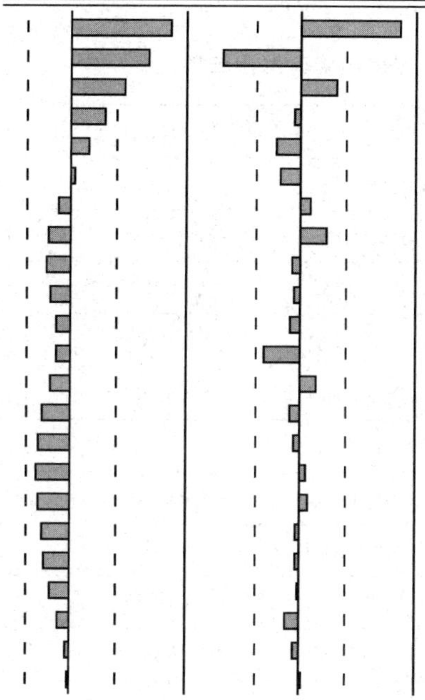

Autocorrelation	Partial Correlation		AC	PAC	Q-Stat	Prob
		1	0.910	0.910	22.451	0.000
		2	0.707	-0.699	36.623	0.000
		3	0.486	0.332	43.636	0.000
		4	0.304	-0.059	46.520	0.000
		5	0.162	-0.207	47.379	0.000
		6	0.028	-0.179	47.407	0.000
		7	-0.101	0.093	47.782	0.000
		8	-0.190	0.223	49.196	0.000
		9	-0.213	-0.076	51.075	0.000
		10	-0.179	-0.061	52.499	0.000
		11	-0.134	-0.095	53.358	0.000
		12	-0.136	-0.330	54.320	0.000
		13	-0.187	0.137	56.299	0.000
		14	-0.249	-0.089	60.178	0.000
		15	-0.290	-0.057	66.005	0.000
		16	-0.297	0.059	72.899	0.000
		17	-0.282	0.078	79.983	0.000
		18	-0.261	-0.049	87.070	0.000
		19	-0.230	-0.036	93.698	0.000
		20	-0.179	-0.012	98.693	0.000
		21	-0.112	-0.129	101.31	0.000
		22	-0.047	-0.054	102.00	0.000
		23	-0.009	0.018	102.05	0.000

图 3-60　一日评论数残差平方相关图

图 3-60 现实,残差平方序列自相关和偏相关函数均存在至少滞后 1 阶超出 95% 的置信区间,表明其相关性显著不为 0,且自相关函数呈现缓慢衰减特征,即"拖尾现象"。同时,对应的 Q 统计检验 p 值均小于 0.001,检验结果非常显

著,表明一日评论行为波动具有明显集群效应。

在进行模型估计时,为了避免 ARCH 模型滞后长度 q 选择不当而可能导致违背 $\alpha_{day\_pl,i}$ 值应为非负数的约束条件,致使条件方差 $\sigma^2_{day\_pl,t}$ 为正值的条件得不到满足,从而使得整个模型估计无效,因此此处采用广义的 ARCH 模型(GARCH)对随机误差项的条件方差进行拟合。则对应的 GARCH(p,q)模型可表示为:

$$\begin{cases} \ln Y_{day\_pl,t} = \gamma_{day\_pl,0} + \gamma_{day\_pl,1} \ln Y_{day\_pl,t-1} + \gamma_{day\_pl,2} \ln Y_{day\_pl,t-2} + \cdots + \\ \qquad\qquad \gamma_{day\_pl,k} \ln Y_{day\_pl,t-k} + u_{day\_pl,t} \\ \sigma^2_{day\_pl,t} = \alpha_{day\_pl,0} + \alpha_{day\_pl,1} u^2_{day\_pl,t-1} + \alpha_{day\_pl,2} u^2_{day\_pl,t-2} + \cdots + \\ \qquad\qquad \alpha_{day\_pl,q} u^2_{day\_pl,t-q} + \beta_{day\_pl,1} \sigma^2_{day\_pl,t-1} + \beta_{day\_pl,2} \sigma^2_{day\_pl,t-2} + \\ \qquad\qquad \cdots + \beta_{day\_pl,q} \sigma^2_{day\_pl,t-p} \end{cases}$$

GARCH 模型最终拟合结果如表 3-13 所示。

表 3-13 一日评论 GARCH 模型拟合结果

GARCH＝C(4)＋C(5)＊RESID(−1)^2＋C(6)＊GARCH(−1)				
均值方程				
Variable	Coefficient	Std. Error	z-Statistic	Prob.
C	0.754185	0.090656	8.319196	0.0000
$\ln Y_{day\_pl}(-1)$	1.585483	0.00755	210.005	0.0000
$\ln Y_{day\_pl}(-2)$	−0.673541	0.005409	−124.5254	0.0000
方差方程				
Variable	Coefficient	Std. Error	z-Statistic	Prob.
C	0.001607	0.001877	2.342168	0.0192
RESID(−1)^2	−0.319658	0.229456	−16.7374	0.0000
GARCH(−1)	1.299065	0.191462	6.784964	0.0000
拟合指标				
R-squared	0.960473	Mean dependent var		8.57842
Adjusted R-squared	0.956312	S.D. dependent var		0.877174
S.E. of regression	0.183345	Akaike info criterion		−0.844825
Sum squared resid	0.63869	Schwarz criterion		−0.547268

续表

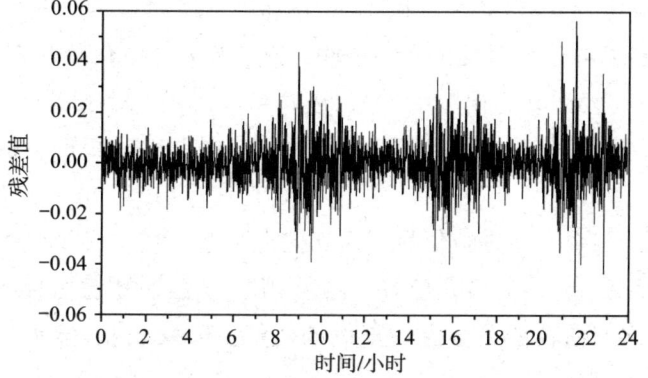

GARCH＝C(4)＋C(5) * RESID(−1)^2＋C(6) * GARCH(−1)			
Log likelihood	15.29308	Hannan—Quinn criter.	−0.77473
Durbin-Watson stat	1.934042		

表 3-13 拟合结果中均值方程及方差方程系数对应的 z 检验 p 值均达到 0.05 的显著水平,且整个模型的拟合指标 R-squared 值接近 1 值,故该模型构建及拟合结果有效。

由于集群效应的存在,在此基础上可通过 GARCH 模型的残差序列图及条件方差图对一日评论行为的集群特征进行进一步分析。其对应的残差折线图及条件方差折线图分别如图 3-61 和图 3-62 所示。

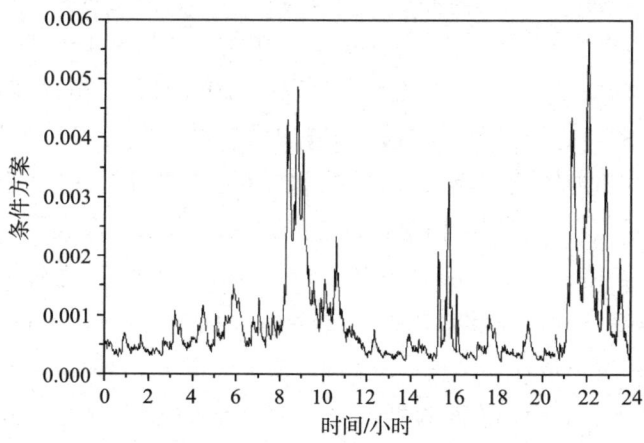

图 3-61　一日评论数残差折线图

图 3-62　一日评论数条件方差折线图

由残差折线图 3-61 可见,上午八点至十一点、下午三点至五点、晚上九点至十一点均具有明显的波动集群现象,其余时段的集群效应相对较弱。由条件方差折线图 3-62 可见,一日中的上午八点至十点、晚上九点至十一点其条件方差最大,下午三点至四点条件方差值较大,表明一日评论行为在相应时段内存在较大波动,而其余时段的波动幅度均较小。

3.4 本章小结

本章基于新浪微博,以 2010 年 1 月至 2016 年 7 月所发生的具有较大影响力的 66 个品牌危机事件作为本研究的品牌危机样本,对品牌危机中微博用户信息分享行为波动特征进行分析。通过新浪官方 API 及网络爬虫技术对品牌危机信息在微博中转发及评论行为的相关数据进行收集,并利用时间序列 ARIMA 模型、趋势分解以及自回归条件异方差模型等量化研究方法,除分析信息转发及评论行为波动的自相关性外,还对各波动特征变量进行分解,且精确分析了整个传播过程、每周及每日的趋势特征、周期特征、集群特征及不规则特征。

该研究发现,个体在进行信息寻求和信息分享过程中会受到多种因素的影响,包括人口统计特征、社会角色等。其中,用户生活习惯对信息行为具有重要影响,且人们的习惯特征又会因为他们的性别、年龄、职业、学历等个体差异而存在不同,因此,用户信息分享行为总会表现出自相关性及周期性特点。此外,个体对信息的需求除了可能来源于工作需要外,个体环境也会在其中发挥着重要作用。通常,人们的信息行为几乎很少发生于一种完全独立的环境中,而通常伴随着他人的信息行为,并与他人行为相互交织、相互作用,从而对自身的行为产生重要影响。其中,与自身处境相似的用户对他们行为的影响更为显著,如意见领袖效应、群体趋同等。在这些因素的共同作用下,信息分享行为便会呈现出明显的集群性,表现出信息行为在经过一段休眠后再次呈现频繁发布和分享的幂律分布特征。本章相关研究结论可帮助企业管理者清楚识别品牌危机信息微博分享行为监控和管理的重点时段,从而制定具有针对性的危机管理策略,并将管理重点放在边际增长率最大、趋势值最大、周期性波峰以及群体聚集的时间节点上,从而使品牌危机信息微博分享行为管理达到事半功倍的效果。

第4章 品牌危机信息微博分享行为情景影响因素

第三章通过对品牌危机信息微博分享行为波动特征的分析,发现品牌危机信息微博分享行为波动具有自相关性、趋势性、周期性及集群性等特征。这些波动特征的存在,主要是受到来自内部及外部的各种因素的影响而出现。为了了解品牌危机信息微博分享行为波动的具体影响因素,学者们一直以来纷纷从不同视角对此展开研究。纵观过去相关研究,这些文献的关注点主要集中于用户使用习惯、热点话题特征、传播节点分布、微博信息特征、用户自身特征等方面。然而,在计算机信息技术及网络技术飞速发展的今天,用户信息行为在很大程度上受到了情景因素的影响,而情景因素体现了用户信息行为发生的环境状况、发展趋势及社会网络等特征(马向阳、徐富明、吴修良,等;2012),因此,在当下对信息行为的研究则更需要从情景因素视角进行不断探索,从而得出更全面、多视角的研究结论。虽然过去的文献已经提及或阐述了情景因素对用户信息行为的重要影响,但关于情景因素对用户信息行为影响的具体性研究依然相对较少。为了能够从情景因素视角对品牌危机信息微博分享行为影响机制进行进一步探索,首先需要了解和掌握微博中危机信息转发及评论行为会受到哪些情景因素的显著影响。鉴于此,在对品牌危机信息微博分享行为影响机制研究前,本章借助 Granger 因果检验、面板数据模型及 Probit 模型,探索和挖掘品牌危机中微博信息分享行为的静态及动态情景影响因素。

本章研究框架如图 4-1 所示。

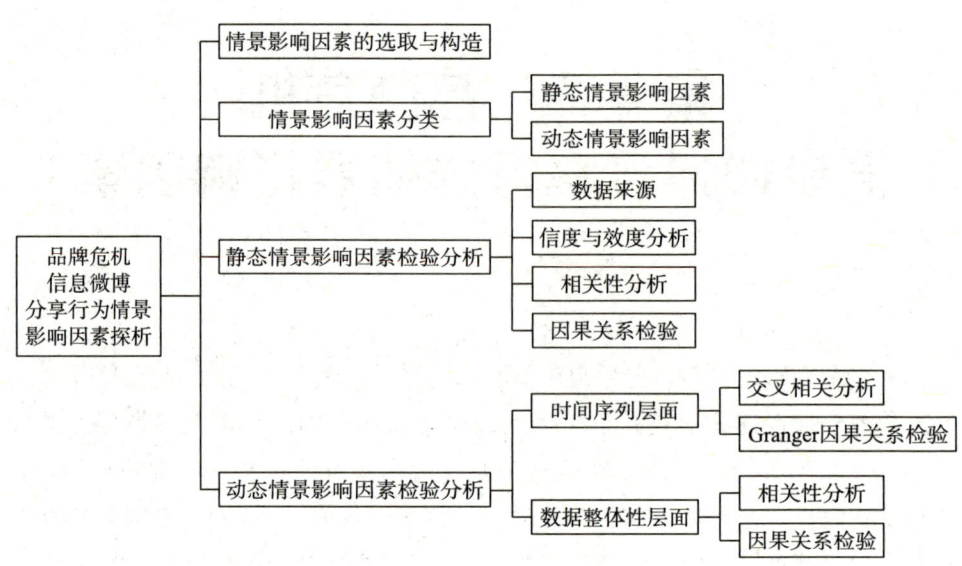

图 4-1 本章框架结构图

4.1 情景影响因素的选取与构造

在过去信息行为理论研究中,一般性信息行为理论将用户信息行为视为一个有序的循环过程,以信息需求作为循环路径的起点,以信息利用作为环路终点。信息需求是整个信息行为过程的重点,个体在进行信息寻求和信息利用过程中会受到多种干扰因素的影响,它们对用户的搜寻效果和利用行为既可能存在促进作用,也可能存在阻碍作用。在该过程中,存在多个动力机制环节,其中主动检索是个体信息行为的关键(Wilson,1997)。同时,在该环路中存在多种中介变量对信息行为及动力机制产生重要影响,主要包括心理特征、人口统计特征、社会角色、人际关系、环境特征以及信源特征等。其中,个体对信息的需求可能来源于工作需要或生活环境,也可能来自用户工作角色或个体自身等方面,且与自身处境相似的用户对他们的信息行为起着重要干扰作用(Wilson,1999)。此外,信息行为一体化模型认为,人们的信息行为几乎很少发生于一种完全独立的环境中,而通常伴随着他人的信息行为,并与他人行为相互交织、相互影响,从而对自身信息行为产生重要影响和干扰,同时认为信息行为总是发生于某些情境中,即用户信息行为是特定情境的产物,且信息行为过程的各环节均存在动力机制作用(Niedzwiedzka,2003)。

关于行为影响因素的研究，心理场理论认为，一个人的行为总是发生于特定时间和空间中，即心理生活空间，而该空间主要由个人和环境两大因素构成。人的行为会受到内部因素和外部环境的交互影响，即个体心理生活空间决定着他们的行为特征，人的行为特征是个体与环境因素交互影响的结果（Lewin，1951）。在信息行为领域，信息使用环境理论认为，信息使用环境可促使用户形成信息需求，并驱动他们积极地进行信息搜索、查询及利用等行为，它是用户信息需求产生以及信息搜寻、评估和利用等一切信息行为的始点（Taylor，1986a）。用户通过对信息使用环境的分析，结合内部及外部信息，可实施对信息资源的利用、决策的制定、方案的提出及措施的改善等一系列活动。其中，信息使用环境主要包括用户个体、待解决的问题、应对策略、信息环境四个方面（Taylor，1986b；Taylor，1991）。用户在信息使用环境中，会根据自身的信息需求而在特定时间内查询和获取对他们有价值的信息，而信息使用环境中的各种因素会对他们的信息甄别和选择产生重要影响，即信息在用户间的流动、传递和利用均受到信息使用环境的影响，信息使用环境可用以对信息进行有用性及价值大小的判断。该理论还指出用户的不同职业和社会角色会对人们的信息行为产生重要影响，这些因素在某种程度上培育了用户信息行为的不同特征（Taylor，1996）。此外，信息视域理论强调了社会网络关系、情景因素以及所处状况三个基本构念，认为用户信息行为主要由用户主体、情景因素、所处状况以及社会关系四部分组成，信息用户能够感知所处环境的变化，并对此进行评估及做出实时反应，而用户信息行为是由于他们缺乏某些知识而形成的一系列评估、选择及反应的行为过程（Sonnenwald，1999）。用户通常会在自身信息视域范围内进行信息搜寻、信息获取及信息利用等信息活动，用户信息搜寻行为是个体不断调整自身行为而与信息资源保持互动、协同的过程。其中，用户信息视域包含多种信息资源，这些信息资源可用来应对他们所发生的情况，且在该信息视域中，用户则会根据自身条件采用最优方案进行有效的信息搜索、查询、获取及利用等信息行为（Trusina，Rosvall M & Sneppen；2004）。

根据相关理论及过去的研究成果，信息情景因素属于品牌危机信息微博分享行为的重要影响因素，本研究将从信息情景因素视角对品牌危机信息微博分享行为影响因素进行挖掘和探索。在过去的研究中，蒋英杰（2012）基于认知模型及人因可靠性视角，分析了情景环境对人们行为模式产生的重要影响，运用控制科学理论探索情景环境如何对人们行为产生误差，并将情景环境分为静态情景和动态情景两种类型。根据该研究成果,本研究将静态情景定义为主要指主体、行为或环境所固有的属性维度,或不随时间变化而变化的因素;动态情景主要指主体、行为或环境中会随着时间变化而变化的因素。

首先,根据说服效果理论,在微博平台上,用户对信息的转发或评论行为可视为用户在接收信息后,在各种因素的影响下对信息进行评估并做出有关行为决策的活动过程。其中,个人的决策行为结果会受到他们所采用的信息加工和处理方式差异的影响。在微博平台上,不同情景特征的信息对用户产生了差异性生理刺激,进而使用户采取不同的信息加工路径,最后导致不同的用户行为意愿。在该过程中,信息情景因素直接作用于用户心理变量,最终产生不同的说服效果。针对用户进行信息搜寻、信息阅读及信息分享过程,其中不同形式、不同内容特征及不同信源的信息,会形成用户对信息加工意愿及努力程度的差异,导致用户形成不同的信息分享行为意愿,从而不同程度地导致信息分享行为过程中波动现象的出现。

其次,在用户信息使用环境及信息视域中,可能存在多种情景因素引起了用户信息转发和评论行为的自相关性和集群性特征,同时也使得其总体波动分别由趋势成分、周期成分及不规则成分共同组合而成。在用户信息行为情景中,微博信息的转发总数及评论总数会对用户产生从众效应,由于受到群体趋同心理压力的影响而积极寻找心理上的某种"集体认同感",用户会趋于将自身行为与群体行为保持一致,从而使得用户信息行为波动具有一定趋势特征。在微博平台中,用户粉丝数及关注数在一定程度上体现了他人追随自身的程度以及自身对信息获取范围的广度和深度,所以用户自身粉丝数及关注数会延续或激发用户自身后期相似行为的产生,从而一定程度上引起用户信息分享行为波动自相关性的出现。而用户也可以根据信源粉丝数及关注数判定及选择与某类型用户群体进行信息分享和互动,从而导致不同用户群体间关系网络的自组织性和凝聚力差异的存在,于是便会使得信息分享行为呈现出一定的集群特征。此外,信息分享行为还与信息发布的时间距离密切相关,信息发布的时间距离对信息分享行为具有重要影响,不同长度时间距离会使信息被转发及被评论的频率不同。加之微博作为社交网络,它属于一类自组织系统,具有自组织性和突变性,这使得用户信息行为在经过一段休眠后再次呈现频繁发布和分享的幂律分布的波动特征,从而形成信息行为的集群特征和周期特征。

最后,在微博平台上,不断更新和变化的信息转发总数及评论总数、用户自身粉丝数及关注数、信源粉丝数及关注数,以及信息发布的时间距离等动态情景因素便构成了一个较大的信息环境体,即微博信息场。在该微博信息场中,用户聚集后所营造出的氛围主要通过转发总数、评论总数、自身粉丝数、自身关注数、信源粉丝数、信源关注数以及信息时间距离来展示和显现,而用户个体也主要是通过这些情景指标来发觉、感受及进行体验。正是此类情景因素所构成的信息场,营造出了一种促进其他用户积极参与并进行广泛交流的环境和氛围,从而影响着其他用户的信息分享行为。

在上述分析基础上,根据本书对静态情景及动态情景的定义,结合微博用户信息行为所有可能的静态情景及动态情景影响因素特征,本章主要从信息的固有属性及相关维度对静态情景影响因素进行探索和挖掘,此外还从信息分享总数、用户粉丝数和关注数及时间距离等动态差异的维度对动态情景影响因素进行了探索和挖掘。

4.2 情景影响因素分类检验分析

4.2.1 静态情景影响因素

说服效应是指在接收到具有说服性信息时,个体态度沿着信息观点方向改变并导致其决策行为发生变化的一种结果状态(马向阳、徐富明、吴修良,等,2012),它存在于生活中的各个方面,被广泛运用于消费者购买意愿、品牌广告、市场营销等诸多研究领域,很多学者也积极运用该理论对信息学相关的领域进行研究。然而,随着各种新媒体的涌现,说服效应在网络媒体中的应用越来越广泛,其中微博是近年来很受欢迎的社交媒体,不少学者也开始借助说服效应理论对微博用户信息行为进行积极地探索和研究(Liu, Liu & Li, 2012)。在微博平台上,用户对信息的转发或评论行为可视为他们在接收信息后,在各种因素的影响下对信息进行评估并做出有关行为决策的活动过程。[①] 其中,个人的决策行为结果会受到他们所采用的信息加工和处理方式差异的影响(Watts & Zhang, 2008; Cheung, Lee & Rabjohn, 2008),因此,该类研究主题仍属于说服效应理论的研究范畴。

说服效应理论主要包含精细可能性模型(ELM)、启发与系统式模型

---

① 郭晓妹.企业微博信息互动传播模式、途径与影响因素研究[D].东北财经大学,2013.

(HSM)、自我效能理论以及较新出现的"联想—命题"过程评价模型(APE),其中前两者运用最为广泛(O'keefe,2015;郭晓姝,2013)。结合本研究需要,本书仅借助 ELM 和 HSM 模型对品牌危机中微博信息分享行为的情景影响因素进行探索和挖掘。

关于信息形式的影响因素。流畅性理论强调,信息形式的差异影响人们对信息加工时所感觉和体验到的难易程度,从而影响人们对信息加工时努力的付出意愿。根据 ELM 说服效应理论,若个体有能力且意愿对信息进行深入思考和分析,则他们会更倾向于采用中心路径对信息进行加工;若个体不具有对信息进行仔细分析和审慎思考的意愿和能力,则他们会更倾向于采用边缘路径对信息进行加工。然而,不同的信息加工方式会导致相同信息产生不同的说服效果,进而导致用户出现不同的行为方式。有学者通过对转发的微博信息进行分析,发现微博信息的形式对该信息是否被转发或评论具有重要影响(Zhao,Rosson,2009)。通常来说,视频及图片型信息相对于冗繁复杂的信息对用户具有更大的吸引力,其中,新浪微博用户更倾向于对该类形式的信息进行转发和评论(Yu,Asur,Huberman,2011)。同样,其他具有直观性、趣味性及轻松性的信息也能获得较高的转发率(孙会、李丽娜,2012)。该研究表明,用户对文本型、图片型及视频型信息具有不同的转发频率和评论频率,而这些信息的差异又主要体现为信息可视化程度上的不同。由此可见,在微博信息平台上,信息可视化对品牌危机信息的转发和评论会产生重要影响。

关于信息内容的影响因素。根据 ELM,系统式加工体现了信息接收者对信息内在属性进行了深入的分析和审慎的思考,从而形成了最终的决策行为。在网络环境中,当人们通过计算机进行在线信息交流时,信息质量(IQ)是用户对信息进行系统式加工的重要影响因素(Chaiken & Eagly,1989)。过去的研究表明,信息质量会对用户转发行为产生重要影响,而信息的及时性、准确性以及信息与用户需求的匹配性均会引起用户对信息产生更高的转发意愿(厉钟灵,2012)。然而,用户对信息质量的感知主要体现在信息论据(Cacioppo & Petty,1989)、信息数量(Slater & Rouner,1996)以及信息的情绪框架(DeSteno,Petty & Rucker,2004)等方面。其中,关于信息的情绪框架,不同信息具有不同的情感成分,如正面情感、负面情感以及中性情感,而人们的行为通常会受到信息所传递的情感差异的影响。① 因此,在微博信息平台中,情感类型及情感程度的差异则会与信息的内容形式或人们固有的认知方式相互交织和作用(Hansen,Arvidsson,Nielsen,et al.,2011a;Hansen,Arvidsson,Nielsen,et al.,2011b),从而产生不同的说服效果②,并最终形成不同的转发行为或评论行为(Stieglitz,& Xuan,2011)。由此可见,信息情感框架会对品牌危机信息微博转发和评论行为产生重要影响。

关于信息来源的影响因素。HSM 说服理论强调,启发式信息加工方式主要通过便捷和快速的方式获取直观线索对信息进行加工,而网络环境中的在线社区信息用户通常便会采用信息的浅层特征作为启发式线索对信息进行加工(Watts & Zhang,2008)。然而,当人们进行信息加工时,信源用户特征则是影响人们对信息认知的最重要的表层因素之一。在微博平台上,用户特征则对微博中心性的形成产生重要影响,其中微博网络的中心性反映了用户节点在该平台上的重要程度,如用户的权威性特征可以汇集大量用户,从而对信息的转发或评论行为产生群体效应,进而加剧信息的传播和扩散(Pal,Counts,2011)。因此,信源特征对信息的说服效果具有重要影响。在用户对信息加工过程中,信息来源的可靠性、专业性、可信度、吸引力以及所涉及多媒体的数量均会影响用户对信息加工方式的选择,而不同信息加工方式的选择则会导致用户形成不同的决策行为(Liu,Liu & Li,2012)。其中,信源的可靠性体现了信息来源渠道的权威程度,而专业性则体现了他们在特定领域的权威程度,两者均会对微博用户信息转发或评论行为产生重要影响(张媛伊,2013)。信源可信度反映了信源在某些属性上具有的权威性特征(Chaiken,1980),通常可信的信源被定义为一个被信息用户认为是值得相信和信赖,且能够胜任的信息发送者(Petty & Cacioppo,1986),而信源的可信度和吸引力会对用户启发式加工方式的选择产生重要影响(Chaiken,1980)。由此可见,信源权威性特征会对品牌危机信息微博转发及评论行为产生重要影响。

上述基于 ELM 及 HSM 说服效应理论,分析了品牌危机中微博用户信息转发及评论行为的静态情景影响因素,并归纳出:在信息分享行为过程中对信

---

① Donohew L, Sypher H E, Higgins E T. Communication, social cognition, and affect(PLE: Emotion)[M]. Psychology Press, 2015.

② Petty R E, Cacioppo J T, Kasmer J A. The role of affect in the elaboration likelihood model of persuasion [J]. Communication, social cognition, and affect (PLE: Emotion), 2015: 117.

息说服效果产生重要影响的静态情景因素主要包括信息形式、信息内容及信息来源等方面。其中,信息形式因素主要体现于信息可视化程度的差异;信息内容因素主要体现于信息情感性的差异;信息来源因素主要体现于信源权威性的差异。基于此,本书将品牌危机中微博用户信息分享行为的静态情景影响因素归纳和提炼为如下三个维度:信息可视化、信息情感性、信源权威性。

4.2.2 动态情景影响因素

用户通过微博进行信息获取和传播,并非仅仅是指在用户间进行简单的信息传输,除此以外它还为用户提供了一个可进行信息交流和互动的平台。该平台由诸多子环境构成,这些子环境又共同构成了一个巨大的环境体,用户聚集于该平台进行信息传播活动,其聚集后的场景却营造出一种社会氛围,形成一种协同互动的环境,从而促进平台中的用户进行自发的信息交流和分享,该平台即构成了一个信息场(Fisher,2005)。在该微博信息场中,存在各种不同类型的用户群体,他们在进行信息分享及信息交流过程中扮演不同的社会角色,这有利于该信息场的有效构成。在该信息场中,信息流可沿着任何方向进行流动和传递,在场的用户可通过任何形式获取信息,也可采用各种正式或非正式的方式进行信息交流与分享,其中相关信息的获取和交流会对个体的生理、认知、情感以及社会等方面产生重要的正面影响。①

在微博平台中,信息的传播不仅仅是把信息传递给其他用户群体,还促进了不同用户积极地进行信息分享和交流。在微博中,用户的信息转发和评论虽然未能对信息本身价值做出相应贡献,但这些信息行为却营造出一种能促进其他用户积极参与并进行广泛交流的环境和氛围。其中,微博平台上不断更新和变化的信息转发总数及评论总数、用户自身粉丝数及关注数、信源粉丝数及关注数,以及信息发布的时间距离等动态情景因素便构成了一个较大的信息环境体,即微博信息场,该信息场则对其他用户的信息分享行为产生重要影响。在微博平台中,用户的粉丝量及关注量在一定程度上体现了他人追随自身的程度以及自身对信息获取范围的广度和深度,该类情景信息会显著地影响其他用户对自身信息转发或评论的意愿程度。有学者通过主成分分析法对大量博文数据进行分析,发现博文作者的粉丝量对该信息的转发具有显著影响,而博文作

---

① Pierce J R. An introduction to information theory:symbols,signals and noise[M]. Courier Corporation,2012.

者发布微博的数量对信息转发的影响并不明显(Suh, Hong, Pirolli, et al., 2010)。若微博用户拥有较大的粉丝量或关注量,他们在所处的关系网络中会更具有影响力,他们的信息会更容易被转发或被评论(孙会、李丽娜,2012)。

此外,信息分享行为除了受用户关注量和粉丝量影响外,还与信息发布的时间距离密切相关,且信息发布的时间距离对信息转发特征具有重要影响(Savolainen,2006)。解释水平理论强调,时间是人们对信息解释及行为选择的重要影响因素,针对不同的时间距离大小,人们对事物解释水平的差异会带来解释后不同效价大小的差异。对于一些事物,经过高水平解释后的效价要大于经过低水平解释后的效价;而对于另外一些事物,经过低水平解释后的效价要大于经过高水平解释后的效价。最后,不同大小的感知效价导致了人们不同类型和程度的行为选择和决策。通常来说,时间距离越短,信息越容易被转发和被评论,且随着时间的推移,信息被分享的可能性逐渐降低。研究发现,其中90%的信息转发行为发生于信息发布后的1个月内(Lee, Kwak, Park, et al., 2010)。

以上从信息场理论视角分析了微博用户信息转发及评论行为的动态情景影响因素,笔者认为,对信息分享行为产生重要影响的动态情景因素主要包括相关用户粉丝数、相关用户关注数以及信息时间距离。在此基础上,本书将品牌危机中微博用户信息分享行为的动态情景影响因素归纳和提炼为如下七个维度:信息转发总数、信息评论总数、自身粉丝数、自身关注数、信源粉丝数、信源关注数以及信息时间距离。

4.3 静态情景影响因素检验分析

4.3.1 数据来源

为了对变量之间因果关系进行验证,首先就需要通过量表和调查问卷对相关构念进行测量,进而使用 Probit 模型对相应的回归方程进行估计,从而实现变量间因果关系的分析。其中,量表和调查问卷的设计主要参考和借鉴过去相关经典量表及相关文献的研究成果,并结合本研究的具体需要进行修改而成,本部分研究量表主要涉及以下构念:信息可视化(IV)、信息情感性(IS)、信源权威性(IA)、转发意愿(FI)、评论意愿(CI)(本研究量表具体内容及结构请参见本书第 5 章表 5-1"研究量表设计"。其设计结果参见本书附录 2"本研究调查问卷"(注:该问卷除了包含本部分所需要使用的量表题项外,还包含本研究第5章"品牌危机信息微博分享行为静态影响机制研究"所需要使用到的"知觉流畅性"、"认知专注度"、"线索依赖度"、"感知伤害度"及"伤害邻近性"五个构念的测量题项)。

本研究使用的数据主要采用官方 API 及网络爬虫获取相关用户资料信息,在此基础上针对曾参与危机信息转发或评论行为的用户进行随机抽样,进而实施问卷调查以获取相关数据(该问卷预调查及正式调查过程设计请参见本论文第五章"5.3.3 数据收集"部分)。其中,有效样本数据的人口统计变量分布特征显示(请参见本书第5章表5-2"样本的人口统计特征"),该样本数据涵盖了新浪微博的不同性别、年龄、学历和职业的用户群体,且该样本分布与《2015年新浪微博用户发展报告》中的用户人口统计变量分布特征相似,表明该样本数据能较好地代表新浪微博中整体用户的总体特征。

4.3.2 信度与效度分析

本研究的有效样本数为 2092 个,先通过绘制样本数据的箱型图对其中的极值样本进行处理,发现在 2092 个样本中共存在 21 个奇异值,故需将对应样本数据从中剔除以确保研究结果的准确性和可靠性。

4.3.2.1 信度分析

使用 SPSS 22.0 对问卷题项数据进行内部一致性检验,其处理结果显示,信息可视化、信息情感性、信源权威性、转发意愿及评价意愿各分量表的 Cronbach's α 值分别为 0.79、0.86、0.76、0.83、0.87,整体量表的总 Cronbach's α 值为 0.84,即各分量表及整体量表的 Cronbach's α 值均大于 0.70 的标准,说明该问卷设计及样本数据的信度较佳。

4.3.2.2 效度分析

(1)结构效度

结构效度,表示量表设计能够有效反映出所要体现的理论结构及框架特征的程度,体现了量表与理论之间的一致性。结构效度主要通过探索性因子分析(EFA)中的累积解释方差和因子负荷指标,以及结合单维度检验进行分析和判定。在对各变量进行 EFA 分析前,先进行 KMO 测定和巴特利(Bartlett)球形检验,以确定样本数据是否适合进行 EFA 分析。处理结果显示,KMO 值为 0.859,大于 0.70 的标准值;Bartlett 检验的 p 值为 0.002,小于 0.01,拒绝"相关系数矩阵为单位阵"的原假设,表明变量间存在相关性,该量表内部及样本数据内部具有显著性关联,适合进行 EFA 分析。首先,对整体量表进行 EFA 分析,结果显示,可提取 5 个因子,该 5 个因子累积解释方差为 94.02%。其次,对各分量表进行 EFA 分析,结果显示,各分量表的累积解释方差均大于 87.41%,其中除了题项 IV3 的因子负荷为 0.42 小于 0.60 外,其余题项在对应变量上的因子负荷均大于 0.60,因此需将 IV3 题项从样本数据中剔除。最后,对各题项进行单维度检验,以确定测量同一构念的多个题项只能负载于同一构念上。单维度检验结果显示,各检验值均大于 0.50 的标准值,表明各构念满足单维度性,整体上说明量表具有良好的结构效度[①]。

(2)聚合效度

聚合效度表示测量变量能有效反映其潜变量特质的程度,主要通过验证性因子分析(CFA)中的标准因子负载、平均提取方差(AVE)以及复合信度(CR)等指标进行分析判定。在上述结构效度检验基础上,将题项 IV3 从数据中删除后,对数据进行 CFA 分析,其中各测量题项与所度量的潜在变量间的标准负荷系数均大于 0.60 的标准值,各对应的显著性检验的 t 值均大于 3.31(此时 $p = 0.001$)的临界值(请参见本书"第五章《表 5-3 验证性因子分析结果》"),表明各测量变量能用来对各潜变量进行有效的测量。平均提取方差(AVE)是指潜在变量能够解释其观测指标变异性的程度,表示指标能在多大程度上有效反映其潜变量的特质。潜变量的复合信度值(CR)是其所有观测变量的信度组合,该指标用来分析潜变量与各观测指标间的一致性程度。在该效度分析结果中,其中各变量的 AVE 值均大于 0.50 的标准值,CR 值均大于 0.70 的标准值(请参见本书第 5 章"表 5-3 验证性因子分析结果"),表明测量变量能有效反映各潜变量的特质,各组测量指标间均具有较好一致性,说明量表及该样本数据收敛性较佳[②]。

(3)判别效度

判别效度表示各构念在测量时能被区分开的程度,当所有潜变量 AVE 值的平方根均大于该变量与其他变量对应的所有相关系数的绝对值时,表明该潜

---

① 薛可,阳长征,余明阳.新媒体语境对受众价值取向影响的研究[J].西南民族大学学报:人文社会科学版,2015,36(3):166-172.

② 薛可,阳长征,余明阳.新媒体语境对受众价值取向影响的研究[J].西南民族大学学报:人文社会科学版,2015,36(3):166-172.

变量与其他变量间具有较好的判别效度。对各变量间的相关系数及 AVE 的平方根进行计算,结果显示(请参见本书第 5 章"表 5-4 判别效度分析结果"),该量表中所有潜变量的 AVE 平方根(即第 5 章"表 5-4 判别效度分析结果"中对角线上的值)均大于该变量与其他变量对应的所有相关系数的绝对值,说明该量表没有发生观测变量(即题项)横跨多个构念的情形,所构建的测量指标均落在预期的构念上,表明该量表及样本数据的判别效度良好。[①]

4.3.3 相关性分析

为了探索信息可视化、信息情感性及信源权威性是否对品牌危机中微博信息转发和评论行为产生显著影响,笔者通过构建回归模型,对模型及其回归系数的显著性进行分析,从而判定各影响因素与转发及评论行为间是否存在显著性因果关系。由于回归模型的构建和估计需以自变量与因变量间存在显著相关性为前提,因此,在进行回归模型构建前,需对方程中的因变量与自变量间的相关性进行分析,以确保回归方程的建立及估计具有实际意义。而在两两变量相关分析中,主要采用皮尔逊(Pearson)相关系数、斯皮尔曼(Spearman)等级相关系数以及肯德尔(Kendall)秩相关系数三种相关性指标进行判断。然而,在上述三种指标中,可能存在一种或两种相关系数显著,而另一种或两种相关系数不显著的情况,在此情况下,若只选择其中某一种或两种系数作为判断标准,则可能得出不可靠的研究结论。因此,在对两两变量相关性进行分析时,为了提高相关性判定的可靠性,通常同时计算上述三种相关性指标,通过综合分析而最终得出相关结论(Keller,2015)。

本研究使用 SPSS 22.0 统计软件对信息可视化、信息情感性及信源权威性与危机信息转发意愿及评论行为意愿的三种相关系数进行计算。其中,对应的各系数值如表 4-1 所示。

[①] 薛可,阳长征,余明阳.新媒体语境对受众价值取向影响的研究[J].西南民族大学学报:人文社会科学版,2015,36(3):166-172.

表 4-1　各相关系数值

系数类型	分享行为意愿	系数及其检验	信息可视化	信息情感性	信源权威性
Pearson 相关系数	转发	相关系数	0.431	0.494	0.472
		显著性（双侧）	0.012	0.005	0.000
	评论	相关系数	0.563	0.640	0.571
		显著性（双侧）	0.024	0.000	0.019
Kendall 相关系数	转发	相关系数	0.414	0.489	0.572
		显著性（双侧）	0.000	0.004	0.001
	评论	相关系数	0.531	0.376	0.463
		显著性（双侧）	0.08 *	0.000	0.016
Spearman 相关系数	转发	相关系数	0.379	0.342	0.496
		显著性（双侧）	0.014	0.001	0.063 *
	评论	相关系数	0.545	0.412	0.537
		显著性（双侧）	0.038	0.042	0.008

注：* 表示该项系数未达到 0.05 显著水平。

表 4-1 显示,除了信息可视化与评论行为意愿的 Kendall 秩相关系数显著性 p 值为 0.08,以及信源权威性与转发行为意愿的 Spearman 等级相关系数显著性 p 值为 0.063 未达到 0.05 的显著水平外,其余所有相关性检验 p 值均小于 0.05 的显著水平,表明对应变量间的相关性整体上均显著,即信息可视化、信息情感性及信源权威性与危机信息转发及评论行为意愿间均存在显著性相关。

由于相关分析主要是通过对两变量间相关系数的计算,进而判断变量间的相关性是否显著以及所存在的某种线性关联的强弱程度。而在多元相关分析中,由于受到其他变量的影响,两变量间的相关系数只能从整体上反映两变量间的关系,即仅通过该指标难以保证对两变量的相关性进行准确判定。因此,在进行多元相关分析时,仍需将两变量之外的其他所有相关变量进行固定化,即将它们设定为控制变量,在此基础上进一步分析任意给定两变量间的相关性,即进行偏相关分析。偏相关分析主要用于计算变量间偏相关系数,以便更准确地判定变量间相关的显著性及相关性大小程度(Field,2013)。其中,各静态情景变量间的偏相关系数如表 4-2 所示。

表 4-2 各偏相关系数值

分享行为意愿	系数及其检验	信息可视化	信息情感性	信源权威性
转发	偏相关系数	0.427	0.391	0.543
	显著性（双侧）	0.000	0.028	0.000
评论	偏相关系数	0.416	0.408	0.614
	显著性（双侧）	0.000	0.006	0.002

表 4-2 显示，其中各偏相关系数所对应的相关性检验 p 值均小于 0.01 的显著水平，表明各变量间对应的偏相关系数均显著。在上述相关分析的基础上，结合该偏相关分析结果，可判定信息可视化、信息情感性及信源权威性与危机信息转发及评论行为间均具有显著相关性。

4.3.4 因果关系检验

上述相关分析及偏相关分析结果表明，信息可视化、信息情感性及信源权威性与危机信息转发及评论行为意愿均存在显著相关性。在此基础上，对相关变量建立回归模型，并通过对模型及回归系数的显著性分析，进而确定自变量与因变量间的因果关系是否显著，从而揭示信息可视化、信息情感性及信源权威性对危机信息微博转发及评论行为意愿是否具有显著影响。由于信息可视化、信息情感性、信源权威性以及转发意愿和评论意愿均通过李克特五点量表度量，其中各变量赋值均为介于"1"至"5"间的次序整数，故应选取有序 Probit 模型对样本数据进行拟合。其中，普通 Probit 模型可表示为：$P(Y=1)=f(X)$，即 $Y=1$ 的概率是一个关于 X 的函数，其中 $f(\cdot)$ 服从标准正态分布，而有序 Probit 模型则可视为普通 Probit 模型的扩展形式（Daganzo，2014）。

以危机信息转发意愿及评论意愿作为因变量，以信息可视化、信息情感性及信源权威性作为自变量构建有序 Probit 回归模型，并采用 STATA 13.0 对该回归模型进行拟合和估计。其拟合和估计结果如表 4-3 所示。

表 4-3　有序 Probit 模型估计结果

因变量	自变量	系数值	标准误	Z 检验值	检验 p 值	模型似然比卡方检验 p(chi2)值	准 R^2 值
转发意愿	信息可视化	0.61	0.093	4.257	0.000	0.000	0.794
	信息情感性	0.43	0.014	−8.513	0.000		
	信源权威性	0.75	0.048	−9.242	0.000		
评论意愿	信息可视化	0.54	0.072	−3.261	0.001	0.000	0.829
	信息情感性	0.39	0.036	6.839	0.000		
	信源权威性	0.62	0.059	4.603	0.000		

在表 4-3 中,为了保证参数的可识别性,STATA 13.0 统计软件已对参数进行了标准化处理,因此,表 4-3 中不包含常数项。表 4-3 结果显示,在分别以转发意愿和评论意愿为因变量的模型中,各模型的似然比卡方检验的概率 p 值均为 0.000,均达到 0.01 显著水平,拒绝回归模型无效的原假设,表明该模型构建显著性有效。其中,表中准 R^2 值用来衡量对数似然函数的实际增加值占最大可能增加值的比重,反映了模型中自变量对因变量变化的解释程度,能较好地衡量模型的拟合准确度。在上述两模型中,对应的准 R^2 值分别为 0.752 和 0.829(R^2 值越接近数值 1,表明模型拟合优度越高),两值均较大,表明两模型均具有较佳的拟合优度。同时,两模型中各系数 z 检验的 p 值均小于 0.01,表明两模型中各系数的估计值在 1% 的置信水平下均通过显著性检验,再结合两模型中各系数的正负性,可判断信息可视化、信息情感性及信源权威性与品牌危机信息微博转发及评论行为间均存在显著因果关系,且均具有正向影响。

4.4 动态情景影响因素检验分析

为了探索信息转发总数、评论总数、自身粉丝数、自身关注数、信源粉丝数、信源关注数及信息时间距离是否对品牌危机中微博信息转发及评论行为产生显著影响,本研究分别从数据的时间序列层面及数据整体性层面分别对动态情景因素与信息转发及评论行为间的因果关系进行检验和分析,从而较全面地检验变量间因果关系的存在,以避免一层面因果关系显著而另一层面因果关系不显著的情况的发生,从而导致因果关系检验的不完善性。所使用的数据主要通过新浪官方 API 及网络爬虫技术获取。

4.4.1 时间序列层面

为了从数据的时间序列层面探索信息转发总数、评论总数、自身粉丝数、自身关注数、信源粉丝数、信源关注数及信息时间距离是否对品牌危机中微博信息转发及评论行为产生显著影响,本文采用 Granger 因果关系检验,对相应时间序列间因果关系的显著性进行检验和分析(Sreenivasulu,Pagadala,2014),从而判定各影响因素与转发及评论行为是否具有显著性因果关系。

由于 Granger 因果关系检验是以时间序列间存在显著相关性为前提,且该检验滞后期数的不同设置会对检验结果产生重要影响,因此在进行 Granger 因果关系检验前,需对相应时间序列进行交叉相关分析,以确保检验滞后属性设定的正确性及检验结果具有实际意义(Ling,McAleer,2015)。

4.4.1.1 交叉相关分析

(1)与转发数的相关分析

分别对总转发数、总评论数、自身粉丝数、自身关注数、信源粉丝数、信源关注数及信息时间距离与转发数的交叉相关性进行分析,其分析结果如图 4-2 至图 4-8 所示。

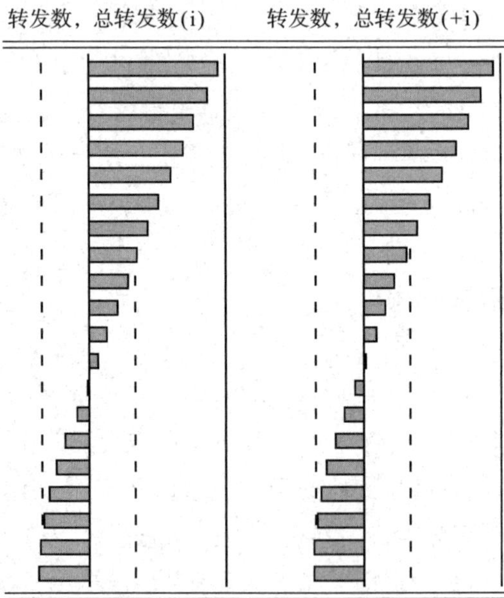

转发数,总转发数(i)	转发数,总转发数(+i)	i	log	lead
		0	0.9966	0.9966
		1	0.9020	0.8997
		2	0.8057	0.7976
		3	0.7164	0.6973
		4	0.6291	0.6006
		5	0.5402	0.5014
		6	0.4540	0.4084
		7	0.3723	0.3240
		8	0.2959	0.2449
		9	0.2198	0.1986
		10	0.1448	0.0953
		11	0.0689	0.0202
		12	-0.0145	-0.0577
		13	-0.0983	-0.1374
		14	-0.1789	-0.2092
		15	-0.2485	-0.2712
		16	-0.3021	-0.3188
		17	-0.3404	-0.3497
		18	-0.3662	-0.3672
		19	-0.3806	-0.3770

图 4-2　转发数与总转发数交叉相关图

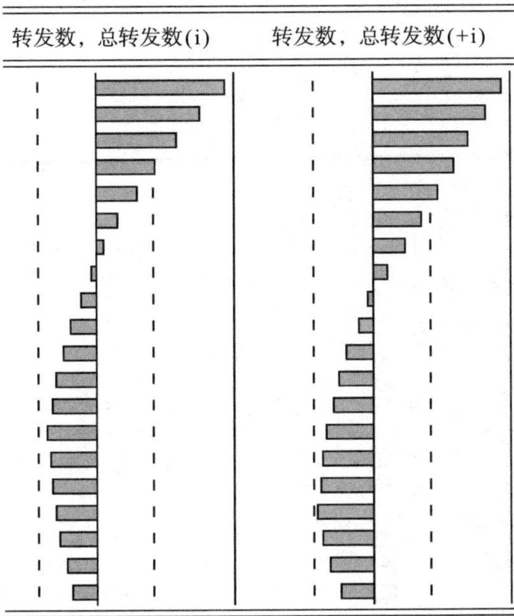

转发数，总转发数(i)	转发数，总转发数(+i)	i	log	lead
		0	0.9774	0.9774
		1	0.7880	0.8508
		2	0.6146	0.7262
		3	0.4562	0.6171
		4	0.3125	0.4857
		5	0.1706	0.3711
		6	0.0629	0.2469
		7	-0.0409	0.1098
		8	-0.1216	-0.0247
		9	-0.1930	-0.1054
		10	-0.2538	-0.1992
		11	-0.3013	-0.2490
		12	-0.3304	-0.2949
		13	-0.3625	-0.3381
		14	-0.3520	-0.3693
		15	-0.3263	-0.3862
		16	-0.3008	-0.4035
		17	-0.2737	-0.3664
		18	-0.2278	-0.3176
		19	-0.1742	-0.2417

图 4-3　转发数与总评论数交叉相关图

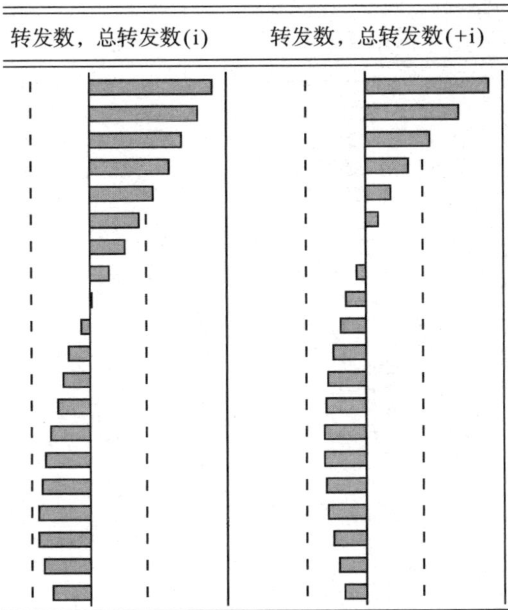

转发数，总转发数(i)	转发数，总转发数(+i)	i	log	lead
		0	0.9364	0.9364
		1	0.8199	0.7026
		2	0.7080	0.4866
		3	0.6111	0.3345
		4	0.4947	0.2021
		5	0.3905	0.0935
		6	0.2782	0.0090
		7	0.1488	-0.0633
		8	0.0216	-0.1322
		9	-0.0644	-0.1818
		10	-0.1596	-0.2302
		11	-0.2010	-0.2707
		12	-0.2427	-0.2932
		13	-0.2928	-0.3110
		14	-0.3225	-0.3050
		15	-0.3576	-0.2937
		16	-0.3928	-0.2718
		17	-0.3789	-0.2441
		18	-0.3428	-0.2029
		19	-0.2004	-0.1576

图 4-4　转发数与自身粉丝数交叉相关图

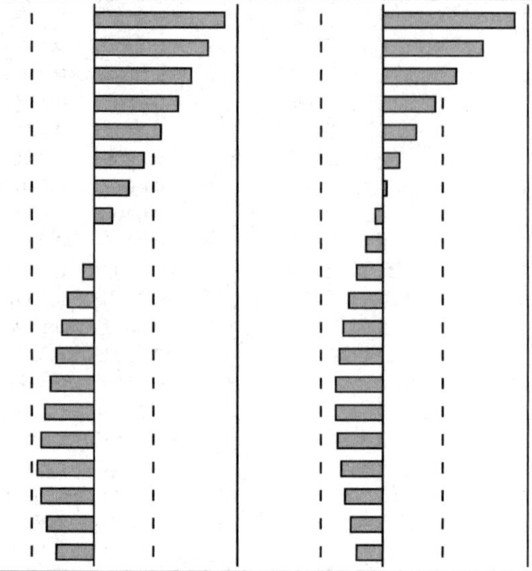

转发数，总转发数(i)	转发数，总转发数(+i)	i	log	lead
		0	0.9559	0.9559
		1	0.8321	0.7262
		2	0.7099	0.5380
		3	0.6104	0.3858
		4	0.4867	0.2497
		5	0.3763	0.1300
		6	0.2607	0.0383
		7	0.1324	-0.0441
		8	0.0018	-0.1169
		9	-0.0805	-0.1756
		10	-0.1780	-0.2326
		11	-0.2215	-0.2783
		12	-0.2621	-0.3037
		13	-0.3088	-0.3271
		14	-0.3387	-0.3231
		15	-0.3654	-0.3120
		16	-0.3951	-0.2919
		17	-0.3727	-0.2624
		18	-0.3321	-0.2185
		19	-0.2655	-0.1738

图 4-5　转发数与自身关注数交叉相关图

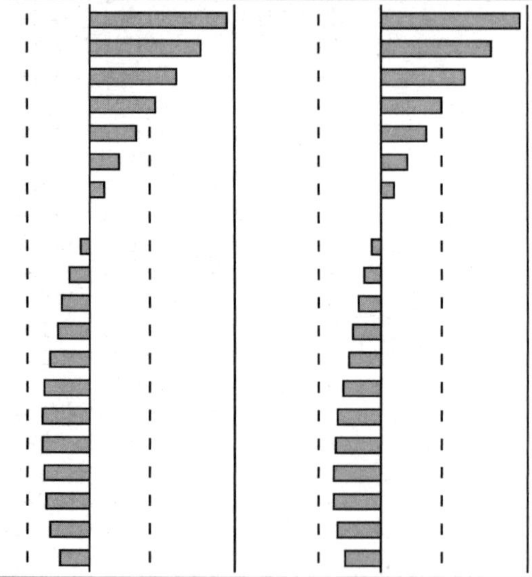

转发数，总转发数(i)	转发数，总转发数(+i)	i	log	lead
		0	0.9857	0.9857
		1	0.8099	0.7821
		2	0.6279	0.6005
		3	0.4755	0.4366
		4	0.3480	0.3200
		5	0.2208	0.1958
		6	0.1183	0.0968
		7	0.0138	0.0037
		8	-0.0590	-0.0645
		9	-0.1326	-0.1098
		10	-0.1891	-0.1482
		11	-0.2282	-0.1938
		12	-0.2733	-0.2286
		13	-0.3172	-0.2661
		14	-0.3288	-0.3052
		15	-0.3233	-0.3174
		16	-0.3159	-0.3295
		17	-0.2980	-0.3314
		18	-0.2711	-0.3072
		19	-0.2119	-0.2496

图 4-6　转发数与信源粉丝数交叉相关图

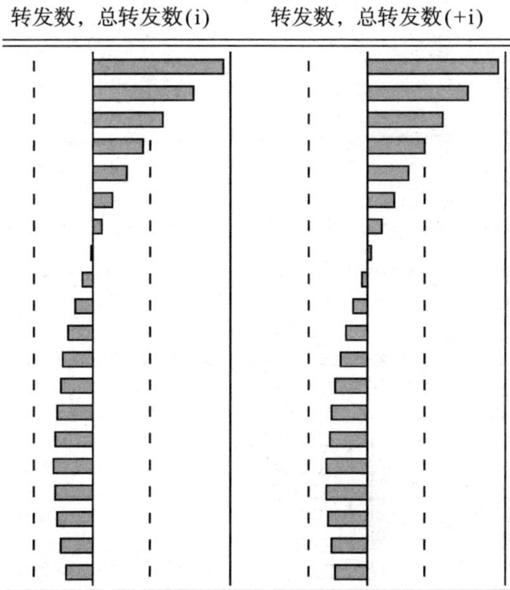

转发数,总转发数(i)	转发数,总转发数(+i)	i	log	lead
		0	0.9967	0.9967
		1	0.7602	0.7653
		2	0.5287	0.5791
		3	0.3843	0.4392
		4	0.2572	0.3166
		5	0.1565	0.2080
		6	0.0682	0.1139
		7	-0.0037	0.0339
		8	-0.0769	-0.0405
		9	-0.1301	-0.1052
		10	-0.1778	-0.1606
		11	-0.2151	-0.2020
		12	-0.2456	-0.2372
		13	-0.2662	-0.2656
		14	-0.2768	-0.2809
		15	-0.2878	-0.2972
		16	-0.2817	-0.2989
		17	-0.2679	-0.2902
		18	-0.2423	-0.2688
		19	-0.2023	-0.2354

图 4-7 转发数与信源关注数交叉相关图

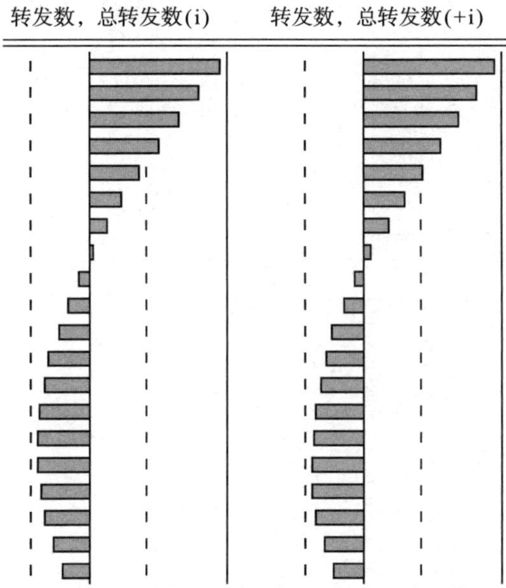

转发数,总转发数(i)	转发数,总转发数(+i)	i	log	lead
		0	0.9933	0.9933
		1	0.8306	0.8544
		2	0.6767	0.7135
		3	0.5365	0.5881
		4	0.3808	0.4430
		5	0.2492	0.3185
		6	0.1453	0.1906
		7	0.0330	0.0613
		8	-0.0672	-0.0615
		9	-0.1493	-0.1399
		10	-0.2273	-0.2396
		11	-0.3043	-0.2783
		12	-0.3315	-0.3175
		13	-0.3728	-0.3569
		14	-0.3813	-0.3761
		15	-0.3792	-0.3808
		16	-0.3582	-0.3908
		17	-0.3273	-0.3541
		18	-0.2695	-0.2931
		19	-0.2035	-0.2204

图 4-8 转发数与时间距离交叉相关图

由图 4-2 至图 4-8 的交叉相关分析结果可见，总转发数、总评论数、自身粉丝数、自身关注数、信源粉丝数、信源关注数及信息时间距离分别与转发数的交叉相关函数值均存在至少滞后 2 期内超出 95% 的可信区间范围，表明各对应的动态情景因素对转发行为均存在显著交叉相关性。

(2) 与评论数的相关分析

分别对总转发数、总评论数、自身粉丝数、自身关注数、信源粉丝数、信源关注数及信息时间距离与评论数的交叉相关性进行分析，其分析结果如图 4-9 至图 4-15 所示。

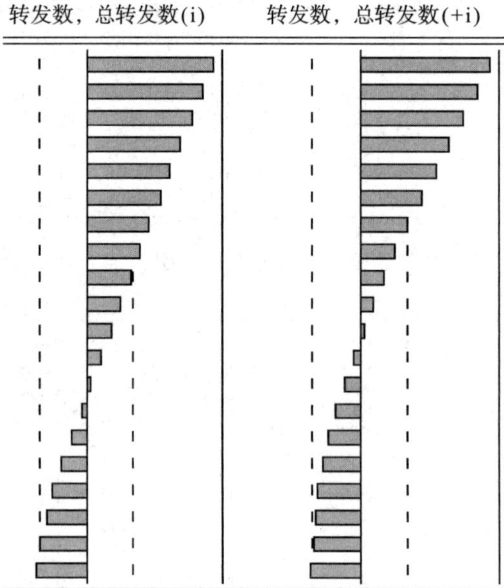

转发数，总转发数(i)	转发数，总转发数(+i)	i	log	lead
		0	0.9827	0.9827
		1	0.8957	0.8820
		2	0.8196	0.7774
		3	0.7289	0.6700
		4	0.6376	0.5661
		5	0.5670	0.4606
		6	0.4771	0.3606
		7	0.4091	0.2696
		8	0.3377	0.1827
		9	0.2683	0.1034
		10	0.1985	0.0276
		11	0.1207	−0.0472
		12	0.0380	−0.1159
		13	−0.0389	−0.1819
		14	−0.1136	−0.2382
		15	−0.1894	−0.2828
		16	−0.2565	−0.3141
		17	−0.3109	−0.3343
		18	−0.3542	−0.3509
		19	−0.3859	−0.3611

图 4-9　评论数与总转发数交叉相关图

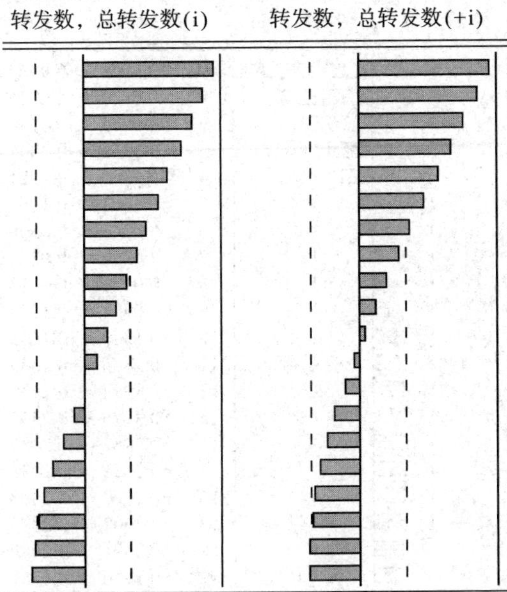

转发数，总转发数(i)	转发数，总转发数(+i)	i	log	lead
		0	0.9874	0.9874
		1	0.9041	0.8897
		2	0.8299	0.7887
		3	0.7390	0.6903
		4	0.6464	0.5916
		5	0.5700	0.4897
		6	0.4748	0.3917
		7	0.4020	0.2987
		8	0.3251	0.2115
		9	0.2500	0.1289
		10	0.1752	0.0489
		11	0.0922	-0.0282
		12	0.0051	-0.1039
		13	-0.0764	-0.1755
		14	-0.1544	-0.2409
		15	-0.2309	-0.2934
		16	-0.2951	-0.3281
		17	-0.3418	-0.3491
		18	-0.3741	-0.3649
		19	-0.3983	-0.3733

图 4-10　评论数与总评论数交叉相关图

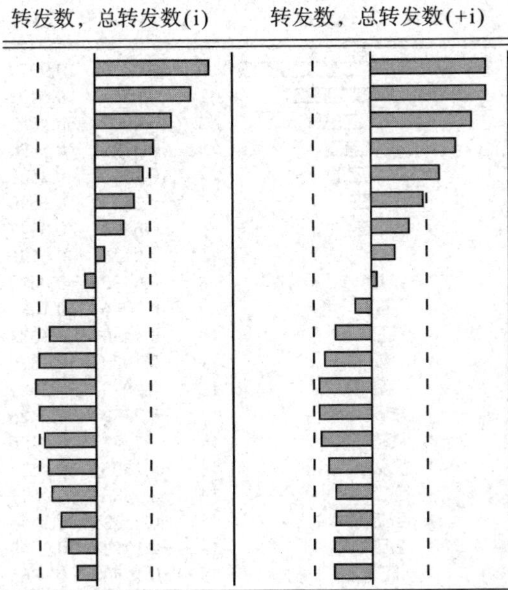

转发数，总转发数(i)	转发数，总转发数(+i)	i	log	lead
		0	0.8614	0.8614
		1	0.7298	0.8688
		2	0.5885	0.7669
		3	0.4583	0.6410
		4	0.3679	0.5136
		5	0.3021	0.3941
		6	0.2146	0.2863
		7	0.0738	0.1787
		8	-0.0810	0.0507
		9	-0.2234	-0.1129
		10	-0.3376	-0.2693
		11	-0.4201	-0.3397
		12	-0.4454	-0.3800
		13	-0.4327	-0.3928
		14	-0.3929	-0.3658
		15	-0.3584	-0.3170
		16	-0.3204	-0.2611
		17	-0.2688	-0.2556
		18	-0.2054	-0.2732
		19	-0.1388	-0.2802

图 4-11　评论数与自身粉丝数交叉相关图

i	log	lead
0	0.9964	0.9964
1	0.6629	0.6736
2	0.4985	0.4791
3	0.3845	0.3347
4	0.2549	0.2321
5	0.1663	0.1262
6	0.1016	0.0508
7	0.0201	−0.0227
8	−0.0418	−0.0723
9	−0.0935	−0.1223
10	−0.1349	−0.1653
11	−0.1826	−0.1889
12	−0.1997	−0.2135
13	−0.2276	−0.2413
14	−0.2482	−0.2489
15	−0.2651	−0.2433
16	−0.2679	−0.2398
17	−0.2602	−0.2335
18	−0.2391	−0.2089
19	−0.1986	−0.1769

图 4-12　评论数与自身关注数交叉相关图

i	log	lead
0	0.9979	0.9979
1	0.6584	0.6432
2	0.4907	0.4652
3	0.3791	0.3694
4	0.2434	0.2503
5	0.1515	0.1690
6	0.0898	0.0942
7	0.0126	0.0126
8	−0.0490	−0.0680
9	−0.0996	−0.1083
10	−0.1430	−0.1671
11	−0.1929	−0.1879
12	−0.2070	−0.2082
13	−0.2359	−0.2323
14	−0.2487	−0.2456
15	−0.2600	−0.2522
16	−0.2586	−0.2671
17	−0.2533	−0.2548
18	−0.2273	−0.2249
19	−0.1960	−0.1865

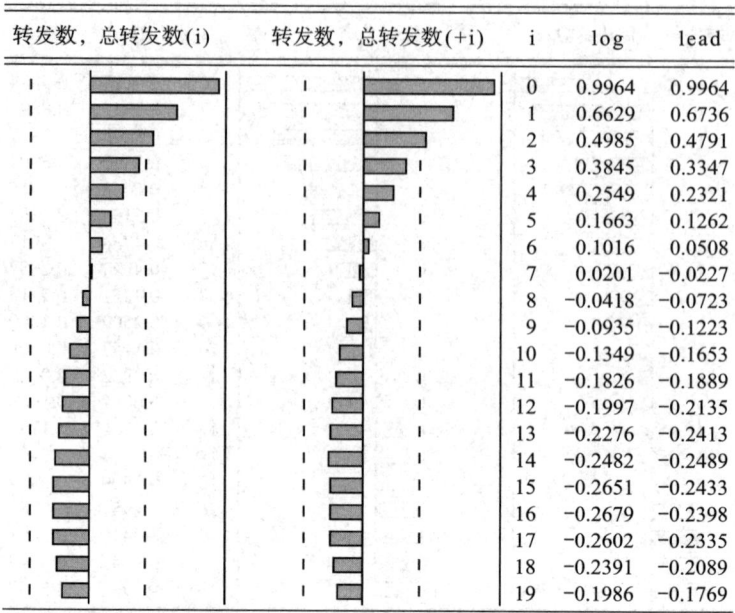

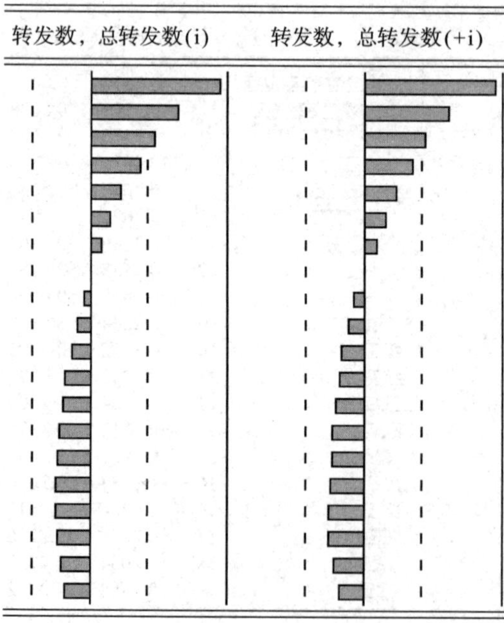

图 4-13　评论数与信源粉丝数交叉相关图

转发数，总转发数(i)	转发数，总转发数(+i)	i	log	lead
		0	0.8406	0.8406
		1	0.8079	0.6332
		2	0.7706	0.5344
		3	0.7135	0.4141
		4	0.6196	0.3041
		5	0.5026	0.1708
		6	0.3782	0.0335
		7	0.2540	-0.0975
		8	0.1517	-0.1847
		9	0.0793	-0.2796
		10	-0.1107	-0.3406
		11	-0.2644	-0.3890
		12	-0.3153	-0.3585
		13	-0.3810	-0.3173
		14	-0.3956	-0.3210
		15	-0.4348	-0.3124
		16	-0.4089	-0.2801
		17	-0.3720	-0.2334
		18	-0.3120	-0.1769
		19	-0.2612	-0.1214

图 4-14　评论数与信源关注数交叉相关图

转发数，总转发数(i)	转发数，总转发数(+i)	i	log	lead
		0	0.9573	0.9573
		1	0.8381	0.7545
		2	0.6920	0.5662
		3	0.5776	0.3996
		4	0.4492	0.2665
		5	0.3456	0.1360
		6	0.2313	0.0490
		7	0.1073	-0.0316
		8	-0.0084	-0.0932
		9	-0.0828	-0.1392
		10	-0.1713	-0.1884
		11	-0.2116	-0.2378
		12	-0.2603	-0.2727
		13	-0.3106	-0.3077
		14	-0.3474	-0.3245
		15	-0.3740	-0.3177
		16	-0.4002	-0.3167
		17	-0.3693	-0.3050
		18	-0.3298	-0.2681
		19	-0.2520	-0.2125

图 4-15　评论数与时间距离交叉相关图

由图 4-9 至图 4-15 的交叉相关分析结果可见，总转发数、总评论数、自身粉丝数、自身关注数、信源粉丝数、信源关注数及信息时间距离分别与评论数的交叉相关函数值均存在至少滞后 2 期内超出 95% 的可信区间范围,表明各相应的动态情景因素对评论行为均存在显著交叉相关性。

4.4.1.2 Granger 因果关系检验

(1) 与转发数 Granger 因果关系

上述图 4-2 至图 4-8 的各交叉相关分析结果显示,总转发数、总评论数、自身粉丝数、自身关注数、信源粉丝数、信源关注数及信息时间距离与转发数的交叉相关函数值分别于最大滞后 7 期、3 期、4 期、4 期、3 期、2 期、3 期内超出 95% 的可信区间范围,表明在各对应滞后期内的相关性均显著。为了确保 Granger 因果检验结果的正确性和有效性,应选取其中最大显著滞后期数的最小值作为 Granger 因果检验的滞后期数值,而该组中所有最大滞后期数的最小值为 2,即应将检验中的滞后期数设置为数值 2。对应的检验结果如表 4-4 所示。

表 4-4 检验结果显示,转发总数、评论总数、自身粉丝数、自身关注数、信源粉丝数、信源关注数及信息时间距离分别与转发数 Granger 因果关系检验的 p 值均小于 0.05 的显著水平,即可拒绝各因素"不能 Granger 引起转发数变化"的原假设,表明对应的各动态情景因素均为转发数变化的 Granger 原因。

表 4-4 各情景因素与转发数间 Granger 因果关系检验

自变量	因变量:转发数		
	原假设	F 检验值	概率 p 值
转发总数	转发总数不能 Granger 引起转发数变化	7.80373	0.0125
评论总数	评论总数不能 Granger 引起转发数变化	5.53885	0.0309
自身粉丝数	自身粉丝数不能 Granger 引起转发数变化	32.9325	0.0000
自身关注数	自身关注数不能 Granger 引起转发数变化	6.86951	0.0179
信源粉丝数	信源粉丝数不能 Granger 引起转发数变化	11.8182	0.0031
信源关注数	信源关注数不能 Granger 引起转发数变化	5.42933	0.0324
信息时间距离	信息时间距离不能 Granger 引起转发数变化	20.6030	0.0003

(2) 与评论数 Granger 因果关系

上述图 4-9 至图 4-15 的各交叉相关分析结果显示,总转发数、总评论数、自身粉丝数、自身关注数、信源粉丝数、信源关注数及信息时间距离与评论数的交叉相关函数值分别于最大滞后 7 期、7 期、3 期、2 期、2 期、5 期、4 期内超出 95％ 的可信区间范围,表明在各对应滞后期内的相关性均显著。为了确保 Granger 因果检验结果的正确性和有效性,应选取其中最大显著滞后期数的最小值作为 Granger 因果检验的滞后期数值,而该组中所有最大滞后期数的最小值为 2,即应将检验中的滞后期数设置为数值 2。对应的检验结果如表 4-5 所示。

表 4-5　各情景因素与评论数间 Granger 因果关系检验

自变量	因变量:评论数		
	原假设	F 检验值	概率 p 值
转发总数	转发总数不能 Granger 引起评论数变化	11.2279	0.0038
评论总数	评论总数不能 Granger 引起评论数变化	18.0332	0.0005
自身粉丝数	自身粉丝数不能 Granger 引起评论数变化	7.58991	0.0135
自身关注数	自身关注数不能 Granger 引起评论数变化	17.0513	0.0007
信源粉丝数	信源粉丝数不能 Granger 引起评论数变化	25.6695	0.0001
信源关注数	信源关注数不能 Granger 引起评论数变化	15.9578	0.0009
信息时间距离	信息时间距离不能 Granger 引起评论数变化	8.06075	0.0113

表 4-5 检验结果显示,转发总数、评论总数、自身粉丝数、自身关注数、信源粉丝数、信源关注数及信息时间距离分别与评论数 Granger 因果检验的 p 值均小于 0.05 的显著水平,即可拒绝各因素"不能 Granger 引起评论数变化"的原假设,表明对应的各动态情景因素均为评论数变化的 Granger 原因。

4.4.2　数据整体性层面

为了从数据整体性视角探索信息转发总数、评论总数、自身粉丝数、自身关注数、信源粉丝数、信源关注数及信息时间距离是否对品牌危机中微博信息转发及评论行为产生显著影响,本研究通过构建面板数据回归模型,并对模型及回归系数的显著性进行分析,从而判定各影响因素与转发及评论行为是否具有显著性因果关系。由于回归模型的构建和估计需以自变量与因变量间存在显著相关性为前提,因此在进行回归模型构建前,需对回归方程的因变量与自变量的相关性进行检验分析,以确保回归方程的建立及估计具有实际意义。

4.4.2.1 相关性分析

分别对信息转发总数、评论总数、自身粉丝数、自身关注数、信源粉丝数、信源关注数、信息时间距离与危机信息转发及评论行为间的 Pearson 相关系数、Spearman 等级相关系数及 Kendall 秩相关系数进行计算。其对应结果如表 4-6 所示。

表 4-6　各相关系数值

系数类型	信息分享行为	系数及其检验	信息转发总数	信息评论总数	自身粉丝数	自身关注数	信源粉丝数	信源关注数	信息时间距离
Pearson 相关系数	转发	相关系数	0.417	0.514	0.409	0.572	0.494	0.316	0.458
		显著性（双侧）	0.032	0.000	0.041	0.001	0.000	0.003	0.006
	评论	相关系数	0.372	0.431	0.326	0.461	0.479	0.442	0.596
		显著性（双侧）	0.000	0.007	0.000	0.011	0.019	0.001	0.043
Kendall 相关系数	转发	相关系数	0.464	0.597	0.427	0.301	0.515	0.419	0.437
		显著性（双侧）	0.042	0.004	0.000	0.016	0.031	0.012	0.000
	评论	相关系数	0.497	0.419	0.616	0.408	0.514	0.467	0.319
		显著性（双侧）	0.000	0.000	0.096*	0.006	0.007	0.000	0.024
Spearman 相关系数	转发	相关系数	0.637	0.479	0.342	0.535	0.479	0.314	0.545
		显著性（双侧）	0.008	0.004	0.001	0.000	0.017	0.13*	0.000
	评论	相关系数	0.431	0.376	0.363	0.489	0.445	0.535	0.549
		显著性（双侧）	0.007	0.000	0.026	0.003	0.000	0.000	0.024

注：* 表示该项指标未达到 0.05 显著水平。

表 4-6 显示，除了信源关注数与转发行为的 Spearman 等级相关系数显著性检验 p 值为 0.13，以及自身粉丝数与评论行为的 Kendall 秩相关系数显著性

检验 p 值为 0.096 未达到 0.05 的显著水平外,其余所有的相关性检验 p 值均小于 0.05 的显著水平,表明各相关系数整体上均显著,即信息转发总数、评论总数、自身粉丝数、自身关注数、信源粉丝数、信源关注数、信息时间距离与危机信息转发及评论行为间均存在显著相关性。

在此基础上进一步对偏相关进行分析,其中各变量间偏相关系数如表 4-7 所示。

表 4-7 各偏相关系数值

信息分享行为	系数及其检验	信息转发总数	信息评论总数	自身粉丝数	自身关注数	信源粉丝数	信源关注数	信息时间距离
转发	偏相关系数	0.381	0.443	0.518	0.368	0.654	0.359	0.414
	显著性(双侧)	0.001	0.000	0.000	0.006	0.046	0.032	0.000
评论	偏相关系数	0.471	0.495	0.524	0.403	0.481	0.546	0.528
	显著性(双侧)	0.004	0.008	0.000	0.000	0.003	0.000	0.084 *

注:* 表示该项系数未达到 0.05 显著水平。

表 4-7 显示,在所有偏相关系数的显著性检验中,除了时间距离与评论行为系数的显著性检验 p 值为 0.084 未达到 0.05 的显著水平外,其余各偏相关系数的显著性检验 p 值均小于 0.01 的显著水平,表明对应各变量间的偏相关性整体上均显著。在上述各变量相关分析基础上,结合该偏相关分析结果,可以判定信息转发总数、评论总数、自身粉丝数、自身关注数、信源粉丝数、信源关注数及信息时间距离与危机信息转发及评论行为间均存在显著相关性。

4.4.2.2 因果关系检验

上述相关分析及偏相关分析结果表明信息转发总数、评论总数、自身粉丝数、自身关注数、信源粉丝数、信源关注数及信息时间距离与危机信息转发及评论行为间均存在显著相关性。在此基础上,针对各变量构建面板数据模型,并通过模型及回归系数的显著性分析,进而确定自变量与因变量间是否存在显著性因果关系,从而揭示各动态情景因素对危机信息微博转发及评论行为是否具有显著影响。由于信息转发总数、评论总数、自身粉丝数、自身关注数、信源粉丝数、信源关注数、信息时间距离、转发数及评论数的数据均包含个体、时间及指标三个维度的信息,属于面板数据(panel data)结构①。因此,在进行变量间关系检验时,应采用面板数据模型对数据进行拟合和分析。

面板数据模型通常存在三种形式②:

首先,混合回归模型。如果个体在时间序列上的差异性不显著,在横截面上的差异也不显著,则该模型中各解释变量的系数和截距项的估计值对于所有个体均保持不变。该模型可表示为:

$$y_{it} = \alpha + \beta x'_{it} + u_{it}, i = 1,2,3,\cdots,N; t = 1,2,3,\cdots,T$$

其次,变截距模型。该模型表明存在个体差异而无结构差异,模型中所有的解释变量对应的系数保持不变,而截距项估计值则存在差异,其中,根据截距项差异来源的不同可将变截距模型分为固定效应及随机效应两种类型。该模型可表示为:

$$y_{it} = \alpha_i + \beta x'_{it} + u_{it}, i = 1,2,3,\cdots,N; t = 1,2,3,\cdots,T$$

最后,变系数模型。该模型表明面板数据既存在个体成员上的差异,也存在结构上的差异,其中个体差异通过模型的截距项变化来体现,而结构上差异则通过解释变量的系数变化来反映。该模型可表示为:

$$y_{it} = \alpha_i + \beta_i x'_{it} + u_{it}, i = 1,2,3,\cdots,N; t = 1,2,3,\cdots,T$$

通常,面板数据模型一般可表示为:

$$y_{it} = \alpha_i + \beta_{1i} x_{1it} + \beta_{2i} x_{2it} + \beta_{3i} x_{3it} + \cdots + \beta_{ki} x_{kit} + u_{it}, i = 1,2,3,\cdots,N; t = 1,2,3,\cdots,T$$

在对模型进行选择和设定时,需分别对如下两个原假设进行检验:

H1:对于所有截面上的个体,模型中解释变量的系数保持不变(即斜率系数具有齐性特征),但模型中截距项却存在差异。该模型即变截距模型:

$$y_{it} = \alpha_i + \beta_1 x_{1it} + \beta_2 x_{2it} + \beta_3 x_{3it} + \cdots + \beta_k x_{kit} + u_{it}, i = 1,2,3,\cdots,N; t = 1,2,3,\cdots,T$$

H2:对于所有截面上的个体,模型中解释变量的系数及截距项估计值均保持不变。该模型即为混合回归模型:

$$y_{it} = \alpha + \beta_1 x_{1it} + \beta_2 x_{2it} + \beta_3 x_{3it} + \cdots + \beta_k x_{kit} + u_{it}, i = 1,2,3,\cdots,N; t = 1,2,3,\cdots,T$$

通过计算如下两个 F 检验统计量以对模型适配性进行检验:

---

① BALTAGI B. Econometric analysis of panel data[M]. John Wiley & Sons, 2008.
② HSIAO C. Analysis of panel data[M]. Cambridge University Press, 2014.

$$F_2 = \frac{(S_3 - S_1)/[(N-1)(k+1)]}{S_1/[NT - N(k+1)]} \sim F[(N-1)(k+1), NT - N(k+1)]$$

$$F_1 = \frac{(S_2 - S_1)/[(N-1)k]}{S_1/[NT - N(k+1)]} \sim F[(N-1)k, NT - N(k+1)]$$

其中，N 为个体成员数量，T 为每个成员观测时间期数，k 为变量个数，S_1、S_2、S_3 分别为变系数模型、变截距模型及混合模型的回归残差平方和。分别计算检验统计量 F_2、F_1 值，并与特定自由度对应的 F 分布的临界值相比较，据此判断是否接受原假设 H1 和 H2，进而确定面板数据模型设定的形式(Pesaran, 2015)。

在本研究中，根据样本数据计算出 F_2 与 F_1 统计值，并查阅 F 分布表，可得 $F_2 > F_{2临界值}$，表明可拒绝原假设 F_2；而同时 $F_1 < F_{1临界值}$，即接受原假设 F_1，故采用变截距模型能较好地对样本数据进行拟合。为了进一步判定该模型应设定为随机效应形式还是固定效应形式，需对模型进行 Hausman 检验。其中，Hausman 检验结果显示，对应统计量数值小于 0.05 显著水平下的 χ^2 临界值，不能拒绝随机效应模型中个体因素与自变量不相关的原假设，故应构建随机效应变截距模型[①]，即可将模型设定为：

$$y_{it} = \alpha + \beta_1 x_{1it} + \beta_2 x_{2it} + \beta_3 x_{3it} + \beta_4 x_{4it} + \beta_5 x_{5it} + \beta_6 x_{6it} + \beta_7 x_{7it} + \gamma_i + u_{it},$$
$$i = 1, 2, 3, \cdots, N; t = 1, 2, 3, \cdots, T$$

式中：y 表示危机信息转发或评论数，x_1、x_2、x_3、x_4、x_5、x_6、x_7 分别表示信息转发总数、评论总数、自身粉丝数、自身关注数、信源粉丝数、信源关注数、信息时间距离，α 为所有品牌危机事件信息转发或评论数均值，γ_i 为随机变量，代表不同品牌危机的随机影响，用以反映不同品牌危机属性及特征的差异，u_{it} 为随机误差项。使用 EViews 8.0 统计软件对模型进行拟合和估计，其拟合和估计结果如表 4-8 所示(根据本研究需要，本书只列出各系数及截距项估计结果，而 γ_i 值均省略)。

[①] BALTAGI B H. The Oxford Handbook of Panel Data[M]. Oxford University Press，2014.

表 4-8 随机效应变截距模型估计结果

因变量	自变量	系数值	标准误	T 检验值	概率 p 值	R^2 值	调整 R^2 值	模型 $p(F)$ 值
转发数	截距项（均值）	86.125	3.6812	14.231	0.000	0.946	0.931	0.001
	信息转发总数	0.312	0.0125	23.891	0.000			
	信息评论总数	0.194	0.0206	3.129	0.003			
	自身粉丝数	0.156	0.0173	18.469	0.000			
	自身关注数	0.174	0.0204	14.236	0.000			
	信源粉丝数	0.131	0.0362	2.856	0.007			
	信源关注数	0.179	0.0146	37.805	0.000			
	信息时间距离	−0.104	0.0191	2.961	0.005			
评论数	截距项（均值）	69.827	2.9469	46.371	0.000	0.962	0.937	0.000
	信息转发总数	0.247	0.0285	2.799	0.008			
	信息评论总数	0.172	0.0107	35.468	0.000			
	自身粉丝数	0.139	0.0149	20.394	0.000			
	自身关注数	0.104	0.0161	3.046	0.004			
	信源粉丝数	0.098	0.0124	39.126	0.000			
	信源关注数	0.116	0.0295	3.262	0.002			
	信息时间距离	−0.075	0.0182	34.741	0.000			

表 4-8 估计结果显示，两模型各整体 F 检验的 p 值均小于 0.01 显著水平，表明所构建的两个模型整体上均显著。同时，拟合优度 R^2 值、修正 R^2 值均大于 0.90，说明两模型拟合效果优良。此外，各解释变量系数及截距项估计值所对应的 t 检验均达到 0.01 的显著水平，从而表明信息转发总数、评论总数、自身粉丝数、自身关注数、信源粉丝数、信源关注数、信息时间距离对危机信息转发及评论行为均存在显著影响。

4.5 本章小结

本章基于情景因素视角,探索和分析了品牌危机中微博用户信息分享行为静态及动态情景影响因素。首先,在过去相关研究成果基础上通过推理、归纳和分析,挖掘了对品牌危机中微博信息分享行为产生显著影响的静态及动态情景因素,其中静态情景因素主要包括信息可视化、信息情感性及信源权威性,动态情景因素主要包括信息转发总数、信息评论总数、自身粉丝数、自身关注数、信源粉丝数、信源关注数以及信息时间距离。在此基础上,通过相关的数据处理和分析方法分别对各情景因素与信息转发及评论行为间的因果关系进行检验,以确定相关情景因素是否对品牌危机中微博用户信息分享行为具有显著影响。在静态情景因素对信息分享行为的因果关系检验中,主要采用了相关性分析及有序 Probit 模型等研究方法。在动态情景因素对信息分享行为的因果关系检验中,主要从数据的时间序列层面及数据整体性层面进行展开,采用了交叉相关分析、Granger 因果关系检验以及面板数据模型等研究方法。

通过该研究发现,在网络空间中用户的信息行为会受到多种因素的影响,通常可以总结为个人和环境两大影响因素。由于用户信息行为总是发生于某一特定时间和空间坐标中,虚拟环境中的个体在任何时间点上的行为特征是个人因素与外部环境交互作用而产生的结果,且同时总是发生于某些情景中,该行为也为特定情景的产物。然而,环境因素并非孤立存在,它总是由诸多子环境及多种因素交织而成,所有这些子环境和多个因素便构成了一个巨大的环境综合体。而该环境综合体却能营造出某种社会气氛,使得处于该环境中的用户产生一种自发或偶然的信息分享行为。表明信息在用户间的流动、传递和利用均受到信息使用环境的影响,而该信息使用环境可促使用户形成信息需求,并驱动他们积极地进行信息搜索、查询及利用等行为。

本章在对过去相关研究成果进行推理、归纳和分析的基础上,借助 Probit 模型及面板数据分析对品牌危机中微博用户信息分享行为情景影响因素进行探析,挖掘出对用户信息分享行为具有显著影响的静态及动态情景影响因素。该研究结论为第 5 章及第 6 章关于品牌危机中微博用户信息分享行为的静态及动态情景因素影响机制的研究奠定了理论基础。

第5章 品牌危机信息微博分享行为静态影响机制

一般性信息行为理论认为,个体在进行信息寻求和信息利用过程中会受到多种干扰因素的影响,它们对用户的搜寻效果和利用行为既可能存在促进作用,也可能存在阻碍作用(Wilson,1997)。在该过程中,存在多个动力机制环节,且存在多种中介变量对信息行为及动力机制产生重要影响,其中主要包括心理特征、人口统计特征、社会角色、人际关系、环境特征以及信源特征等(Wilson,1999)。而信息使用环境理论认为,信息使用环境可促使用户形成信息需求,并驱动他们积极地进行信息搜索、查询及利用等行为,它是用户信息需求产生以及信息搜寻、评估和利用等一切信息行为的始点(Taylor,1986a)。其中,信息使用环境中的各种因素会对他们的信息甄别和选择产生重要影响,即信息在用户间的流动、传递和利用均受到信息使用环境的影响,信息使用环境可用以对信息进行有用性及价值大小的判断。该理论还指出用户的不同职业和社会角色会对人们的信息行为产生重要影响,这些因素在某种程度上培育了用户信息行为的不同特征(Taylor,1996)。然而,该环境或视域中的信息情景特征的差异可能会使得用户采取不同的信息加工路径或方式,如采取精细可能性模型中的中心及边缘信息加工路径(Cacioppo & Petty,1984),或启发系统式模型中的启发式及系统式方式(Chaiken & Eagly,1989)。其中,中心路径强调人们在获取信息后对信息进行细致分析和思考,积极甄别其中的相关论据并仔细寻找其中的相关线索,个体在该路径中对信息的认知程度较为精细;边缘路径则是指人们在获取信息后倾向于通过感性认知对信息内容和观点进行识别和判断,信息加工的精细程度相对较低,从而快速、直观地形成态度改变。而系统式方式与ELM的中心路径相似,启发式方式与ELM的边缘路线相似(Todorov,Chaiken & Henderson,2002)。因此,在用户信息行为中,信息情景特征的差异可能会使得用户采取不同的信息加工路径或方式,而不同加工路径或方式对人们具有不同的说服效果,从而影响了用户的信息行为选择。

第 5 章　品牌危机信息微博分享行为静态影响机制

针对微博信息平台,本章对品牌危机中微博用户信息分享行为静态情景因素影响机制进行研究,首先在相关理论及相关研究成果基础上,提出了本书的研究假设和研究框架。然后,采用网络问卷调查收集相关数据,并对各研究假设进行检验,从而探索信息可视化、信息情感性以及信源权威性分别对用户信息转发及评论行为产生影响的具体路径,以及各路径影响效应存在的差异。在此基础上,分别对各样本群组进行拟合与估计,用以分析各影响路径系数在不同性别、年龄、学历及职业群组中的差异性,从而揭示各静态情景因素对不同类型用户群体转发和评论行为所具有的不同影响。

5.1 引言

近年来品牌危机的发生频率越来越高,它的爆发不仅与企业自身的管理能力和品牌运营能力密切相关,而且随着新媒体时代的到来,以互联网为主的新媒体也在品牌危机传播和扩散中兴风作浪。在新媒体中,由于用户群体可以对信息进行即时分享和互动,从而使得危机信息能以极快的速度进行广泛传播和扩散,进而演化成为一种不可压倒式的舆论势态。在当下各种形式的新媒体中,微博平台发展迅猛,并深得广大用户的喜爱。同时,随着国内微博网站的不断兴起和日益完善,微博已成为一种人们进行日常信息获取、信息分享以及互动交流的重要的信息平台。而在危机爆发已成为常态化的今天,微博平台对危机信息的迅速传播和扩散无疑也起着不可忽视的重要作用。

在危机信息传播过程中,微博用户信息行为除了受到自身认知风格、人口统计特征等个体因素影响外,还受到用户环境及信息情景等多种因素的影响。而不同的情景环境可形成不同的信息场,进而影响着用户对信息分享的特征[①]。通常,对于同一信息,在不同情景下,个体可能表现出不同的信息行为。因此,从情景因素视角对品牌危机中微博用户信息分享行为影响机制进行研究,有助于人们对微博信息分享行为的影响机制形成更全面的认识。

为了了解品牌危机中微博用户信息分享行为影响机制,国内外学者一直来不断地从不同视角进行着各种探索和研究(Liu,Liu & Li,2012;Hansen,Arvidsson & Nielsen 2011;Yu,2011;张媛伊,2013;孙会、李丽娜,2012)。但总

[①] Dey A K. Understanding and using context[J]. Personal and ubiquitous computing, 2001, 5(1): 4-7.

体而言,过去相关研究多数通过回归模型(如逻辑回归)、方差分析等方法对自变量与信息分享行为的关系进行探索,而将其中各变量间的作用机制视为"黑箱"过程,通常这类研究只能给出自变量对因变量的影响是否显著、影响大小如何及方向如何等诸如此类研究结论,无法揭示各变量间的具体作用机制,即只能"知其然而不知其所以然"。而且,相关结论也主要是通过对总体样本数据的分析而得出,而较少考虑到变量间的关系可能会因为用户群体的差异(如性别、年龄、学历及职业等)而存不同。然而,过去研究表明,信息对受者产生的说服效果及决策行为会受到人口统计学变量差异的影响,主要表现为不同信息用户群体对相同信息会形成不同的态度和行为特征(Al-Suqri,2015;Park,2015)。因此,过去相关研究结论在实践应用中可能会出现可操作性差或针对性差等情况。然而,由于信息技术和网络技术的飞速发展,用户信息行为在很大程度上受到情景环境的影响,需对信息行为影响机制得以全面和深入的认识,更需要从情景因素视角对用户信息行为进行探索和研究。过去虽然有文献已经提及或阐述了情景因素对用户信息行为的重要影响,但关于情景因素对用户信息行为影响的具体性研究依然未有涉及。在此背景下,本章将探索如下问题:(1)品牌危机中静态情景因素对微博信息分享行为的影响机制如何?(2)不同性别、年龄、学历及职业的用户群体在情景因素对信息分享行为的影响机制中是否存在差异?(3)各路径的影响效应在不同性别、年龄、学历及职业用户群体中的具体差异如何?

5.2 研究假设

5.2.1 信息情景与生理刺激的关系

5.2.1.1 信息可视化

信息可视化(information visualization)是指将可视化技术运用于非空间数据领域中,主要借助图像处理、用户界面、计算机视觉以及图表方式,采用表达、建模等方法将数据信息进行某种处理使之转换为视觉形式,使数据信息内容及属性实现立体化、形象性以及动画式的显示效果,增强数据信息呈现效果的直观性,从而使用户直观而快速地发觉信息的内容以及潜在的特征、关系和模式,进而快速地对抽象数据进行认知(Conati,Carenini,Toker,et al.,2015)。

流畅性(fluency)反映了个体在对信息进行加工时所体验到的一种关于难

易程度的感觉(Oppenheimer,Kelso,2015),知觉流畅性是指个体在对信息进行加工时信息的表层属性特征给用户带来的有关加工过程难易程度的知觉和体验形式(Babel,McGuire,2015)。知觉流畅性并非信息加工的难易程度,而是一种在加工时关于难易程度的感觉和体验。过去有研究通过改变信息或数据的属性特征来分析人们在对信息加工时的知觉流畅性的影响因素,结果发现信息的简单程度会对个体在对信息加工时的知觉流畅性产生重要影响,且当信息较为直观、简单时,个体对信息加工的速度则较快(Alter,Oppenheimer,et al.,2013;Alter,Oppenheimer,et al.,2007;Wänke,Hansen,2015)。

认知专注度(cognitive absorption)表明人们的注意力在认知过程中对某种特定对象的指向和集中。其主要具有两个基本属性:一是针对性,是指人们在对事物进行认知时注意力有针对性地停留于某些特征上而排除其他特征;二是集中性,是指人们对所指向的现象或特征的关注程度和认知强度。当人们对某事物的认知专注度高时,他们的感觉(包括视觉、听觉、味觉等)和知觉(包括意识、思维等)同时集中于所指向的对象,而排除其他对象(Reychav,Wu,2015;Zhang,Li,Sun,2006)。而在信息处理中,人们对信息加工难易程度的主观体验影响着他们在对信息加工时对不同线索给予的权重赋值以及对线索产生的关注程度,通常人们对知觉流畅性高的线索的权重赋值和关注程度要高于对知觉流畅性低的线索的权重赋值和关注程度(Shah,Oppenheimer,2007)。因此,当信息显示效果具有直观性及形象性时,用户在加工时感知到自身所需付出的努力程度就较低,该类信息便能对用户具有更大吸引力,进而注意力在该信息上则具有更强的指向性和集中性(Freitas,Schirmer,2015;Simola,Hyönä,Kuisma,2014;Sengupta,Chang,2013)。由此可见,信息可视化强化了人们在信息加工中的知觉流畅性,也提高了人们对信息的认知专注度。基于此,可提出如下假设:

H1a:信息可视化程度与知觉流畅性存在正向相关;

H1b:信息可视化程度与认知专注度存在正向相关。

5.2.1.2 信息情感性

信息情感性(sentiment)体现了信息的感性诉求程度,它直接从目标受众的情绪或情感方面对信息进行编码,融入诸如喜悦、恐惧、悲哀等情感方面的信息元素(Agarwal,Mittal,Bansal,et al.,2015)。在信息传播过程中,信息中的情感元素直接作用于用户,将其中的情感成分注入用户的意识中,使用户从信息中获得相关的情感体验,以及被其中的情感元素所描述的情景所打动,从而产生心理上的共鸣和冲击,最后激发用户形成某些方面的情绪或情感反应(Balahur,Jacquet,2015;Vosoughi,Zhou,Roy,2015)。

过去的研究表明,信息用户在消极情绪情境中,对信息进行精细加工的意愿程度和可能性较高,即更倾向于采用中心路径或系统式信息加工方式(Schwarz,Clore,1996;Schwarz,Clore,2003)。感觉信息理论也强调,悲伤或消极情绪体现了所处环境中问题的存在,从而有利于促使信息用户对信息进行高水平的加工(Mackie,Worth,1989;Petty,Cacioppo,Kasmer,2015)。而且,悲伤或消极情绪通常与不信任的想法存在高度相关性,而这种负面情感情景则会使用户愿意付出更多努力对信息进行加工和思考,以减少该消极情景的不确定性所带来的心理紧张和失衡(Tiedens,Linton,2001)。此外,也有学者以信息情感性为视角,对政治事件在微博平台中的关注度进行研究,发现相对于中性情感信息,具有正向或负向情感性的信息更容易引起用户的关注以及能使用户产生更为集中的注意力(Stieglitz,Xuan,2011)。

然而,在危机传播中,信息的情感性通常以消极形式呈现,当用户阅读时,信息中的情感或情绪便会传导至用户,并在用户与信息间形成互动,从而使用户产生更高的认知专注度(Schwarz,2000;Schwar,2002)。基于此,可提出如下假设:

H2:信息情感性与认知专注度存在正向相关。

5.2.1.3 信源权威性

信息源是指人们为了满足自身某种需要而进行信息获取的源头。权威性则指某人或某物对他人具有一种合法性的影响力,使他人产生信任感或依从感,属于一种精神力量,它以合法性权利为存在的基础,主要借助主体的某种威信对客体产生影响(Deimen,Inga,Szalay,et al.,2015)。信源权威性则表明信源具有使人们信服的特征或具有某种威望特性,从而使得用户对信息自愿接受和服从,并对该信息内容产生认同,而信源权威性主要体现在身份权威性、渠道权威性及内容权威性三方面。其中,身份权威性体现于信源用户在资历上的权威程度,渠道权威性体现于信息在传播途径上的真实性及可靠性,内容权威性体现于信息内容在专业性、科学性及逻辑性上的权威程度(Rieh,2002;Vieira,2014;王欢,张静,2011)。研究表明,在信息论据不充分的情况下,专家发布的信息相对于非专家发布的信息更能使用户产生信任和依赖感(Chaiken,Masheswaren,1994),可信度高的信息来源渠道相对于可信度低的信息来源渠道更能使用户对其中的线索产生信赖而较少存在怀疑(Cosenza,Solomon & Kwon, 2015;Reinhard,Sporer,2015),而专业性高的信源相对于专业性低的信源更能使用户依赖于通过其中的线索对信息进行加工和理解(Petty,Cacioppo & Schumann,1983)。

由此可见,信息来源的权威性越高,人们越倾向于对信息中的线索产生信任感,从而对其中的线索依赖程度也就越高。基于此,可提出如下假设:

H3:信源权威性与线索依赖度存在正向相关。

5.2.2 生理刺激与感知属性的关系

5.2.2.1 知觉流畅性

知觉流畅性是指个体在对信息进行加工时信息表层属性特征使用户产生的有关加工过程难易程度的知觉和体验,而信息加工难易程度的主观体验则又影响用户在信息加工时对不同线索的权重赋值以及关注程度(Claypool,Mackie & Garcia-Marques,2015;Deckert,2015)。通常,人们对知觉流畅性高的信息线索赋予的权重和产生的关注程度要高于对知觉流畅性低的信息线索赋予的权重和产生的关注程度(Shah,Oppenheimer,2007)。在人们对信息的加工过程中,主要涉及两种方式:一种为分析式加工,主要通过审慎思考从而对信息进行分析和认知;另一种为启发式加工,即对信息进行浅层分析和认知,其中投入的注意力和认知资源相对较少。而知觉流畅性除了通过信息表层属性特征对用户认知直接产生影响外,还通过影响用户采用不同信息加工方式而间接地对他们的认知产生影响(Alter,Oppenheimer,2007)。通常,较高的知觉流畅性能促使人们更倾向于选择启发式方式对信息进行加工和认知,较低的知觉流畅性则会使得人们更倾向于选择系统式方式对信息进行加工和认知(Shah,Oppenheimer,2008)。而认知专注性表明人们在对事物进行认知时的注意力有针对性地停留于特定对象或特征上而排除其他对象或特征,同时将自身的感觉(包括视觉、听觉、味觉等)和知觉(包括意识、思维等)同时集中于所指向的对象或特征上。

由此可见,知觉流畅性在用户对信息进行加工时能够使用户对其中的线索赋予更高的权重以及产生更高的关注程度,同时也降低了人们对信息加工的努力程度,用户以较小的努力程度即可对信息内容进行快速的整合和进行顺畅地理解(Storme,Myszkowski,Davila,et al.,2015)。因此,在危机信息加工中,信息所传递的消极意义及所描述的伤害性情景便能以连贯的形式呈现于人们脑海中,从而加强了用户对危机信息伤害性的整体性感知。基于此,可提出如下假设:

H4:知觉流畅性与认知专注度存在正向相关;

H5a:知觉流畅性与感知伤害度存在正向相关。

5.2.2.2 认知专注度

认知(cognition)是指人们对事物进行分析和识别后形成的印象和观点,人们对事物认知的过程,即对事物的属性特征进行提炼、获取以及加工的过程。认知专注性表明人们在认知事物过程中其注意力在特定对象或特征上的指向和集中,当人们对某对象或特征产生认知专注时,表明他们对该客体进行着感知、思考、记忆、想象及体验,从而获得对该对象清晰、深刻及全面的认识(Léger,Davis,Cronan,et al.,2014;Oh,Sundar,2015)。基于 ELM 说服效应理论,过去的研究表明,在危机情境中不同的信息加工方式会对人们的风险感知产生重要影响(Trumbo,2002;Trumbo,1999)。也有学者就"分心"(distraction)现象对说服效应的影响进行了研究(Jeong,Hwang,2014;Jeong,Hwang,2014;Baron,Baron,& Miller,1973;Harkins,Petty,1981),发现用户在信息加工时注意力分散会降低他们采用中心路径对信息进行加工的可能性,以及他们对信息进行精细化和详尽性的处理程度,从而降低信息的说服效应。相反,注意力的集中则有利于信息较佳说服效果的形成(Leong,2011)。基于此,可提出如下假设:

H5b:认知专注度与感知伤害度存在正向相关。

5.2.2.3 线索依赖度

信息线索(information scent)的概念首先在信息觅食理论中被提出(Pirolli,Card,1999),并被定义为人们在信息获取和接受时能够引起用户注意、引导理解或对用户下一步行为具有暗示或提示作用的任何信息。用户在进行网页浏览时,网站页面上的导航、链接,以及链接处相关的说明性文字或图片等,均可视为信息线索(张楠楠,2013)。依赖性(dependence)是指个体独立意识及自主精神较弱,而过度依靠于外部力量或事物,在情感和认知上则表现为较强的感性化(Yang,Ha,Wang,et al.,2015;Bristow,Schneider,& Schuler,2002)。

"启发式—系统式"模型(简称 HSM)则根据人们对信息加工努力程度的差

异将人们的认知方式分为启发式及系统式两种,其中人们会对信息加工的意愿程度及能力水平在他们对信息加工方式的选择上具有决定性影响(Chaiken,Ledgerwood,2011)。系统式加工表明人们会对信息的相关内容进行全面而审慎的思考,从而在此基础上形成态度反应;而启发式加工则以简单而直观的线索作为认知的主要参考依据,从信息的表层线索对信息进行识别和理解,缺乏深入思考和分析。而当人们对信息线索过于依赖时,则会倾向于使用启发式方式对信息进行加工和理解(Wang,Lee,& Hua,2015;Ling,Raghubir,2015)。在启发式信息加工中,由于人们对信息加工和认知的意愿程度较低,因此他们更容易信任所依赖的信息线索(Priester,Petty,1995),从而使得信息产生更佳的说服效果。而在危机传播中,信息的启发式加工可导致用户形成更强的伤害性感知(Kahlor,Dunwoody,Griffin,et al,2003)。基于此,可提出如下假设:

H5c:线索依赖度与感知伤害度存在正向相关。

5.2.3 感知属性与行为意愿的关系

在行为学研究中,人们的行为意愿与其行为直接相关,行为意愿程度可作为行为发生的重要衡量指标,在对人的行为进行预测时,可通过对他们的行为意愿进行分析和研究,从而实现对行为的预测(Mullet,1985;Armstrong,Morwitz,2000;Kalat,2015)。而需求则是产生一切动机和行为的源泉,它是人们由于某种原因而导致生理条件方面缺失的状态,体现了主体为了获得外界某种对象或到达某一目的时而产生的欲望和动机(Lewin,2014;Weiner,1972)。当人们对某事物产生需求时,他们在心理上便出现一种紧张情绪,随之引起生理上的一些张力(tension),从而导致个体在心理上失去平衡。而人们心理的失衡是促使他们产生某种动机和行为的重要原因,其中生理上的张力则为某种心理动机的出现或某种需求的形成提供了驱动力(Moore,2006;Heider,Benesh-Weiner,1988)。在此情况下,他们会倾向于通过改变自身态度或采取某种行为,使得他们特定的需求得以满足,或使得某种情境得以出现,从而消除或减弱这种生理上的张力及心理上的不舒适感,最终使心理重新恢复平衡状态。

在品牌危机中,当人们感知到伤害时,会出现某种不愉快或不舒适的体验,从而引发某些生理条件的缺失和张力的形成,随之出现心理上的失衡(Heider,2013;Vaidis,2014)。在微博平台上,当用户因为伤害感知而出现心理失衡时,他们会通过各种信息行为方式,尤其是对信息进行转发和评论,来减少生理上

的张力以及心理的不舒适感,从而使心理重新恢复至平衡态。基于此,可提出如下假设:

H6a:感知伤害度与转发意愿存在正向相关;

H6b:感知伤害度与评论意愿存在正向相关。

5.2.4 伤害邻近性调节效应

伤害邻近性(relevance)是指危机发生后,感知到该事件与自己的关联程度,以及存在多大可能性会对自己身体、心理、情感及财产等方面造成伤害和损失。危机事件引起的伤害距离个体越近,人们对该危机事件的关注程度越高,即对事件的卷入度越高。然而,卷入度的差异对信息说服效果具有重要影响(Petty,Cacioppo & Goldman,1981;Petty,Cacioppo,1984;Johnson,Eagly,1989;Petty,Cacioppo,1990),卷入度高的用户倾向于使用中心路径对信息进行加工,从而使信息对他们具有较佳的说服效果以及形成更持久的态度。此外,当危机事件发生后,伤害邻近性使人们从危机情景的视觉、知觉和感觉中获得对伤害的认知,形成不同程度的信息流输入用户大脑,从而形成危机的伤害性体验。其中,体验是一种与人们直觉密切相关的非理性的心理活动过程,能对人们内心感觉和情绪实现创造功能(Tynan,Caroline & McKechnie,2009;Schmitt,2011;Tao,2014)。人们在体验过程中会获得对事物的某种认识以及形成某种印象(Rahman,Khan,Murtaza,et al.,2012;王亮伟、周芳,2010),并最终表现为特定的感知状态和认知结果(Christopher,Andre,2007;Ismail,2011)。因此,当人们感觉伤害离自己越近,越会对该危机事件投入更多注意力,从而形成更强的伤害性体验。

由此可见,在知觉流畅性、认知专注度以及线索依赖度与感知伤害性的各影响路径中,伤害邻近性会通过认知卷入度以及伤害性体验两种途径分别对各路径产生调节效应。基于此,可提出如下假设:

H7a:伤害邻近性在知觉流畅性与感知伤害度间存在正向调节效应;

H7b:伤害邻近性在认知专注度与感知伤害度间存在正向调节效应;

H7c:伤害邻近性在线索依赖度与感知伤害度间存在正向调节效应。

5.2.5 研究的理论框架

本书以信息可视化、信息情感性、信源权威性为自变量,转发意愿、评论意愿为因变量,知觉流畅性、认知专注度、线索依赖度、感知伤害度为中介变量,伤害邻近性为调节变量,构建本研究理论框架。其理论框架如图 5-1 所示。

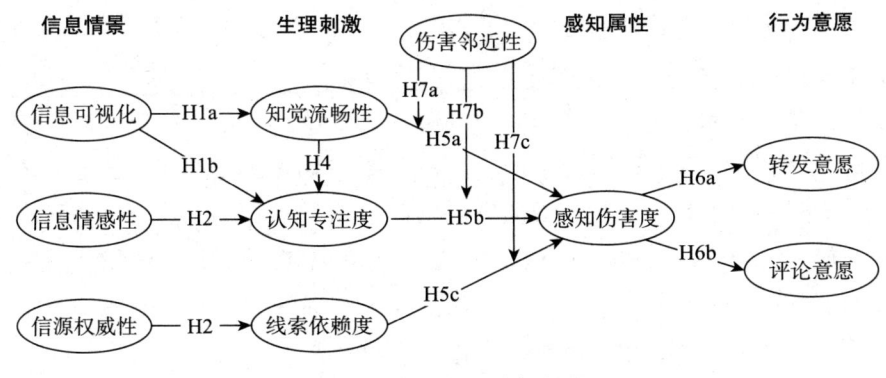

图 5-1　研究的理论框架图

5.3　研究设计与数据收集

5.3.1　研究方法

在多个变量关系研究中,传统方法主要采用相关性分析及回归模型,这类方法要求每个构念只允许由单一测量指标或题项构成,难以处理每个构念涉及多个测量维度或题项的研究框架。而结构方程模型(SEM)则属于一种可同时处理每个构念涉及多个测量指标或题项的多回归研究方法。SEM 不仅可以估计测量中存在的误差,也可用以计算测量结果的信度与效度,它不受古典测量理论中的一些基本假设的限制,且容易实现对某些特定误差间的相关性进行检测(Bollen,2014)。由于本研究框架中的信息可视化、信息情感性、信源权威性、知觉流畅性、认知专注度、线索依赖度、感知伤害度、伤害邻近性、转发意愿及评价意愿均不能直接进行准确测量,各构念只能借助代表不同维度的题项进行测量。同时,该理论模型涉及多个因变量、多个中介变量,以及多组路径关系,因此本研究选用 SEM 模型进行数据处理相对于其他模型则具有更大优势。

在数据收集时,由于网络问卷调查具有调查范围广、信息反馈及时、调查实施便捷等优点,同时具有较好的匿名性,一些不方便在现实调查中回答的敏感问题可以毫无顾虑地在网络调查中得以完成。同时,由于只针对曾参与品牌危机信息转发或信息评论行为的微博用户进行调查,有利于提高调查的质量及研究结论的准确性,现实问卷中一些难以调查的问题通过网络问卷可较好地完成。

5.3.2 量表及问卷设计

为了对构建的理论框架进行验证,首先需要通过量表和调查问卷对相关构念进行测量,进而使用结构方程模型对各路径进行估计。本书量表和调查问卷的设计主要参考和借鉴了过去相关经典量表及相关文献的研究成果,再结合本研究的具体需要进行修改。本研究量表主要由如下构念组成:信息可视化(IV)、信息情感性(IS)、信源权威性(IA)、知觉流畅性(PF)、认知专注度(CA)、线索依赖度(CD)、感知伤害性(PH)、伤害邻近性(HR)、转发意愿(FI)、评论意愿(CI)。其中,所有构念均采用李克特五点量表进行度量,"1"代表非常不适合,"5"代表非常适合。量表的具体内容及结构如表 5-1 所示。

表 5-1 研究量表设计

构念	测量内容	题项数量	参考文献
信息可视化(IV)	信息内容及属性实现立体化、图形式及动画式的视觉显示效果,将内容转换为视觉形式的程度	4	Card, Mackinlay, Shneiderman, 2009.
信息情感性(IS)	信息在感性诉求上的程度,即融入诸如痛苦、愤怒、绝望及痛恨等情感成分的程度	4	Agarwal, Xie, Vovsha, et al., 2011.
信源权威性(IA)	体现于身份权威性、渠道权威性及专业权威性上	4	Fritch, Cromwell, 2002.
知觉流畅性(PF)	对信息进行加工时关于难易程度的感知和体验,主要包括背景颜色的对比度、字体、清晰程度、呈现时间、对称性、简单程度等方面	4	Oppenheimer, 2008.
认知专注度(CA)	在认知过程中对某种特定对象的指向和集中,用户的感觉(视觉、听觉、味觉等)和知觉(意识、思维等)同时集中于所指向的对象而排除其他对象	4	Rouis, 2012.
线索依赖度(CD)	多大程度上通过信息中暗示性或引导性的线索对信息进行理解,而非通过系统地、审慎地分析和思考而形成认识	4	Bristow, Schneider, Schuler, 2002.

续表

构念	测量内容	题项数量	参考文献
感知伤害性（PH）	用户感觉到危机在多大程度上会对自身身体、心理、情感及财产等方面造成伤害和损失	4	Slovic,2000.
伤害邻近性（HR）	该事件与自己的关联程度,感知到多大程度上会对自己、家人、亲戚、朋友及所关心的人造成伤害和损失	4	Dawar,2009.
转发意愿（FI）	在阅读该信息后,对信息进行转发的主观倾向、可能性大小、意愿强度及持续时间	4	Lin,2006.
评论意愿（CI）	在阅读该信息后,对信息进行评论的主观倾向、可能性大小、意愿强度及持续时间	4	同上

根据上述量表的构念名称、测量内容及题项结构,可进行本研究问卷设计。本研究采用的调查问卷主要涵盖如下内容:第一部分,主要为品牌危机信息可视化、信息情感性、信源权威性、知觉流畅性、认知专注度、线索依赖度、感知伤害度、伤害邻近性、转发意愿及评价意愿十个方面的题项;第二部分,主要为人口统计学特征题项,主要包含性别、年龄、学历及职业等方面。此外,在问卷中还设置了一些过滤性和干扰性题项,以提高调查结果质量。其设计结果参见本论文《附录 2 本研究调查问卷》。

5.3.3 数据收集

本研究使用的数据主要是官方 API 及网络爬虫获取相关用户资料信息,在此基础上针对曾参与危机信息转发或评论行为的用户进行随机抽样,进而实施问卷调查以获取相关数据。为了确保正式调查结果的有效性,在进行正式调查前先采用预调查对量表题项进行探测和净化,以保证问卷设计的效度和优度。在预调查中,选择于上海交通大学内随机发放问卷 150 份,回收问卷 105 份,其中不合格问卷 7 份,有效回收率为 65.33%。然后,对预调查问卷进行信度和效度分析,其统计结果显示,预调查问卷的 KMO 值为 0.836,大于 0.70 的标准值;Bartlett 检验的 p 值为 0.006,小于 0.01,拒绝"相关系数矩阵为单位阵"的原假设,表明变量间存在相关性,该量表内部及样本数据内部具有显著性关联,适合进行 EFA 分析。对整体量表进行 EFA 分析,结果显示,可提取 10 个因子,该

10个因子累积解释方差为87.92%,各分量表的累积解释方差均大于84.06%,其中除了题项PH4的因子负荷为0.51小于0.60外,其余题项在对应变量上的因子负荷均大于0.60。同时,各构念分量表的Cronbach's α值也均大于0.70。而在纠正条款相关系数(CITC)分析中,除了题项PH4的CITC指数为0.16未达到0.30参考值外,其余项均大于0.30,因此需删除问卷中的PH4题项,其余题项均保留。删除PH4题项后,再次对分量表及总体量表进行信度分析,结果显示原来PH4题项所属构念的分量表Cronbach's α值存在显著提升,而其余各分量表Cronbach's α值均大于0.70,总体量表Cronbach's α值也大于0.70,表明删除题项PH4后的问卷结构优度得以提高,说明删除题项PH4具有合理性。

在正式调查时,基于官方API及网络爬虫所获取的相关用户资料信息,对曾参与品牌危机信息转发或信息评论行为的用户进行随机抽样,以曾参与危机信息分享的所有用户作为抽样总体,以所获取的所有用户ID为抽样框,以新浪微博官方最近公布的《2015年新浪微博用户发展报告》中的用户性别、年龄、文化及职业分布特征作为参考标准进行调查设计①,实施网络问卷调查以获取相关数据。

在调查时,主要采用网络问卷调查系统、E-mail以及其他各种网络通信工具相结合。同时,为了提高调查结果的准确性及问卷的回收率,在每次调查前,预先告知参与本调查的每位受访者在本次调查完成后将获得价值7元的相应奖励,并通过手机话费充值、微信红包、Q币、支付宝以及银行在线支付等方式完成支付。本研究数据收集过程历时3个月,发放问卷2万份,回收问卷2407份,剔除其中的不合格问卷315份,有效问卷回收率10.46%。其中,有效样本数据的人口统计变量分布特征如表5-2所示。

表5-2 样本的人口统计特征(N=2092)

变量	类型	人数	百分比例(%)
性别	男性	1285	61.42
	女性	807	38.58

---

① 新浪微博数据中心.2015年度微博用户发展报告[EB/OL]. http://www.useit.com.cn/thread-10921-1-1.html,2015-12-16.

续表

变量	类型	人数	百分比例（%）
年龄	29岁及以下	983	46.99
	30～39岁	682	32.60
	40～49岁	319	15.25
	50岁及以上	108	5.16
学历	大学及以上	1306	62.43
	高中或中专	362	17.30
	初中	278	13.29
	小学及以下	146	6.98
职业	政府机构	359	17.16
	事业单位	437	20.89
	企业团体	961	45.94
	个体经营	335	16.01

由表 5-2 的人口统计变量分布特征可见，该样本数据涵盖了新浪微博的不同性别、年龄、学历和职业的用户群体，且该样本分布与《2015年新浪微博用户发展报告》中的用户人口统计变量分布特征相似，表明该样本数据能较好地代表新浪微博中整体用户的总体特征。

5.4 数据处理与检验分析

本研究的有效样本数为 2092 个，大于结构方程模型的最小样本临界值 150（Rigdon，2000），满足可采用 SEM 估计的样本条件。通过绘制样本数据的箱型图，笔者发现在 2092 个样本中共存在 21 个奇异值，故需将对应样本数据从中剔除以确保研究结果的准确性和可靠性。

5.4.1 信度与效度分析

5.4.1.1 信度分析

使用 SPSS 22.0 对问卷题项数据进行内部一致性检验，其处理结果显示，信息可视化、信息情感性、信源权威性、知觉流畅性、认知专注度、线索依赖度、感知伤害度、伤害邻近性、转发意愿及评价意愿各分量表的 Cronbach's α 值分别为 0.79、0.86、0.76、0.73、0.78、0.81、0.85、0.76、0.83、0.87，整体量表的总 Cronbach's α 值为 0.84，即各分量表及整体量表的 Cronbach's α 值均大于 0.70 的标准，说明该问卷设计及样本数据的信度较佳。

5.4.1.2 效度分析

(1)结构效度

在对各变量进行 EFA 分析前，先进行 KMO 测定和巴特利(Bartlett)球形检验，以确定样本数据是否适合进行 EFA 分析。本研究的处理结果显示，其中 KMO 值为 0.814，大于 0.70 的标准值；Bartlett 检验的 p 值为 0.000，小于 0.001，拒绝"相关系数矩阵为单位阵"的原假设，表明变量间存在相关性，该量表内部及样本数据内部具有显著性关联，适合进行 EFA 分析。首先，对整体量表进行 EFA 分析，结果显示，可提取 10 个因子，该 10 个因子累积解释方差为 91.47%。其次，对各分量表进行 EFA 分析，结果显示，各分量表的累积解释方差均大于 82.19%，其中除了题项 IV3 的因子负荷为 0.42 小于 0.60 外，其余题项在对应变量上的因子负荷均大于 0.60，因此需将 IV3 题项从样本数据中剔除。最后，对各题项进行单维度检验，以确定测量同一构念的多个题项只能负载于同一构念上。单维度检验结果显示，各检验值均大于 0.50 的标准值，表明各构念满足单维度性，整体上说明量表具有良好的结构效度。

(2)聚合效度

在上述结构效度检验的基础上，将题项 IV3 从数据中删除，对数据进行 CFA 分析，其分析结果如表 5-3 所示，其中各测量题项与所度量的潜在变量间的标准负荷系数均大于 0.60 的标准值，各对应的显著性检验的 t 值均大于 3.31 (此时 $p=0.001$) 的临界值，表明各测量变量能用来对各潜变量进行有效的测量。表 5-3 显示，各变量的 AVE 值均大于 0.50 的标准值，CR 值均大于 0.70 的标准值，表明测量变量能有效反映各潜变量的特质，各组测量指标间均具有较好一致性，说明量表及该样本数据收敛性较佳。

(3)判别效度

对各变量间的相关系数及 AVE 的平方根进行计算，其结果整理如表 5-4 所示。结果显示，该量表中所有潜变量的 AVE 平方根(即表 5-4 中对角线上的值)均大于该变量与其他变量对应的所有相关系数的绝对值，说明该量表没有发生观测变量(即题项)横跨多个构念的情形，所构建的测量指标均落在预期的构念上,表明该量表及样本数据的判别效度良好。

表 5-3　验证性因子分析结果

变量	观测项	标准负荷	t 值	信度 α	AVE	CR
信息可视化(IV)	IV 1	0.67	N/A	0.79	0.69	0.84
	IV 2	0.75	6.57			
	IV 4	0.83	4.49			
信息情感性(IS)	IS1	0.75	N/A	0.86	0.67	0.75
	IS2	0.75	8.61			
	IS3	0.67	7.26			
	IS 4	0.79	4.17			
信源权威性(IA)	IA1	0.82	N/A	0.76	0.73	0.74
	IA2	0.67	11.04			
	IA3	0.83	7.27			
	IA4	0.77	4.94			
知觉流畅性(PF)	PF1	0.83	N/A	0.73	0.68	0.84
	PF2	0.71	6.42			
	PF3	0.78	7.12			
	PF4	0.76	8.64			
认知专注度(CA)	CA1	0.84	N/A	0.78	0.76	0.79
	CA2	0.73	9.39			
	CA3	0.72	8.96			
	CA4	0.87	6.24			
线索依赖度(CD)	CD1	0.79	N/A	0.81	0.71	0.82
	CD2	0.67	6.91			
	CD3	0.69	5.42			
	CD4	0.78	7.12			
感知伤害性(PH)	PH1	0.65	N/A	0.85	0.65	0.87
	PH2	0.75	5.83			
	PH3	0.72	8.39			

续表

变量	观测项	标准负荷	t 值	信度 α	AVE	CR
伤害邻近性（HR）	HR1	0.74	N/A	0.76	0.73	0.73
	HR2	0.68	6.85			
	HR3	0.87	9.95			
	HR4	0.78	7.25			
转发意愿（FI）	FI1	0.76	N/A	0.83	0.76	0.82
	FI2	0.67	8.18			
	FI3	0.77	4.12			
	FI4	0.65	5.83			
评论意愿（CI）	CI1	0.84	N/A	0.87	0.69	0.85
	CI2	0.78	4.34			
	CI3	0.85	6.85			
	CI4	0.83	5.94			

注：N/A 即为 Not Available，表示该单元格无值。

表 5-4　判别效度分析结果

变量	IV	IS	IA	PF	CA	CD	PH	HR	FI	CI
信息可视化（IV）	0.83									
信息情感性（IS）	0.43	0.82								
信源权威性（IA）	0.61	0.51	0.85							
知觉流畅性（PF）	0.56	0.56	0.65	0.82						
认知专注度（CA）	0.42	0.47	0.57	0.58	0.87					
线索依赖度（CD）	0.48	0.57	0.43*	0.49	0.41	0.84				
感知伤害性（PH）	0.51	0.45	0.56	0.64	0.43	0.49	0.81			
伤害邻近性（HR）	0.57	0.58	0.56	0.56	0.56	0.65	0.56	0.85		
转发意愿（FI）	0.43	0.49	0.47	0.42	0.47	0.57*	0.47	0.57	0.87	
评论意愿（CI）	0.56	0.64	0.57	0.43	0.56	0.64	0.57	0.43	0.51	0.83

注：对角线上的数值为 $\sqrt{AVE}$，其余的数值均为相关系数；* 表示该系数未达到 0.05 显著水平。

5.4.2 假设检验

为了提高模型检验结果的稳定性和结论的普遍性,先将样本数据随机分为等量的两组子样本,即第一组 $n_1=1046$,用于模型的拟合和估计;第二组 $n_2=1046$,用于对模型拟合和估计的结果进行效度检验。对 10 个潜变量进行描述性统计,所有峰度系数的绝对值均介于 0.811 与 6.321 之间,均小于数值 7 的参考值;所有偏度系数的绝对值均介于 0.797 与 2.184 之间,均小于数值 3 的参考值,可认为样本数据近似正态分布(黄芳铭,2004),故采用最大似然法对模型进行估计。

5.4.2.1 主效应

(1)初始模型

基于第一组子样本数据,使用 AMOS 22.0 统计软件对理论模型进行拟合及估计,其拟合结果及修正指标分别见图 5-2 及图 5-3,其适配度指标见表 5-5。结果显示,初始模型适配度检验的 χ^2 值为 124.726,对应的检验 p 值为 0.000<0.05,检验结果达到 0.05 的显著水平,拒绝原假设,表明初始模型不能与样本数据进行适配,故需对模型进行修正。根据输出的修正指标(MI),若在测量指标 FI2 与 CI3 的误差变量间建立共变关系,从而可实现模型与样本数据间适配度的最大改善,至少可减少卡方值 48.03,因此根据该提示对模型进行一次修正。

(2)一次修正模型

在测量指标 FI2 与 CI3 的误差变量间建立共变关系,并对修正模型进行估计。其拟合结果及修正指标分别见图 5-4 及图 5-5,其适配度指标见表 5-5。其中,一次修正模型适配度检验的 χ^2 值为 54.375,对应的检验 p 值为 0.000<0.05,检验结果达到 0.05 显著水平,拒绝原假设,表明一次修正模型仍不能与样本数据适配,故需再次对模型进行修正。根据输出的修正指标(MI),若在测量指标 CD1 与 PF4 的误差变量间建立共变关系,即可实现模型与样本数据间适配度的最大改善,至少可减少卡方值 29.63,因此根据该提示对模型进行二次修正[①]。

[①] 薛可,阳长征,余明阳.意见领袖与受众定位对品牌传播的影响——传统媒体与新媒体背景下的对比研究[J].软科学,2015,29(2):106-111.

Standardized estimates

卡方p值=.01；RMR=.01；RMSEA=.16；GFI=.95；AGFI=.67；NFI=.74
RFI=.92；IFI=.86；TLI=.91；CFI=.75；PGFI=.23；PNFI=.62；PCFI=.46
CN=253.00；卡方自由度比值3.47

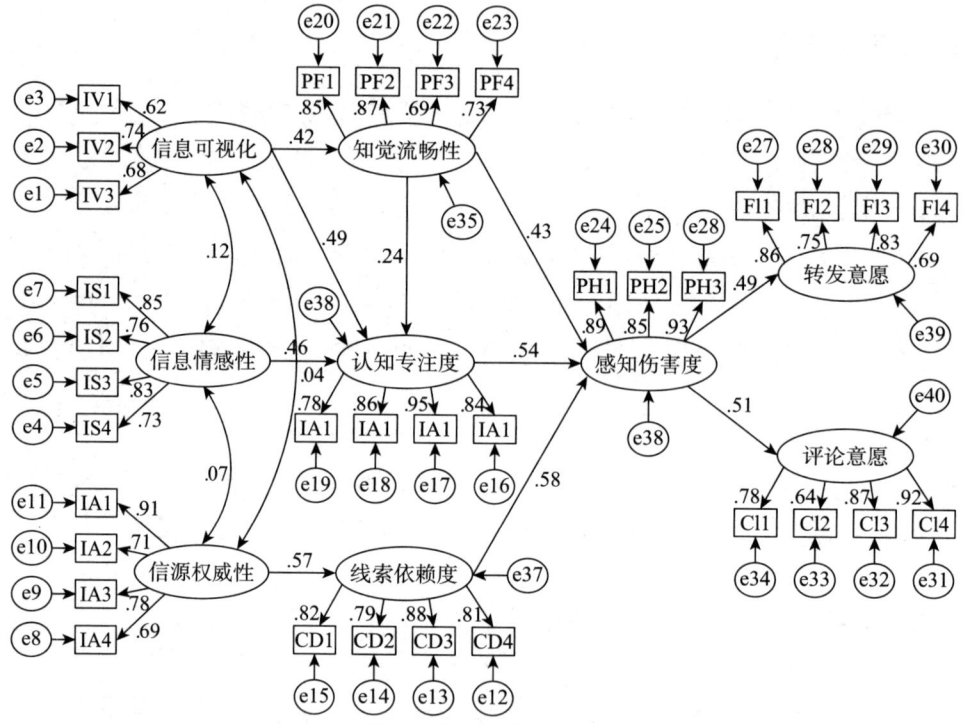

图 5-2　初始模型拟合结果

Modification Indices（Group number 1—Default model）

Covariances：（Group number 1—default model）

	M.I.	Par Change
e5<——>e14	10.759	−.592
e19<——>e26	14.586	.658
e8<——>e21	24.907	−.249
e15<——>e23	32.148	.971
e28<——>e32	48.603	1.46

图 5-3　初始模型修正指标提示

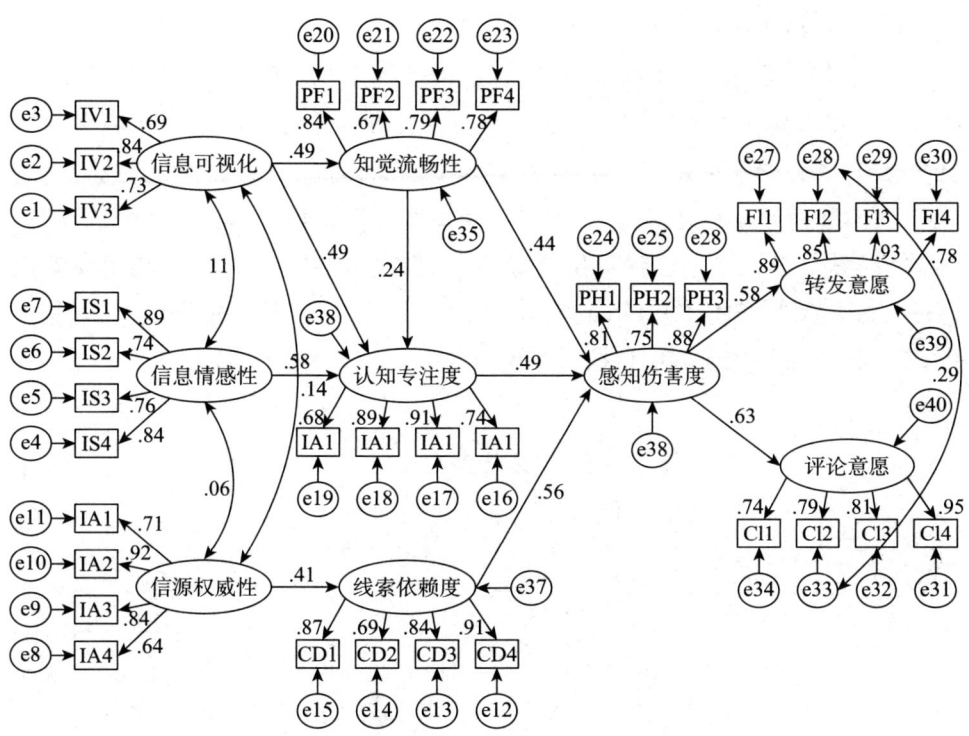

Standardized estimates
卡方p值=.03；RMR=.08；RMSEA=.06；GFI=.68；AGFI=.94；NFI=.96
RFI=.86；IFI=.51；TLI=.74；CFI=.91；PGFI=.68；PNFI=.17；PCFI=.43
CN=324.00；卡方自由度比值2.49

图 5-4　一次修正模型拟合结果

Modification Indices (Group number 1－Default model)

Covariances: (Group number 1－default model)

	M.I.	Par Change
e5<—>e14	8.192	－.275
e19<—>e26	13.746	.384
e15<—>e23	29.673	1.259

图 5-5　一次修正模型修正指标提示

(3) 二次修正模型

在测量指标 CD1 与 PF4 的误差变量间建立共变关系,并对修正模型进行估计。其拟合结果及修正指标分别见图 5-6 及图 5-7,其适配度指标见表 5-5。其中,二次修正模型适配度检验的 χ^2 值为 11.135,对应的检验 p 值为 0.316>0.05,故不能拒绝原假设,表明二次修正模型能较好地与样本数据适配。同时,各适配度统计量几乎均达到可接受标准[①],且在输出结果的 MI 一栏中没有提供任何修正参数,表明二次修正模型可以接受,无须对模型做进一步修正(其中,二次修正模型的参数估计结果参见表 5-8)。

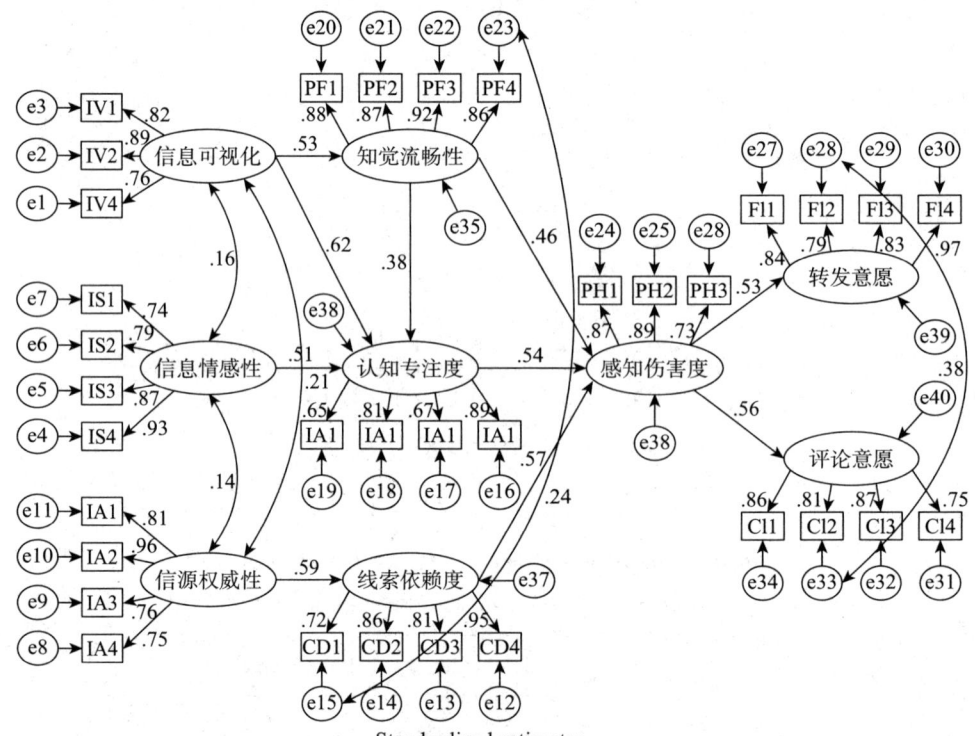

卡方p值=.26;RMR=.01;RMSEA=.03;GFI=.96;AGFI=.92;NFI=.97
RFI=.95;IFI=.78;TLI=.95;CFI=.98;PGFI=.54;PNFI=.89;PCFI=.38
CN=516.00;卡方自由度比值1.31

图 5-6 二次修正模型拟合结果

---

① 吴明隆.结构方程模型[M].重庆:重庆大学出版社,2013.

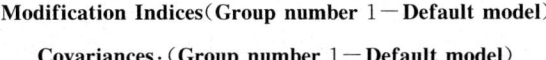

Modification Indices(Group number 1－Default model)

Covariances:(Group number 1－Default model)

	M.I.	Par Change

Variances:(Group number 1－default model)

	M.I.	Par Change

Regression Weights:(Group number 1－default model)

	M.I.	Par Change

图 5-7　二次修正模型修正指标提示

表 5-5　修正模型适配度分析结果

检验统计量	适配标准	初始模型		一次修正模型		二次修正模型	
		统计量	适配判断	统计量	适配判断	统计量	适配判断
绝对适配度指数							
χ^2 值	$p>0.05$	0.01	否	0.03	否	0.26	是
RMR 值	<0.05	0.01	是	0.08	否	0.01	是
RMSEA 值	<0.08	0.16	否	0.06	是	0.03	是
GFI 值	>0.90	0.95	是	0.68	否	0.96	是
AGFI 值	>0.90	0.67	否	0.94	是	0.92	是
增值适配度指数							
NFI 值	>0.90	0.74	否	0.96	是	0.97	是
RFI 值	>0.90	0.92	是	0.86	否	0.95	是
IFI 值	>0.90	0.86	否	0.51	否	0.78	否
TLI 值(NNFI 值)	>0.90	0.91	是	0.74	否	0.95	是
CFI 值	>0.90	0.75	否	0.91	是	0.98	是
简约适配度指数							
PGFI 值	>0.50	0.23	否	0.68	是	0.54	是
PNFI 值	>0.50	0.62	是	0.17	否	0.89	是
PCFI 值	>0.50	0.46	否	0.43	否	0.38	否
CN 值	>200	253	是	324	是	516	是
$\chi^2/1df$	<3.00	3.47	否	2.49	是	1.31	是

5.4.2.2 调节效应

在对模型主效应路径进行估计后,将伤害邻近性作为调节变量添加至相关主效应路径中,构建三个线性回归方程模型,用于对伤害邻近性的调节效应进行检验。由于三个模型中的所有相关变量均采用李克特五点量表度量,各变量间不存在量纲差异,因此,在对模型进行估计前,不需对相关变量的数据进行中心化处理。本研究采用 Baron & Kenny(1986)和 James & Brett(1984)提出的调节效应检验法,对相关变量进行多元逐步回归,分别检验各路径中伤害邻近性的调节效应是否显著。其检验结果如表 5-6 所示。

表 5-6 调节效应检验

回归步骤	模型 1 (因变量:感知伤害性)			模型 2 (因变量:感知伤害性)			模型 3 (因变量:感知伤害性)		
	自变量	β系数	t 值	自变量	β系数	t 值	自变量	β系数	t 值
第一步	知觉流畅性	0.39	6.85	认知专注度	0.52	7.91	线索依赖度	0.56	5.93
第二步	伤害邻近性	0.24	8.24	伤害邻近性	0.41	2.38	伤害邻近度	0.47	10.25
第三步	知觉流畅性×伤害邻近性	0.13*	1.59	认知专注度×伤害邻近性	0.46	6.75	线索依赖度×伤害邻近性	0.54	2.82

注:* 表示该系数未达到 0.05 显著水平。

5.4.3 结果分析

5.4.3.1 结果效度

为了确保研究结论能普遍推广至抽样的总体中,其中模型估计结果的效度检验至关重要(Faber & Kowalski,1997)。因此,在上述对理论模型进行拟合及估计的基础上,需基于第二组验证性子样本对模型的估计结果进行检验,以确保模型估计结果并非仅仅适用于某一特定部分的样本数据(Thakur,Summey & John,2013)。其中,基于估计性子样本和验证性子样本对二次修正模型进行拟合的适配度指标输出结果参见表 5-7。

表 5-7 结果显示,基于估计性子样本及验证性子样本进行拟合的适配度指标值几乎均达到相关标准,表明基于估计性子样本数据进行的模型估计结果能够获得检验性子样本数据的验证,说明本研究的模型估计结果有效(其中,基于

验证性子样本的参数估计结果参见表 5-8)。

表 5-7 基于估计性及验证性样本的模型适配度统计值

适配度指标	可接受标准	估计性子样本($n_1=1046$)		验证性子样本($n_2=1046$)	
		统计量	适配判断	统计量	适配判断
绝对适配度指数					
χ^2 值	$p>0.05$	0.26	是	0.34	是
RMR 值	<0.05	0.01	是	0.03	是
RMSEA 值	<0.08	0.03	是	0.01	是
GFI 值	>0.90	0.95	是	0.84	否
AGFI 值	>0.90	0.97	是	0.92	是
增值适配度指数					
NFI 值	>0.90	0.94	是	0.93	是
RFI 值	>0.90	0.92	是	0.97	是
IFI 值	>0.90	0.78	否	0.91	是
TLI 值(NNFI 值)	>0.90	0.91	是	0.94	是
CFI 值	>0.90	0.95	是	0.99	是
简约适配度指数					
PGFI 值	>0.50	0.63	是	0.83	是
PNFI 值	>0.50	0.82	是	0.14	否
PCFI 值	>0.50	0.48	否	0.69	是
CN 值	>200	916	是	836	是
χ^2/df	<3.00	1.31	是	2.06	是

5.4.3.2 检验结果

对上述基于估计性及验证性子样本数据的模型参数估计结果进行整理,其整理结果如表 5-8 所示。

表 5-8 基于估计性及验证性样本的模型估计结果

路径	假设	估计性子样本($n_1=1046$)			验证性子样本($n_2=1046$)		
		标准化系数	t值	检验结果	标准化系数	t值	检验结果
信息可视化→知觉流畅性	H1a:+	0.53	4.64	支持	0.46	5.84	支持
信息可视化→认知专注度	H1b:+	0.62	7.52	支持	0.57	9.17	支持
信息情感性→认知专注度	H2:+	0.51	5.18	支持	0.46	3.62	支持
信源权威性→线索依赖度	H3:+	0.59	9.23	支持	0.52	7.58	支持
知觉流畅性→认知专注度	H4:+	0.38	8.42	支持	0.34	2.81	支持
知觉流畅性→感知伤害度	H5a:+	0.46	2.47	支持	0.48	4.63	支持
认知专注度→感知伤害度	H5b:+	0.54	3.62	支持	0.49	7.93	支持
线索依赖度→感知伤害度	H5c:+	0.57	7.58	支持	0.42	9.23	支持
感知伤害度→转发意愿	H6a:+	0.53	5.81	支持	0.44	6.42	支持
感知伤害度→评论意愿	H6b:+	0.56	9.84	支持	0.51	13.95	支持
调节效应(1)	H7a:+	0.13	1.59	不支持	0.15	1.14	不支持
调节效应(2)	H7b:+	0.46	6.75	支持	0.43	9.64	支持
调节效应(3)	H7c:+	0.54	2.82	支持	0.57	4.59	支持

由表5-8可知,在主效应相关假设检验中,所有路径系数均达到0.05显著水平,且路径系数均介于0至1之间,说明估计值均有效。同时,根据各路径系数的正负性,表明假设H1至H6b的十个假设均获得支持。在调节效应的相关假设检验中,模型1中的交互项系数显著性t检验的绝对值$|t|$小于1.96,未达

到 0.05 的显著水平,表明伤害邻近性在知觉流畅性与感知伤害度间的调节效应不显著,即假设 H7a 未获得支持。在模型 2 和模型 3 中,各系数显著性检验的 $|t|$ 值均大于 1.96,达到 0.05 的显著水平,再结合各交互项系数的正负性可知,伤害邻近性在认知专注度与感知伤害度间具有正向调节效应,伤害邻近性在线索依赖度与感知伤害度间也具有正向调节效应,故假设 H7b 和 H7c 均获得支持。

5.5 群组分析

在微博平台中用户信息分享行为总会存在习惯效应,会受到用户生活习惯和规律的影响,从而呈现出自相关性及周期性特点。然而,人们的习惯特征又会因为他们的性别、年龄、学历、职业等个体的差异而存在不同。此外,信息对受者产生的说服效果及决策行为也会受到人口统计学变量差异的影响,表现为不同信息用户群体对相同信息会形成不同的态度和行为特征(如 Al-Suqri, 2015;Park,2015)。因此,要对用户信息行为的自相关性、周期性及信息行为差异有更深入的了解,需在上述理论框架验证的基础上对不同性别、年龄、学历及职业的用户群组差异作进一步的比较和分析。

5.5.1 总体样本

在经过验证后的正确模型的基础上,基于总体样本数据对验证后模型进行估计,用于对各路径系数进行整体性分析。其中,模型适配度检验的 χ^2 值为 8.102,对应的检验 p 值为 0.56>0.05,故不能拒绝原假设,表明修正模型能较好地与总体样本数据相适配。同时,输出的各适配度指标分别为:χ^2 值为 872.64,df 值为 407($\chi^2/df=2.14$),NFI 值为 0.91,GFI 值为 0.96,AGFI 值为 0.94,CN 为 692,RMR 值为 0.09(未达到标准),CFI 值为 0.93,RMSEA 值为 0.031。在所有适配度指标中,除了 RMR 值未达到标准外,其余各指标均达到可接受参考值,同时,输出结果中没有提供需修正的提示性参数,表明模型整体上能较好地与总体样本数据适配[1],无须修正。其估计结果如图 5-8 所示。

---

[1] 薛可,阳长征,余明阳.意见领袖与受众定位对品牌传播的影响——传统媒体与新媒体背景下的对比研究[J].软科学,2015,29(2):106-111.

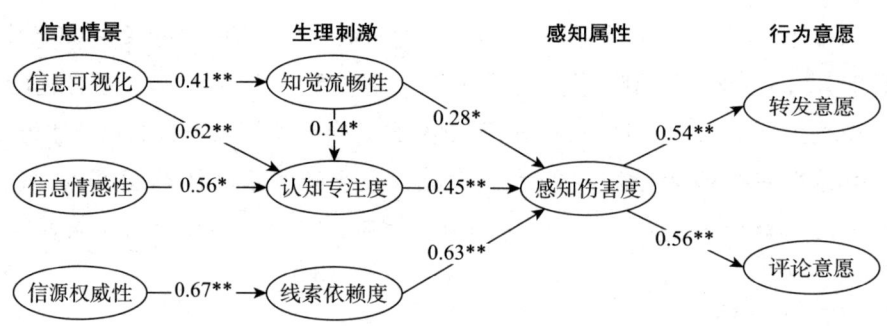

注：*数值表示 $p<0.05$，**数值表示 $p<0.01$，未标识*号的表示不显著。

图 5-8　模型主效应各路径系数值

图 5-8 显示，信息可视化、信息情感性及信源权威性通过各中介变量对用户转发意愿影响的总效应值分别为：0.22、0.13、0.23；信息可视化、信息情感性及信源权威性通过各中介变量对用户评论意愿影响的总效应分别为：0.23、0.14、0.24。由此可见，在各信息情景因素对转发意愿和评论意愿的影响中，其影响效应的大小顺序依次均为：信源权威性、信息可视化、信息情感性，且各信息情景因素对评论意愿的影响均大于对转发意愿的影响。

基于总体样本数据对伤害邻近性的调节效应进行估计，其估计结果如表 5-9 所示（由于模型 1 中的调节效应不显著，故估计时已去掉）。

表 5-9　调节效应

模型 2（因变量：感知伤害性）			模型 3（因变量：感知伤害性）		
自变量	β 系数	t 值	自变量	β 系数	t 值
认知专注度	0.56	9.47	线索依赖度	0.52	8.94
伤害邻近性	0.42	2.63	伤害邻近性	0.49	11.27
认知专注度×伤害邻近性	0.49	6.19	线索依赖度×伤害邻近性	0.56	5.81

表 5-9 显示，模型 2 及模型 3 中的交互项系数均显著，且伤害邻近性在认知专注度与感知伤害度间的调节效应小于在线索依赖度与感知伤害度间的调节效应。

5.5.2 性别群组

以用户性别作为名义变量,将总体样本数据分为"男性"与"女性"两个群组分别对验证后的模型进行估计,根据 SEM 的多群组模型可识别条件:自由度 $df=[(p+q)(p+q+1)\times G/2]+K-t$ 大于或等于 0,其中 p 为外因观测变量数,q 为内因观测变量数,G 为群组组别数量,K 为全部待估计平均数个数,t 为各群组模型自由参数个数之和。由此可计算出性别群组模型的自由度为 $df=1016>0$,说明该群组模型可识别。基于性别群组数据对主效应模型及调节效应模型进行估计,输出的适配度指标及参数估计结果经整理后分别如表 5-10 和表 5-11 所示。

表 5-10 性别群组模型适配性检验

群组类别	适配度指标								
	$p(\chi^2)$	χ^2/df	GFI	AGFI	RMR	RMSEA	NFI	CFI	CN
适配标准	>0.05	<3.00	>0.90	>0.90	<0.05	<0.08	>0.90	>0.90	>200
男性	0.21	0.46	0.95	0.87	0.01	0.06	0.82	0.91	483
女性	0.21	0.46	0.95	0.87	0.01	0.06	0.82	0.91	483

表 5-11 性别群组分析结果

路径	标准化系数	
	男性	女性
信息可视化→转发意愿	0.24	0.20
信息可视化→评论意愿	0.26	0.21
信息情感性→转发意愿	0.15	0.12
信息情感性→评论意愿	0.16	0.12
信源权威性→转发意愿	0.26	0.21
信源权威性→评论意愿	0.27	0.23
调节效应 2(认知专注度→感知伤害性)	0.50	0.45
调节效应 3(线索依赖度→感知伤害性)	0.57	0.54

表 5-10 显示,除了各群组模型中 NFI 值为 0.82 以及 AGFI 值为 0.87 未达到适配标准外,其余各适配度指标均达到标准值,整体而言,模型均能较好地与各性别群组样本数据适配。同时,表 5-11 显示,各路径系数估计值均介于 0 至 1 之间,且各系数显著性检验 p 值均达到 0.05 显著水平,表明模型参数估计结果有效,修正后模型具有跨性别效度[①]。根据各路径系数绝对值的大小可知,信息可视化、信息情感性及信源权威性对信息转发意愿和评论意愿的影响男性大于女性,伤害邻近性在认知专注度与感知伤害性间以及在线索依赖度与感知伤害性间的调节效应男性均大于女性。

5.5.3 年龄群组

以用户年龄作为名义变量将样本数据分为"29 岁及以下"、"30~39 岁"、"40~49 岁"、"50 岁及以上"四个年龄段群组进行分析,由此可计算出年龄段群组模型的自由度为 2032＞0,说明该群组模型可识别。基于年龄群组数据对主效应模型及调节效应模型进行估计,输出的适配度指标及参数估计结果经整理后分别如表 5-12 和表 5-13 所示。

表 5-12 年龄群组模型适配性检验

群组类别	适配度指标								
	$p(\chi^2)$	χ^2/df	GFI	AGFI	RMR	RMSEA	NFI	CFI	CN
适配标准	＞0.05	＜3.00	＞0.90	＞0.90	＜0.05	＜0.08	＞0.90	＞0.90	＞200
29 岁及以下	0.94	0.03	0.98	0.94	0.24	0.03	0.97	0.95	346
30~39 岁	0.94	0.03	0.98	0.94	0.24	0.03	0.97	0.95	346
40~49 岁	0.94	0.03	0.98	0.94	0.24	0.03	0.97	0.95	346
50 岁及以上	0.94	0.03	0.98	0.94	0.24	0.03	0.97	0.95	346

---

① 薛可,阳长征,余明阳.新媒体语境对受众价值取向影响的研究[J].西南民族大学学报:人文社会科学版,2015,36(3):166-172.

表 5-13　年龄群组分析结果

路径	标准化系数			
	29 岁及以下	30～39 岁	40～49 岁	50 岁及以上
信息可视化→转发意愿	0.21	0.25	0.23	0.19
信息可视化→评论意愿	0.23	0.26	0.25	0.21
信息情感性→转发意愿	0.13	0.18	0.15	0.11
信息情感性→评论意愿	0.15	0.19	0.18	0.13
信源权威性→转发意愿	0.22	0.23	0.24	0.21
信源权威性→评论意愿	0.25	0.28	0.26	0.22
调节效应 2（认知专注度→感知伤害性）	0.48	0.53	0.51	0.46
调节效应 3（线索依赖度→感知伤害性）	0.55	0.59	0.57	0.52

表 5-12 显示，除了各群组模型中的 RMR 值为 0.24 未达到适配标准外，其余各适配度指标均达到标准值，整体而言，模型均能较好地与各年龄群组样本数据相适配。同时，表 5-13 显示，各路径系数估计值均介于 0 至 1 之间，且各系数显著性检验 p 值均达到 0.05 显著水平，表明模型参数估计结果有效，修正后模型具有跨年龄效度。根据各路径系数绝对值的大小可知，在信息可视化、信息情感性及信源权威性对信息转发意愿和评论意愿的影响中，对"30～39 岁"用户群体影响最大，其次是"40～49 岁"年龄段，再次是"29 岁以下"年龄段，最后为"50 岁及以上"年龄段。伤害邻近性在认知专注度与感知伤害性间以及在线索依赖度与感知伤害性间调节效应的大小顺序依次均为："30～39 岁"、"40～49 岁"、"29 岁及以下"、"50 岁及以上"。

5.5.4 学历群组

以用户学历作为名义变量将样本数据分为"大学及以上"、"高中或中专"、"初中"、"小学及以下"四个学历群组进行分析，由此可计算出学历群组模型自由度为 2032，大于 0，说明该群组模型可识别。基于学历群组数据对主效应模型及调节效应模型进行估计，输出的适配度指标及参数估计结果经整理后分别如表 5-14 和表 5-15 所示。

表 5-14　学历群组模型适配性检验

群组类别	适配度指标								
	$p(\chi^2)$	χ^2/df	GFI	AGFI	RMR	RMSEA	NFI	CFI	CN
适配标准	>0.05	<3.00	>0.90	>0.90	<0.05	<0.08	>0.90	>0.90	>200
大学及以上	0.41	0.06	0.94	0.92	0.02	0.81	0.95	0.79	268
高中或中专	0.41	0.06	0.94	0.92	0.02	0.81	0.95	0.79	268
初中	0.41	0.06	0.94	0.92	0.02	0.81	0.95	0.79	268
小学及以下	0.41	0.06	0.94	0.92	0.02	0.81	0.95	0.79	268

表 5-15　学历群组分析结果

路径	标准化系数			
	大学及以上	高中或中专	初中	小学及以下
信息可视化→转发意愿	0.25	0.22	0.20	0.18
信息可视化→评论意愿	0.27	0.24	0.21	0.21
信息情感性→转发意愿	0.15	0.13	0.12	0.10
信息情感性→评论意愿	0.18	0.15	0.13	0.12
信源权威性→转发意愿	0.26	0.24	0.22	0.20
信源权威性→评论意愿	0.28	0.25	0.24	0.22
调节效应2(认知专注度→感知伤害性)	0.52	0.50	0.48	0.46
调节效应3(线索依赖度→感知伤害性)	0.59	0.58	0.55	0.53

表 5-14 显示,除了各群组模型中的 RMSEA 值为 0.81 以及 CFI 值为 0.79 未达到适配标准外,其余各适配度指标均达到标准值,整体而言,模型均能较好地与各学历群组样本数据相适配。同时,表 5-15 显示,各路径系数估计值均介于 0 至 1 之间,且各系数显著性检验 p 值均达到 0.05 显著水平,表明模型参数估计结果有效,修正后模型具有跨学历效度。根据各路径系数绝对值的大小可知,在信息可视化、信息情感性及信源权威性对信息转发意愿和评论意愿的影响中,对"大学及以上"学历用户群体影响最大,其次为"高中或中专"学历用户群体,再次为"初中"学历用户群体,最后为"小学及以下"学历用户群体。伤害邻近性在认知专注度与感知伤害性间以及在线索依赖度与感知伤害性间调节

效应的大小顺序依次均为:"大学及以上"、"高中或中专"、"初中"、"小学及以下"。

5.5.5 职业群组

以用户职业作为名义变量将样本数据分为"企业团体"、"事业单位"、"政府机构"、"个体经营"四个职业群组进行分析,由此可计算出职业群组模型的自由度为 2032,大于 0,说明该群组模型可识别。基于职业群组数据对主效应模型及调节效应模型进行估计,输出的适配度指标及参数估计结果经整理后分别如表 5-16 和表 5-17 所示。

表 5-16　职业群组模型适配性检验

群组类别	适配度指标								
	$p(\chi^2)$	χ^2/df	GFI	AGFI	RMR	RMSEA	NFI	CFI	CN
适配标准	>0.05	<3.00	>0.90	>0.90	<0.05	<0.08	>0.90	>0.90	>200
政府机构	0.17	0.15	0.65	0.96	0.01	0.04	0.91	0.97	294
事业单位	0.17	0.15	0.65	0.96	0.01	0.04	0.91	0.97	294
企业团体	0.17	0.15	0.65	0.96	0.01	0.04	0.91	0.97	294
个体经营	0.17	0.15	0.65	0.96	0.01	0.04	0.91	0.97	294

表 5-17　职业群组分析结果

路径	标准化系数			
	政府机构	事业单位	企业团体	个体经营
信息可视化→转发意愿	0.21	0.23	0.24	0.20
信息可视化→评论意愿	0.22	0.24	0.25	0.21
信息情感性→转发意愿	0.12	0.14	0.15	0.11
信息情感性→评论意愿	0.13	0.15	0.16	0.12
信源权威性→转发意愿	0.22	0.24	0.25	0.21
信源权威性→评论意愿	0.23	0.25	0.26	0.22
调节效应2(认知专注度→感知伤害性)	0.48	0.50	0.51	0.47
调节效应3(线索依赖度→感知伤害性)	0.55	0.57	0.58	0.55

表 5-16 显示,除了各群组模型中的 GFI 值为 0.65 未达到适配标准外,其余各适配度指标均达到标准值,整体而言,模型均能较好地与各职业群组样本数据相适配。同时,表 5-17 显示,各路径系数估计值均介于 0 至 1 之间,且各系数显著性检验 p 值均达到 0.05 显著水平,表明模型参数估计结果有效,修正后模型具有跨职业效度。根据各路径系数绝对值的大小可知,在信息可视化、信息情感性及信源权威性对信息转发意愿和评论意愿的影响中,对"企业团体"用户群体影响最大,其次为"事业单位"用户群体,再次为"政府机构"群体,最后为"个体经营"用户群体。伤害邻近性在认知专注度与感知伤害性间以及在线索依赖度与感知伤害性间调节效应的大小顺序依次均为:"企业团体"、"事业单位"、"政府机构"、"个体经营"。

5.6 结论与讨论

5.6.1 结论

本研究的量表设计及数据收集过程均具有较佳的信度和效度,在此基础上,笔者通过结构方程模型及多元逐步回归分别对理论模型的主效应假设及调节效应假设进行了检验,并得出如下结论:

(1)信息可视化通过知觉流畅性、认知专注度及感知伤害性三个中介变量对用户的转发意愿和评论意愿产生显著正向影响;信息情感性通过认知专注度及感知伤害性两个中介变量对用户的转发意愿和评论意愿产生显著正向影响;信源权威性通过线索依赖度及感知伤害性两个中介变量对用户转发意愿和评论意愿产生显著正向影响。

(2)伤害邻近性在认知专注度与感知伤害性间以及在线索依赖度与感知伤害性间具有显著正向调节效应,而在知觉流畅性与感知伤害性间的调节效应不明显。

(3)对总体样本数据分析发现,在各信息情景因素对转发意愿和评论意愿的影响中,其影响效应大小顺序依次均为:信源权威性、信息可视化、信息情感性,其中各情景因素变量对评论意愿的影响大于对转发意愿的影响,伤害邻近性在认知专注度与感知伤害度间的调节效应小于在线索依赖度与感知伤害度间的调节效应。

(4)通过相关群组分析发现,该理论模型具有跨性别、年龄、学历及职业群组效度,说明所构建的理论模型具有较好的稳定性,同时表明各影响路径大小在不同群组中均存在差异性。

(5)在性别差异上,信息可视化、信息情感性及信源权威性对信息转发意愿和评论意愿的影响男性大于女性,伤害邻近性在认知专注度与感知伤害性间以及在线索依赖度与感知伤害性间的调节效应男性均大于女性。

(6)在年龄差异上,信息可视化、信息情感性及信源权威性对信息转发意愿和评论意愿的影响,对"30～39岁"用户群体影响最大,其次为"40～49岁"年龄段,再次为"29岁及以下"年龄段,最后为"50岁及以上"年龄段。伤害邻近性在认知专注度与感知伤害性间以及在线索依赖度与感知伤害性间调节效应的大小顺序依次均为:"30～39岁"、"40～49岁"、"29岁及以下"、"50岁及以上"。

(7)在学历差异上,信息可视化、信息情感性及信源权威性对信息转发意愿和评论意愿的影响,对"大学及以上"学历用户群体影响最大,其次为"高中或中专"学历用户群体,再次为"初中"学历用户群体,最后为"小学及以下"学历用户群体。伤害邻近性在认知专注度与感知伤害性间以及在线索依赖度与感知伤害性间调节效应的大小顺序依次均为:"大学及以上"、"高中或中专"、"初中"、"小学及以上"。

(8)在职业差异上,信息可视化、信息情感性及信源权威性对信息转发意愿和评论意愿的影响,对"企业团体"用户群体影响最大,其次为"事业单位"用户群体,再次为"政府机构"用户群体,最后为"个体经营"用户群体。伤害邻近性在认知专注度与感知伤害性间以及在线索依赖度与感知伤害性间调节效应的大小顺序依次均为:"企业团体"、"事业单位"、"政府机构"、"个体经营"。

该研究通过对信息加工理论(如精细可能性模型和启发系统式模型)及信息行为理论在网络用户信息行为研究领域进行具体的结合与应用,获得了网络信息行为静态影响机制一些新的发现和研究结论,可为后续关于网络用户信息行为机制的进一步研究及网络用户信息行为的预测和理论体系的进一步完善提供一定的参考和借鉴,也可为信息加工理论及信息行为理论在网络环境下对用户信息行为的进一步研究、深化及发展添砖加瓦。

5.6.2 讨论

信息可视化、信息情感性及信源权威性对转发意愿和评论意愿的影响机制体现了微博用户对信息认知的形成到行为产生的整个动力过程。首先,不同情景因素对用户产生了差异性生理刺激,进而对他们的感知属性产生影响,最后传导至用户的行为意愿。在该影响机制中,信息情景因素直接作用于用户心理变量从而导致行为的出现,表明了信息分享行为受到特定情境因素的影响,而在信息行为发生的各环节中,均存在不同的动力机制过程(Niedzwiedzka, 2003)。由于用户信息行为总是发生于某一特定时间和空间坐标中,是由用户个人及环境两因素交互作用而产生结果(Lewin,1951)。然而,环境因素并非孤立存在,它总是由诸多子环境及多种因素交织而成,所有这些子环境和多个因素便构成了一个巨大的环境综合体。而该环境综合体却能营造出某种社会气氛,使得处于该环境中的用户产生一种自发或偶然的信息分享行为(Fisher, 2006)。

笔者通过对用户信息分享行为静态影响机制的研究,从信息情景理论以及信息加工理论出发,揭示了信息可视化、信息情感性以及信源权威性分别对转发及评论行为的影响路径,得出自变量对因变量具体的作用路径及作用大小,体现了人们从信息接收到信息加工,再到态度改变的整个作用过程。在此基础上,比较了性别、年龄、学历及职业不同群组间影响效应的差异。研究表明,在网络用户进行信息搜寻、信息阅读及信息分享过程中,不同形式、不同内容特征及不同信源的信息会形成用户对信息加工意愿及努力程度的差异,从而通过不同的生理刺激与感知路径,对用户产生不同的说服效果。这表明个体在进行信息寻求和信息利用过程中会受到多种干扰因素的影响,在该路径中存在多种变量对信息行为及动力机制产生重要影响,其中主要包括心理特征、人口统计特征、信息特征、环境特征以及信源特征等。

在所有假设检验中,H7a未获支持,即伤害邻近性在知觉流畅性与感知伤害度间的调节效应不显著。而出现该情况可能的原因在于:在品牌危机中,由于伤害邻近性本身可作为自变量对感知伤害度产生重要影响(Dawar & Lei, 2009),而在知觉流畅性与伤害邻近性两变量共同对感知伤害度产生影响时,两变量保持相互独立而对感知伤害性产生影响,其中共同所引起的显著效应主要来自伤害邻近性作为自变量对感知伤害度产生的影响,而非知觉流畅性与伤害邻近性交互效应而所引起的结果。

在不同用户群组分析中,信息可视化、信息情感性及信源权威性对危机信息转发及评论意愿的影响在不同人口统计特征的用户群体上表现出不同的影响效应,产生该情况的主要原因可能是由于不同群体社会特征及社会角色的差异性所导致。在所有社会因素中,其中与用户相关的因素是影响人们信息寻求和信息分享行为最重要的因素之一,而用户的个体特征通常主要包括用户性别、年龄、职业、教育程度、信息素养、人格特征以及认知风格等方面(Fisher, 2005)。其中,用户的职业和工作结构是决定用户信息需求及信息行为的最根本因素,职业是一个人在社会中赖以生存和发展的重要因素,不同职业领域的个体会受到不同规章制度和行为规范的约束,具有不同的社会功能,并扮演着差异化的社会角色。此外,职业也体现了人们在社会中所形成的某种特定的利益关系,因此,在进行信息行为时,由于受到某些显性或隐性的约束以及迫于某种利益视角的考量,从而这些因素均会影响不同职业群体对同一事物形成不同的认知和态度,从而产生具有差异化的行为特征(Durkheim, 2014; Bayles, 1989; House, 1993; Camenisch, 1983)。其次,在性别差异上,除了受到生理差异的影响外,更受到社会文化性别差异的影响。由于男性与女性在社会地位和社会角色上均存在差异,加之社会对不同性别也具有不同的角色期待和评价,在总体上均表现出一系列行为规范、社会角色、性别分层等方面的差异。因此,群体在性别上的生理差异经由社会规范以及社会制度力量的作用,经由历代积淀的性别文化潜移默化的影响,形成了男女两性不同的思维模式和行为习惯(Oakley, 2015; Modleski, 2014; Mead, 1977; Benedict, 1934)。再次,在用户年龄方面,年龄的大小通常与一个人的生理发育和智力发展密切相关,也反映了他们社会阅历的丰富程度,体现着他们在思维成熟程度上的差异。同时,因受到社会规范、社会文化以及风俗习惯的影响,不同年龄阶段的群体扮演着不同的社会角色,承担着不同的社会责任,这些因素均会对他们的思考模式、认知方式以及行为特征产生重要影响(Jonler, Moon, Brannan, et al., 1995; Fraser, Welch, Luben, et al., 2000)。最后,在用户文化程度方面,由于教育和学习是人们通过后天努力来改变和重塑自己思维和认知方式的过程,学历的高低反映了一个人在社会中接受教育程度的差异,高学历者由于拥有更多科学知识,接受过更多正规的训练,从而相对于低学历者,对事物有着更审慎、更科学的思考和认知,进而使得不同学历的个体在对事物的认知、态度以及行为上通常具有一定程度的差异性(Ottaway, 2013; Carret, Lafont, Letenneur, et al., 2003; Bourdieu, Passeron, 1990)。

5.7 本章小结

本章对品牌危机中微博用户信息分享行为静态情景因素影响机制进行了研究,笔者先是在相关理论及相关研究成果的基础上,提出了本书的研究假设和研究框架。使用的数据来源于官方 API 及网络爬虫获取的相关用户信息,从而对曾参与危机信息转发或评论行为的用户进行随机抽样,然后实施网络问卷调查,并使用 SPSS 22.0 及 AMOS 22.0 对样本数据进行处理和分析,进而对各研究假设进行检验,从而探索信息可视化、信息情感性以及信源权威性分别对用户信息转发和评论行为的影响路径,以及各路径影响效应的差异性。在此基础上,分别对各群组样本进行拟合和估计,用以分析各影响路径系数在不同性别、年龄、学历及职业群组中的差异特征,从而揭示静态情景因素对不同类型用户群体的转发和评论行为具有的不同影响。相关研究结论可应用于对品牌危机信息在微博中的转发和评论行为进行监控和管理,用以识别出何种情景特征的信息更容易导致用户的转发和评论,以及何种性别、年龄、学历及职业类型的用户群体更容易对危机信息进行转发和评论,可据此制定具有针对性的信息分享行为监控及应对策略,从而提高微博中品牌危机的管理效率和效果。

第 6 章 品牌危机信息微博分享行为动态影响机制

一般性信息行为理论认为,用户信息行为是一个有序的循环过程,以信息需求作为循环路径起点,以信息利用作为环路终点。信息需求是整个信息行为过程的重点,个体在进行信息寻求和信息利用的过程中会受到多种干扰因素的影响,它们对用户的搜寻效果和利用行为既可能存在促进作用,也可能存在阻碍作用(Wilson,1999)。此外,信息行为一体化模型认为人们的信息行为几乎很少发生于一种完全独立的环境中,而通常伴随着他人的信息行为,并与他人行为相互交织,相互影响,从而对自身信息行为产生重要影响和干扰,同时认为信息行为总是发生于某些情境中,即用户信息行为是特定情境的产物,且信息行为过程的各环节均存在动力机制作用(Niedzwiedzka,2003)。

然而,信息使用环境理论认为,信息使用环境可促使用户形成信息需求,并驱使他们积极地进行信息搜索、查询及利用等行为,它是用户信息需求产生以及信息搜寻、评估和利用等一切信息行为的起点(Taylor,1986a)。用户通过对信息使用环境的分析,结合内部及外部信息,可实施对信息资源的利用、决策的制定、方案的提出及措施的改善等一系列活动。用户在信息使用环境中,会根据自身的信息需求而在特定时间内查询和获取对自身有价值的信息,而信息使用环境中的各种因素会对用户的信息甄别和选择产生重要影响,即信息在用户间的流动、传递和利用均受到信息使用环境的影响,信息使用环境可用以对信息进行有用性及价值大小的判断(Taylor,1996)。同时,信息视域理论强调了社会网络关系、情景因素以及所处状况这三个基本构念,认为用户信息行为主要由用户主体、情境因素、所处状况以及社会关系四部分组成,信息用户能够感知所处环境的变化,并对此进行评估及做出实时反应(Sonnenwald,1999)。用户通常会在自身信息视域范围内进行信息搜寻、信息获取以及信息利用等信息活动,用户信息搜寻行为是个体不断调整自身行为而与信息资源保持互动、协同的过程(Trusina,Rosvall M & Sneppen,2004)。此外,信息场理论认为人们周围的环境并非独立存在,而是一个由多种影响因素组成的巨大共同体,这些因素相互影响、相互作用。人们起初为了实现某种目的而聚集在一起的特定场所,该场所却营造出一种氛围能够促使人们自发地进行信息交流和信息分享等行为(Fisher,1999;Fisher,Landry & Naumer,2006)。在该信息场中,用户个体、场所及信息三大因素对信息分享行为产生重要影响。其中,关于场所因素,由于信息场是由场所中一切显性及隐性要素构成的,场所中的物理属性和社会属性均会对人们信息分享行为的方向和强度产生重要影响,场所的基本条件和状况可能会对人们的信息寻求和信息分享行为产生促进或抑制作用,从而影响人们进行信息交流和信息分享的效果和意愿程度。关于信息因素,其中信息转发和评论的频率、主题内容、热点话题、信息源、信息可信度、易用性及熟悉度等信息特征均会对人们的信息分享行为产生重要影响(Fisher & Julien,2009;马岩、王锰,2014)。

针对微博信息平台,微博用户信息行为主要是指微博用户通过微博信息平台获取信息、传播信息以及分享信息的行为,主要包括关注、被关注、转发以及评论等行为。用户通常通过关注行为获取相关信息,通过被关注向其他用户传播信息,通过转发和评论行为与其他用户进行信息分享(赵玲、张静,2013)。在过去的相关研究中,有不少学者从不同视角对微博用户转发及评论行为的影响机制进行了研究和探索,为人们进一步深入研究用户信息分享行为及其影响机制奠定了基础。在这些研究中,大体可分为两类,一类研究主要是运用复杂网络或社会网络理论对微博用户信息转发和评论行为进行模型构建和分析,这类研究虽然能较好地揭示信息转发和评论行为中隐藏的网络关系,能够挖掘出转发和评论行为中的关键用户或用户之间的关系,并能对用户的信息分享行为进行预测,[1]-[3]但由于目前关于微博用户信息行为研究的理论基础尚不完善,而该类研究将传统相关理论直接运用于微博用户信息行为研究中的做法仍然缺乏足够的论据支撑。另一类研究主要采用相关分析、方差分析及回归模型来对用户转发和评论行为的影响因素、影响路径及过程特征等方面进行挖掘和探索,这类研究通常只能得出自变量与因变量之间的关系是否显著,以及影响大小及

---

[1] YAN Q, WU L, ZHENG L. Social network based microblog user behavior analysis[J]. Physica A: statistical mechanics and its applications, 2013, 392(7):1712-1723.

[2] GONCALVES B, PERRA N, VESPIGNANI A. Modeling users' activity on Twitter networks: validation of dunbar's number[J]. Plos one, 2011, 6(8):2011.

[3] 赵玲,张静.基于复杂网络的微博用户行为特性分析[J].现代情报,2013,33(9):35-43.

系数正负性如何等诸如此类的研究结论,[1]-[3]而难以揭示自变量对因变量产生影响的具体路径以及路径大小的动态变化过程,即只能"知其然而不知其所以然"。在这类研究中,由于对应的自变量与因变量均以时间序列存在,它们在不同时点上的关系大小及正负性均不断发生变化,即变量关系存在动态性,而仅通过某一时点或总体相加数的相关性分析以及回归分析难于实现关于自变量对因变量影响的动态描述及对变量间动态影响过程的深入把握。

总体而言,过去的文献对信息行为影响机制的研究多数是从静态的视角展开,而从动态视角对其影响机制进行研究的文献依然缺乏(其中,静态视角是指分析的变量关系不随时间的变化而变化,动态视角是指分析的变量关系在一定时间过程中随时间的变化而变化),尤其是从情景因素视角对信息分享行为动态影响机制进行研究,即当外界因素影响时信息分享行为的实时动态响应特征如何,影响的滞后特征如何,以及相关因素对行为波动贡献率的动态变化过程如何等,此类研究内容目前未有文献涉及。因此,关于信息行为动态影响机制的研究无论在广度上还是在深度上都有待加强。在此背景下,本章通过样本数据的搜集,借助向量自回归(VAR)模型及状态空间(state space)模型等时间序列分析方法,从数据的客观特征出发进行模型构建,从动态分析视角对品牌危机中微博用户信息分享行为的情景因素影响机制进行探索和研究。

本章研究框架如图 6-1 所示。

---

[1] 肖强,朱庆华.微博用户行为特征及类型研究[J].情报科学,2013(12):69-74.
[2] 车培荣,王蜀霖.重大事件下微博用户行为统计分析及建模[J].北京邮电大学学报社会科学版,2013(6):8-16.
[3] 张静,赵玲.微博用户行为研究述评[J].情报科学,2015(8):27.

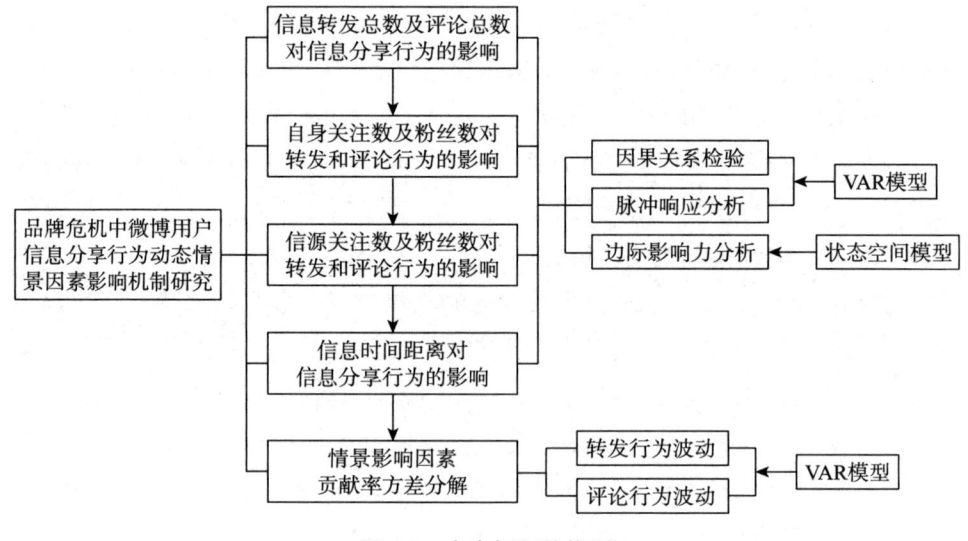

图 6-1 本章框架结构图

6.1 转发总数及评论总数的影响

为了了解各相关变量之间的关系特征,以确保 VAR 模型构建和估计的正确性,在对模型进行正式构建前,需建立探测性模型对变量间的 Granger 因果关系及内生变量滞后特征进行检验和识别。由于在 Granger 因果检验中,滞后期数的不同设置会对检验结果产生重要影响,因此在进行 Granger 因果检验前,需对各时间序列间的相关性进行分析,以确保 Granger 因果检验的准确性(Karlin,Goodman,Anderson,et al.,2014)。先对转发总数及评论总数分别与转发数及评论数的交叉相关性进行分析,以便了解各内生变量间的相关性以及相互影响的时滞特征,从而提高探测模型设定的有效性。对应的各交叉相关 spike 图如图 6-2 至图 6-5 所示。

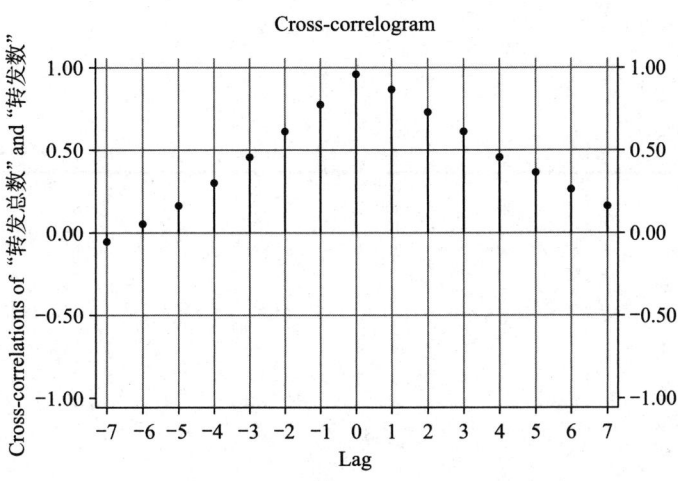

图 6-2　转发数与转发总数交叉相关图

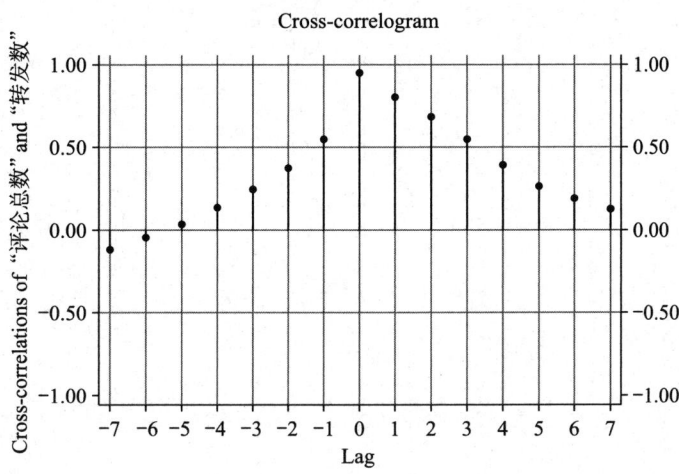

图 6-3　转发数与评论总数交叉相关图

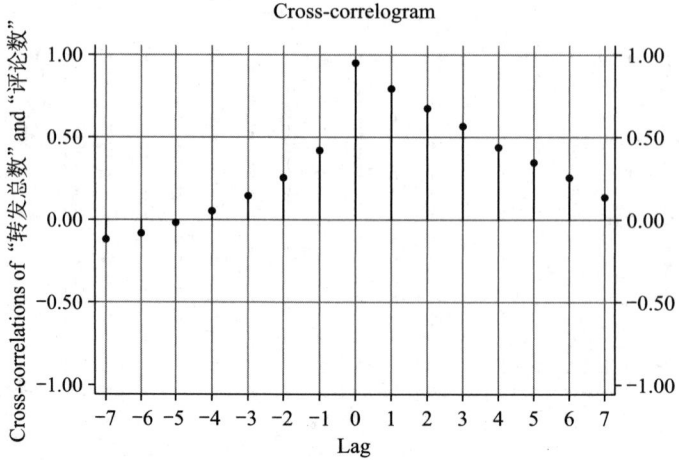

图 6-4　评论数与转发总数交叉相关图

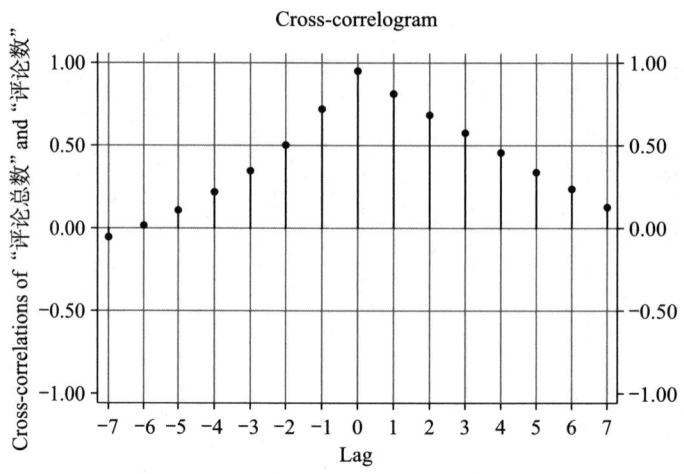

图 6-5　评论数与评论总数交叉相关图

图 6-2 至图 6-5 显示,转发总数及评论总数分别与转发数和评论数的关联度均随滞后期增加呈缓慢衰减态势,对转发数和评论数的交叉相关系数约于滞后 3 期内大于 0.50,即可初步判断转发总数及评论总数对转发行为和评论行为的影响在滞后 3 期内较为明显。根据变量间的滞后关联特征,可在转发数及评论数探测模型构建中将滞后数设置为 3 期对模型进行估计,并以此为基础对正式 VAR 模型中的变量结构及滞后标准进行识别和检验。

6.1.1 因果关系检验

对正式模型中的变量结构进行识别和检验,分析转发总数及评论总数是否分别与转发数及评论数之间存在显著性 Granger 因果关系,以确定在转发数及评论数方程中引入转发总数及评论总数这两个变量的模型结构设定是否合理。对应的 Granger 因果检验结果见表 6-1。

表 6-1　Granger 因果关系检验

		因果排除检验									
	因变量	转发行为			转发总数			评论总数			
转发行为模型	自变量	χ^2 值	df	p 值	自变量	χ^2 值	df	p 值	自变量	χ^2 值	df	p 值
	转发总数	13.035	3	0.005	转发行为	8.278	3	0.041	转发总数	12.667	3	0.005
	评论总数	11.099	3	0.011	评论总数	20.745	3	0.000	转发行为	10.362	3	0.016
	自变量联合	28.059	6	0.000	自变量联合	38.159	6	0.000	自变量联合	18.926	6	0.004
	因变量	评论行为			转发总数			评论总数			
评论行为模型	转发总数	24.296	3	0.000	评论行为	26.591	3	0.000	转发总数	6.265	3	0.099
	评论总数	15.178	3	0.002	评论总数	5.669	3	0.129	评论行为	29.016	3	0.000
	自变量联合	30.050	6	0.000	自变量联合	31.704	6	0.000	自变量联合	10.407	6	0.109

由表 6-1 可见,在转发总数及评论总数分别与转发行为的因果关系排除检验中,转发总数、评论总数以及两个变量联合项的 χ^2 检验对应的 p 值均小于 0.05 的显著水平,表明可以拒绝不存在因果关系的原假设。因此,在转发行为对应的方程中不能将转发总数及评论总数排除,即转发总数及评论总数是转发行为的 Granger 原因。在转发总数及评论总数与评论行为的因果关系排除检验中,转发总数、评论总数以及两个变量联合项的 χ^2 检验对应的 p 值也均小于 0.05 的显著水平,表明可以拒绝不存在因果关系的原假设。因此,在评论行为对应的方程中不能将转发总数及评论总数排除,即转发总数及评论总数是评论行为的 Granger 原因。此外,其他相关的检验 p 值几乎均小于 0.05 的显著水平,故在 VAR 模型构建中对应的内生变量的选择有效。

6.1.2 VAR 模型构建

在 VAR 模型的 Granger 因果关系检验的基础上，为了进一步了解转发总数及评论总数对转发行为及评论行为影响的滞后时间长度，需对 VAR 模型进行统计分析和时滞长度判断。对应的统计结果见表 6-2。

表 6-2 时滞长度选择标准

模型	Lag	LogL	LR	FPE	AIC	SC	HQ
转发行为 VAR 模型	0	−20.99456	NA	0.060743	2.87432	2.970894	2.879265
	1	24.78293	3.790876	0.000564	−1.847867	−1.364999	−1.82314
	2	27.72507	3.309905	0.0007	−1.715634	−1.039619	−1.681016
	3	22.02593	69.90830*	0.000467*	−2.003242*	−1.713521*	−1.988405*
	4	30.89475	2.773466	0.00092	−1.611843	−0.742681	−1.567335
	5	34.32018	2.140894	0.00137	−1.540022	−0.477713	−1.485623
评论行为 VAR 模型	0	8.394746	NA	0.000102	−0.674343	−0.529483	−0.666925
	1	69.62954	16.4162	1.28E−07	−7.203693	−6.624251	−7.17402
	2	84.22172	7.368017	1.54E−07	−7.902714	−6.888692	−7.850788
	3	94.04574	91.85219*	8.97e−08*	−127.3626*	−125.0448*	−127.2439*
	4	103.0098	3.36152	4.64E−07	−8.005717	−6.557113	−7.931537
	5	1066.901	0	NA	−8.001224	−6.118039	−7.904789

* indicates lag order selected by the criterion

LR：sequential modified LR test statistic(each test at 5% level)

FPE：Final prediction error

AIC：Akaike information criterion

SC：Schwarz information criterion

HQ：Hannan-Quinn information criterion

根据 LR(likelihood ratio,即似然比)检验，以及 FPE、AIC、SC、HQ 信息准则最小化的标准(Dhrymes,2012)，由表 6-2 可见，转发行为及评论行为 VAR 模型的最佳滞后长度均为 3 期。在上述因果关系检验及时滞特征分析基础上，分别对转发行为及评论行为的 VAR 模型进行设定和估计。其对应的模型形式如下：

$$\begin{bmatrix} Behavior \\ TotalZ \\ TotalP \end{bmatrix}_t = \begin{bmatrix} a_1 \\ a_2 \\ a_3 \end{bmatrix} + \begin{bmatrix} b_{11} & b_{12} & b_{13} \\ b_{21} & b_{22} & b_{23} \\ b_{31} & b_{32} & b_{33} \end{bmatrix} \begin{bmatrix} Behavior \\ TotalZ \\ TotalP \end{bmatrix}_{t-1} + \cdots +$$

$$\begin{bmatrix} \sigma_{11} & \sigma_{12} & \sigma_{13} \\ \sigma_{21} & \sigma_{22} & \sigma_{23} \\ \sigma_{31} & \sigma_{32} & \sigma_{33} \end{bmatrix} \begin{bmatrix} Behavior \\ TotalZ \\ TotalP \end{bmatrix}_{t-k} + \begin{bmatrix} \varepsilon_1 \\ \varepsilon_2 \\ \varepsilon_3 \end{bmatrix}$$

其中 $Behavior$ 为转发或评论行为，$TotalZ$ 为总转发数，$TotalP$ 为总评论数，k 为内生变量滞后阶数，ε_i 为随机误差项。

为了确定 VAR 模型构建和设定的正确性，需对构建的模型进行稳定性检验。其稳定性检验通常采用特征根倒数的模与数值 1 进行大小比较，若特征根倒数的模小于数值 1，表明所设定的 VAR 模型稳定；否则，表明所设定的 VAR 模型不稳定，需重新对模型进行设定和构建（Asteriou，Hall，2011）。该模型的稳定性检验结果如图 6-6 和图 6-7 所示。

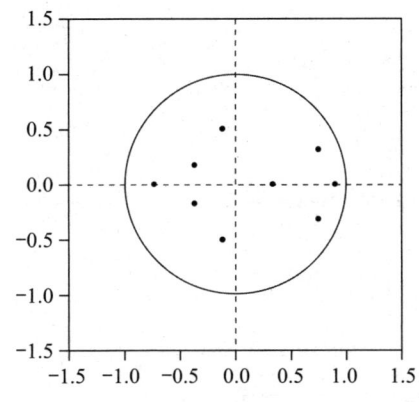
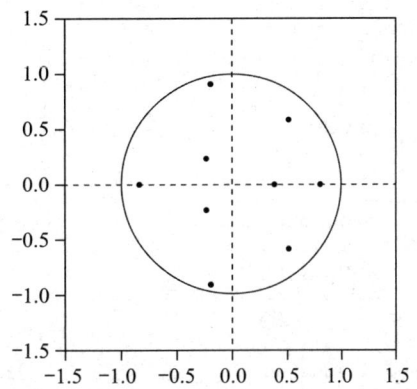

图 6-6　转发模型特征根倒数模及单位圆　　图 6-7　评论模型特征根倒数模及单位圆

图 6-6 和图 6-7 单位圆中的点表示 AR 特征根倒数的模，若这些点均落在单位圆内，则表明所设置的 VAR 模型稳定；若存在某些点落在单位圆上，则表明设置的模型不稳定。图 6-6 和图 6-7 显示，在转发行为及评论行为模型中代表 AR 特征根倒数的模的点均落在单位圆内，表明所构建的模型均满足稳定性条件，说明所设置的模型均正确，无须重新构建。

对应模型的估计结果如表6-3所示(该表只列出与本研究相关的参数估计值)。

表6-3 VAR模型参数估计及检验结果

自变量	因变量			
	转发数		评论数	
	系数	T检验值	系数	T检验值
转发数(−1)	0.1066	−3.2410	N/A	N/A
转发数(−2)	0.1839	6.5434	N/A	N/A
转发数(−3)	0.0039	8.2481	N/A	N/A
评论数(−1)	N/A	N/A	0.4089	−4.0285
评论数(−2)	N/A	N/A	0.0574	14.0374
评论数(−3)	N/A	N/A	−1.1292	−10.5573
转发总数(−1)	0.1014	−3.2722	0.9242	6.2608
转发总数(−2)	0.2610	−6.0038	0.6501	−9.3677
转发总数(−3)	−0.0001	−7.0008	0.1431	4.1933
评论总数(−1)	0.2553	9.8459	0.1906	−6.1910
评论总数(−2)	0.0617	12.6211	0.1789	3.2287
评论总数(−3)	−0.0006	−5.0082	−0.1523	18.4301
C	5.4448	6.6952	2.4230	5.5152
R-squared	0.9977		0.9975	
Adj. R-squared	0.9951		0.9947	
Sum sq. resids	0.0012		0.0025	
S.E. equation	0.0122		0.0179	
F-statistic	387.7589		360.1606	
Log likelihood	60.9803		54.1168	
Akaike AIC	−5.6644		−4.9018	
Schwarz SC	−5.1698		−4.4072	
Mean dependent	12.0548		11.1554	
S.D. dependent	0.1758		0.2482	

由表 6-3 可见,转发及评论行为模型中各项系数显著性检验的 |t| 值均大于 1.96 的临界值,即各系数的 t 检验均达到 0.05 的显著水平。此外,可决系数 R-squared 值及 Adj. R-squared 值均较大,表明所构建的 VAR 模型与样本数据拟合度较佳,该模型可用于信息转发总数及评论总数分别对转发行为及评论行为动态影响的相关研究和分析中。

6.1.3 脉冲响应分析

为了揭示信息转发总数及评论总数对转发行为及评论行为的动态扰动特征,在 VAR 模型估计的基础上分别对转发行为及评论行为进行脉冲响应分析。脉冲响应函数(IRF)是用于分析某一内生变量随机扰动项发生变化时对系统所产生动态影响的一种方法。此处采用广义脉冲函数进行估计,其函数形式如下:

$$\psi_{Total}(q, \delta_j, \Omega_{t-1}) = E(y_{Total,t+q} | \varepsilon_{Total,jt} = \delta_{Total,j}, \Omega_{Total,t-1}) - E(y_{Total,t+q} | \Omega_{Total,t-1}) = \left(\frac{A_{Total,q} \Sigma_{Total,j}}{\sqrt{\sigma_{Total,jj}}}\right) \left(\frac{\delta_{Total,j}}{\sqrt{\sigma_{Total,jj}}}\right), q = 0, 1, 2, \cdots, t = 1, 2, \cdots, T。$$

其中 $\sigma_{Total,jj} = E_{Total}(\varepsilon_{jt}^2)$, $\Sigma_{Total,j} = E_{Total}(\varepsilon_t \varepsilon_{jt})$ 表示 ε_t 协方差矩阵 Σ 上的第 j 列元素,ε_t 来自 $y_{Total,t} = \Phi_1 y_{Total,t-1} + \cdots + \Phi_1 y_{Total,t-p} + \varepsilon_{Total,t}$ 中的扰动列向量 $\varepsilon_{Total,t}$,Φ_i 为系数矩阵,p 为滞后阶数。

对应分析结果如图 6-8 及图 6-9 所示。

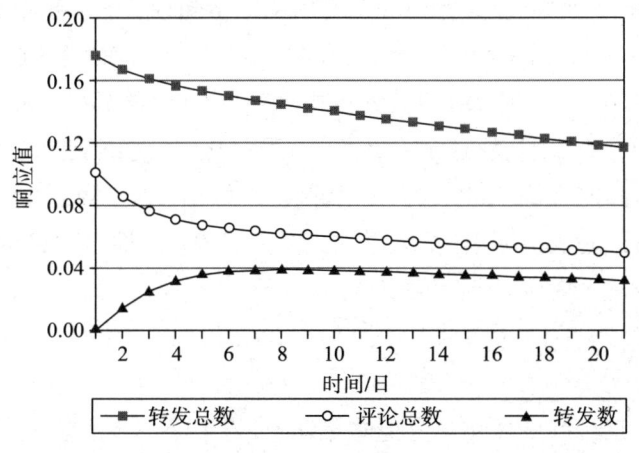

图 6-8　转发数脉冲响应图

由图 6-8 可见,当转发总数受到一个正向冲击时,该冲击就会立即传导至用户转发行为,第一期响应量约为 0.18,随后缓慢下降,至二十一期时响应量约为 0.14,表明转发总数对转发行为产生同向冲击,且在整个传播过程中其影响效应均较大。而当评论总数受到一个正向冲击时,该冲击也会立即传导至用户转发行为,第一期响应量约为 0.10,随后缓慢下降,至二十一期时响应量约为 0.60,表明评论总数也会对转发行为产生同向冲击,且在整个传播过程中其影响效应均较大。由此可见,用户转发行为受到从众效应的显著影响,对整个传播过程具有重要影响,且转发总数对转发行为的影响大于评论总数对转发行为的影响。

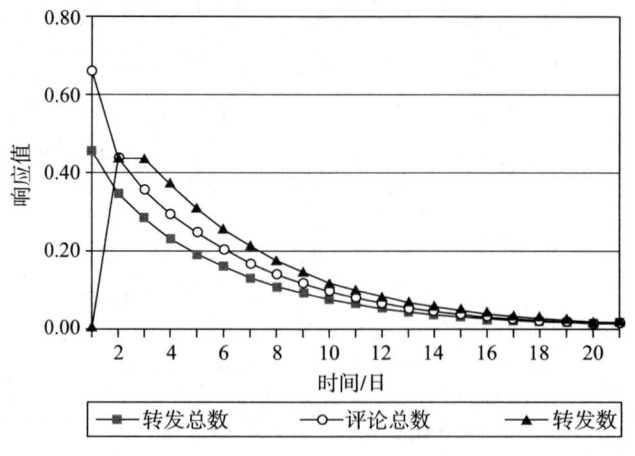

图 6-9 评论数脉冲响应图

由图 6-9 可见,当评论总数受到一个正向冲击时,该冲击便会立即传导至用户评论行为,第一期响应量约为 0.67,随后快速下降,约于两周后开始缓慢趋近于 0,表明评论总数对评论行为产生同向冲击,且前十四期的影响效应较大。而当转发总数受到一个正向冲击时,该冲击也会立即传导至用户评论行为,第一期响应量约为 0.48,随后快速下降,约于两周后开始缓慢趋于 0,表明转发总数也会对评论行为产生同向冲击,且前十四期的影响效应较大。由此可见,用户评论行为从众效应影响显著,持续效应约为十四天,且评论总数对评论行为的影响大于转发总数对评论行为的影响。

6.1.4 边际影响力

在信息分享行为脉冲响应分析的基础上,为了进一步了解危机信息转发总数及评论总数分别对转发行为和评论行为的边际影响力,在此使用状态空间模型(state space model)对相关因素边际影响力的变化过程进行分析①,从而揭示转发总数及评论总数分别对转发行为和评论行为影响效应的波动过程特征。其对应的模型形式如下:

测量方程:$\ln y_{behavior,t} = c_{total,t} + a_{total\_z,t} \ln y_{total\_z,t-i} + b_{total\_p,t} \ln y_{total\_p,t-j} + u_{total,t}, i=0,1,2,\cdots,T-1, j=0,1,2,\cdots,T-1$;

状态方程:$\begin{cases} a_{total\_z,t} = a_{total\_z} + \gamma a_{total\_z,t-1} + \varepsilon_{total\_z,t} \\ b_{total\_p,t} = b_{total\_p} + \sigma b_{total\_p,t-1} + \varepsilon_{total\_p,t} \end{cases}$

其中,$y_{behavior}$ 为转发或评论行为,$y_{total\_z,t-i}$ 为经协整检验后处于长期均衡关系的滞后第 i 阶的总转发数,$y_{total\_p,t-j}$ 为经协整检验后处于长期均衡关系的滞后第 j 阶的总评论数,$u_{total,t}$ 为满足均值 $E(u_{total,t})=0$ 和协方差矩阵 $\text{var}(u_{total,t}) = H_{total,t}$ 的连续的不相关扰动项,$\varepsilon_{total\_z,t}$ 为满足均值 $E(\varepsilon_{total\_z,t})=0$ 和协方差矩阵 $\text{var}(\varepsilon_{total\_z,t}) = H_{total\_z,t}$ 的连续的不相关扰动项,$\varepsilon_{total\_p,t}$ 为满足均值 $E(\varepsilon_{total\_p,t})=0$ 和协方差矩阵 $\text{var}(\varepsilon_{total\_p,t}) = H_{total\_p,t}$ 的连续的不相关扰动项。

其状态空间模型分析结果如图 6-10 及图 6-11 所示。

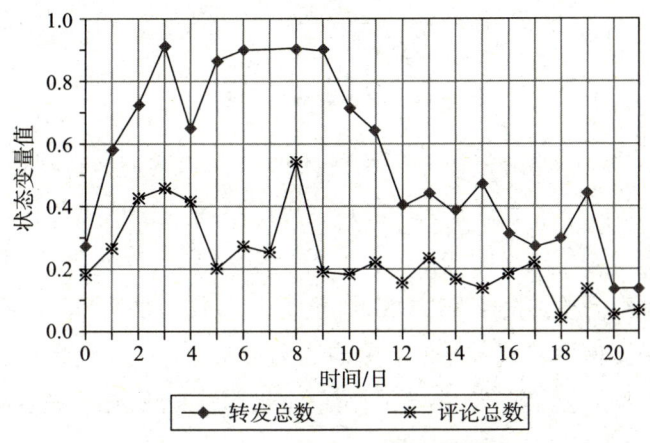

图 6-10 对转发数边际影响力

由图 6-10 可见,转发总数对转发行为的边际影响力在危机刚发生时约为 0.28,随后迅速上升,于第三天左右达到整个传播过程的最大值,而第四天存在一个短暂的下降过程,第五天开始回升,并于第六天至第九天稳定维持在一个较高的边际影响力水平,第十天后开始快速下降,于第十三天、第十五天及第十

---

① DURBIN J, KOOPMAN S J. Time series analysis by state space methods[M]. Oxford University Press, 2012.

九天稍有小幅正向波动。评论总数对转发行为的边际影响力在危机刚发生时约为 0.18，随后上升至第三天达到第一次阶段性峰值 0.48，接着存在一个下降及波动过程，于第八天达到第二次阶段性峰值 0.55，随后进入一个持续衰减及小幅波动过程。在整个过程中，转发总数对转发行为的边际影响力大于评论总数对转发行为的边际影响力。

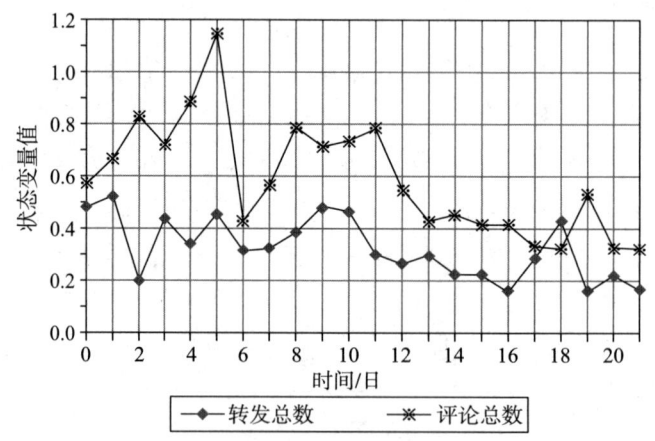

图 6-11 对评论数边际影响力

由图 6-11 可见，评论总数对评论行为的边际影响力在危机刚发生时约为 0.58，随后波动式上升，于第五天左右达到整个传播过程的最大值，约为 1.17，而第六天存在一个短暂的下降过程，第七天开始回升，并于第八天至第十一天稳定维持在一个较高的边际影响力水平，第十一天后开始下降，于第十九天稍有小幅正向波动。转发总数对评论行为的边际影响力在危机刚发生时约为 0.49，随后小幅上下波动至第十天，接着存在一个缓慢下降及波动的过程，于第十七天和第十八天存在一个较大的正向波动。在整个过程中，评论总数对评论行为的边际影响力大于转发总数对评论行为的边际影响力。

6.2 自身关注数及粉丝数的影响

为了较好地了解自身关注数及自身粉丝数对转发行为和评论行为的关联性及影响的时滞特征，先对自身关注数及自身粉丝数分别与转发数及评论数的交叉相关 spike 图进行分析。对应的各交叉相关 spike 图如图 6-12 至图 6-15

所示。

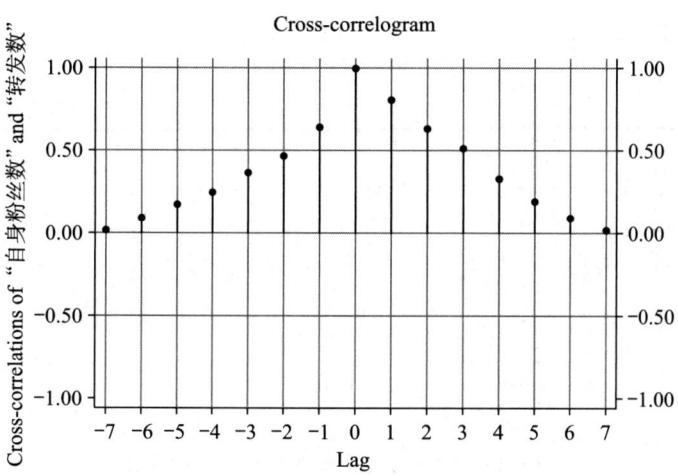

图 6-12　转发数与自身粉丝数交叉相关图

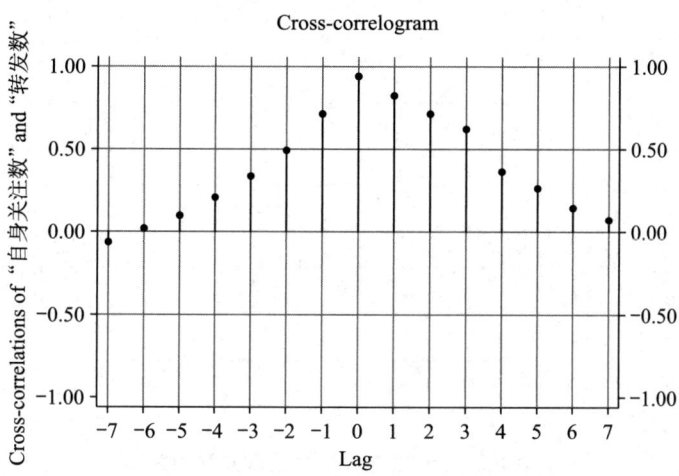

图 6-13　转发数与自身关注数交叉相关图

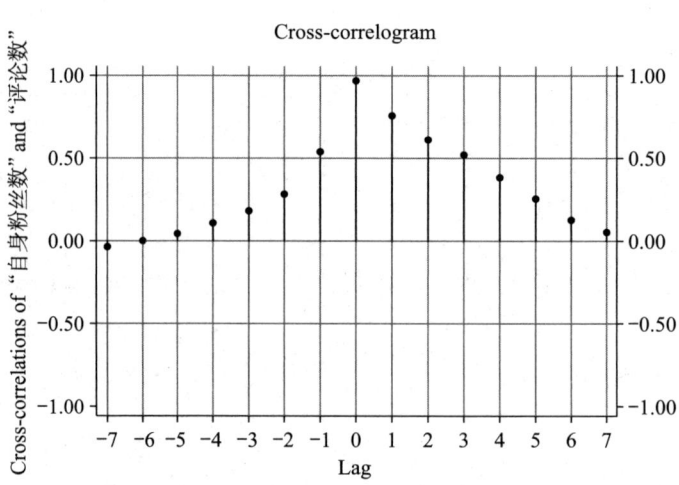

图 6-14 评论数与自身粉丝数交叉相关图

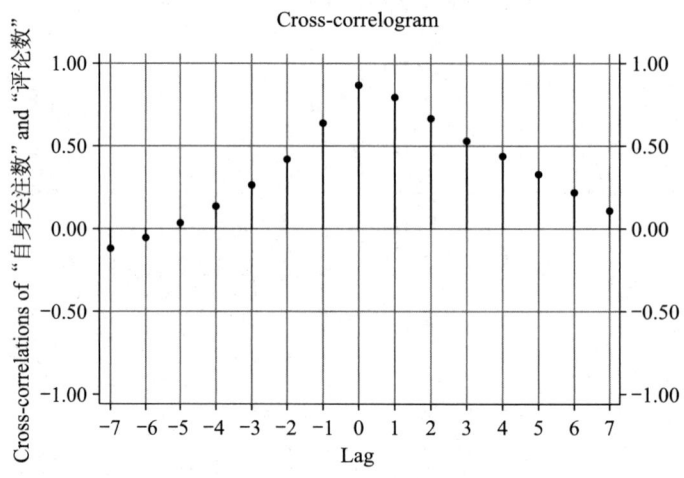

图 6-15 评论数与自身关注数交叉相关图

图 6-12 至图 6-15 显示,自身关注数及自身粉丝数分别与转发数和评论数的关联度均随滞后期增加呈缓慢衰减态势,对转发数和评论数的交叉相关系数约于滞后 3 期内大于 0.50,即可初步判断自身关注数及自身粉丝数对转发行为和评论行为的影响在滞后 3 期内较为明显。根据变量间的滞后关联特征,可在转发数及评论数探测模型构建中将滞后数设置为 3 期对模型进行估计,并以此为基础对正式 VAR 模型中的变量结构及滞后标准进行识别和检验。

6.2.1 因果关系检验

对正式模型中的变量结构进行识别和检验,分析自身关注数及自身粉丝数是否分别与转发数及评论数之间存在显著性 Granger 因果关系,以确定在转发数及评论数方程中引入自身关注数及自身粉丝数这两个变量的模型结构设定是否合理。对应的 Granger 因果检验结果见表 6-4。

表 6-4 Granger 因果关系检验

		因果排除检验									
	因变量	转发行为			自身粉丝			自身关注			
	自变量	χ^2 值	df	p 值	自变量	χ^2 值	df	p 值	自变量	χ^2 值	df	p 值
转发行为模型	自身粉丝	18.558	3	0.000	转发行为	25.182	3	0.000	自身粉丝	6.366	3	0.095
	自身关注	24.083	3	0.000	自身关注	21.072	3	0.000	转发行为	35.191	3	0.000
	自变量联合	32.764	6	0.000	自变量联合	11.496	6	0.074	自变量联合	45.907	6	0.000
评论行为模型	因变量	评论行为			自身粉丝			自身关注			
	自身粉丝	12.554	3	0.006	评论行为	7.500	3	0.058	自身粉丝	36.419	3	0.000
	自身关注	8.090	3	0.044	自身关注	27.614	3	0.000	评论行为	6.265	3	0.099
	自变量联合	24.231	6	0.001	自变量联合	12.774	6	0.047	自变量联合	51.839	6	0.000

由表 6-4 可见,在自身关注数及自身粉丝数分别与转发行为的因果关系排除检验中,自身关注数、自身粉丝数以及两个变量联合项的 χ^2 检验对应的 p 值均小于 0.05 的显著水平,表明可以拒绝不存在因果关系的原假设。因此,在转发行为对应的方程中不能将自身关注数及自身粉丝数排除,即自身关注数及自身粉丝数是转发行为的 Granger 原因。在自身关注数及自身粉丝数与评论行为的因果关系排除检验中,自身关注数、自身粉丝数以及两个变量联合项的 χ^2 检验对应的 p 值也均小于 0.05 的显著水平,表明可以拒绝不存在因果关系的原假设。因此,在评论行为对应的方程中不能将自身关注数及自身粉丝数排除,即自身关注数及自身粉丝数是评论行为的 Granger 原因。此外,其他相关的检验 p 值几乎均小于 0.05 的显著水平,故在 VAR 模型构建中对应的内生变量的选择有效。

6.2.2 VAR 模型构建

在 VAR 模型的 Granger 因果关系检验的基础上,为了进一步了解自身关注数及自身粉丝数对转发行为及评论行为影响的滞后时间长度,需对 VAR 模型进行统计分析和时滞长度判断。对应的统计结果见表 6-5。

表 6-5 时滞长度选择标准

模型	Lag	LogL	LR	FPE	AIC	SC	HQ
转发行为 VAR 模型	0	84.24548	NA	7.80E-09	-10.15568	-10.01082	-10.14827
	1	126.8491	5.147179	4.35E-10	-14.35614	-13.77669	-14.32646
	2	132.672	6.550817	2.10E-10	-13.959	-12.94498	-13.90708
	3	139.5349	63.90541*	1.21e-10*	-122.7924*	-120.4747*	-122.6737*
	4	161.7949	8.347477	2.99E-10	-15.34936	-13.46617	-15.25292
	5	1030.339	0	NA	-13.69187	-12.24326	-13.61769
评论行为 VAR 模型	0	84.23307	NA	7.81E-09	-10.15413	-10.00927	-10.14672
	1	131.5538	7.157534	1.83E-10	-14.94423	-14.36479	-14.91456
	2	136.9325	6.05097	1.23E-10	-14.49156	-13.47754	-14.43963
	3	146.4758	70.98112*	6.71e-11*	-121.5672*	-119.2494*	-121.4485*
	4	170.3904	8.967975	1.02E-10	-16.42381	-14.54062	-16.32737
	5	1020.537	0	NA	-14.55948	-13.11088	-14.4853

由表 6-5 可见,转发行为及评论行为 VAR 模型的最佳滞后长度均为 3 期。在上述因果关系检验及时滞特征分析基础上,分别对转发行为及评论行为的 VAR 模型进行设定和估计。其对应的模型形式如下:

$$\begin{bmatrix} Behavior \\ Self\_G \\ Self\_F \end{bmatrix}_t = \begin{bmatrix} a_1 \\ a_2 \\ a_3 \end{bmatrix} + \begin{bmatrix} b_{11} & b_{12} & b_{13} \\ b_{21} & b_{22} & b_{23} \\ b_{31} & b_{32} & b_{33} \end{bmatrix} \begin{bmatrix} Behavior \\ Self\_G \\ Self\_F \end{bmatrix}_{t-1} + \cdots +$$

$$\begin{bmatrix} \sigma_{11} & \sigma_{12} & \sigma_{13} \\ \sigma_{21} & \sigma_{22} & \sigma_{23} \\ \sigma_{31} & \sigma_{32} & \sigma_{33} \end{bmatrix} \begin{bmatrix} Behavior \\ Self\_G \\ Self\_F \end{bmatrix}_{t-k} + \begin{bmatrix} \varepsilon_1 \\ \varepsilon_2 \\ \varepsilon_3 \end{bmatrix}$$

其中 $Behavior$ 为转发或评论行为,$Self\_G$ 为自身关注数,$Self\_F$ 为自身粉丝数,k 为内生变量滞后阶数,ε_i 为随机误差项。

为了确定 VAR 模型构建和设定的正确性,需对模型进行稳定性检验。该模型的稳定性检验结果如图 6-16 和图 6-17 所示。

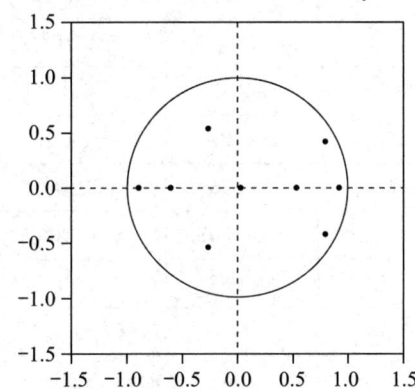
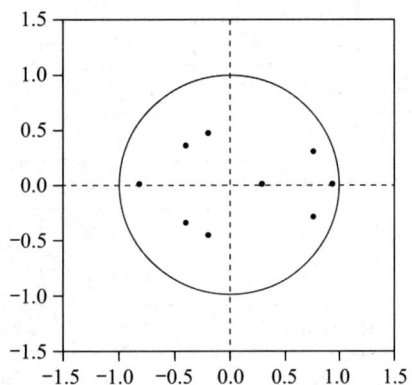

图 6-16 转发模型特征根倒数模及单位圆   图 6-17 评论模型特征根倒数模及单位圆

图 6-16 和图 6-17 显示,在转发行为及评论行为模型中代表 AR 特征根倒数的模的点均落在单位圆内,表明所构建的模型均满足稳定性条件,说明所设定的模型均正确,无须重新构建。

对应模型的估计结果如表 6-6 所示(该表只列出与本研究相关的参数估计值)。

表 6-6 VAR 模型参数估计及检验结果

自变量	因变量			
	转发数		评论数	
	系数	T 值	系数	T 值
转发数(-1)	0.3102	-11.5642	N/A	N/A
转发数(-2)	0.238	-21.2029	N/A	N/A
转发数(-3)	-0.0539	-10.2719	N/A	N/A
评论数(-1)	N/A	N/A	0.5796	-20.5730
评论数(-2)	N/A	N/A	15.7801	-15.6004
评论数(-3)	N/A	N/A	-0.8563	11.4204

续表

自变量	因变量			
	转发数		评论数	
	系数	T 值	系数	T 值
自身关注数(-1)	0.0802	-7.1243	0.5619	-21.5462
自身关注数(-2)	0.1444	4.1931	0.3640	-14.1892
自身关注数(-3)	-0.0303	-6.6479	-0.5322	-9.0709
自身粉丝数(-1)	0.0665	17.2576	0.4224	-7.0596
自身粉丝数(-2)	0.0715	16.1055	0.0226	-21.0583
自身粉丝数(-3)	0.0442	-10.0651	-0.1508	-15.3008
C	9.4486	-6.5173	2.7568	-13.1300
R-squared	0.9983		0.9756	
Adj. R-squared	0.9964		0.9481	
Sum sq. resids	0.0008		0.0219	
S.E. equation	0.0105		0.0524	
F-statistic	527.2774		35.5706	
Log likelihood	63.7409		34.8285	
Akaike AIC	-5.9712		-2.7587	
Schwarz SC	-5.4765		-2.2640	
Mean dependent	12.0548		10.9589	
S.D. dependent	0.1758		0.2303	

由表 6-6 可见,转发及评论行为模型中各项系数显著性检验的 $|t|$ 值均大于 1.96 的临界值,即各系数的 t 检验均达到 0.05 的显著水平。此外,可决系数 R-squared 值及 Adj. R-squared 值均较大,表明所构建的 VAR 模型与样本数据拟合度较佳,该模型可用于自身关注数及自身粉丝数分别对转发行为及评论行为动态影响的相关研究和分析中。

6.2.3 脉冲响应分析

为了揭示自身关注数及自身粉丝数对转发行为及评论行为的动态扰动特

征,在 VAR 模型估计的基础上分别对转发行为及评论行为进行脉冲响应分析。此处采用广义脉冲函数进行估计,其函数形式如下:

$$\psi_{Self}(q,\delta_j,\Omega_{t-1}) = E(y_{Self,t+q}|\varepsilon_{Self,jt} = \delta_{Self,j},\Omega_{Self,t-1}) - E(y_{Self,t+q}|\Omega_{Self,t-1}) = \left(\frac{A_{Self,q}\Sigma_{Self,j}}{\sqrt{\sigma_{Self,jj}}}\right)\left(\frac{\delta_{Self,j}}{\sqrt{\sigma_{Self,jj}}}\right), q=0,1,2,\cdots,t=1,2,\cdots,T。$$

其中 $\sigma_{Self,jj} = E_{Self}(\varepsilon_{jt}^2)$,$\Sigma_{Self,j} = E_{Self}(\varepsilon_t\varepsilon_{jt})$ 表示 ε_t 协方差矩阵 Σ 上的第 j 列元素,ε_t 来自 $y_{Self,t} = \Phi_1 y_{Self,t-1} + \cdots + \Phi_1 y_{Self,t-p} + \varepsilon_{Self,t}$ 中的扰动列向量 $\varepsilon_{Self,t}$,Φ_i 为系数矩阵,p 为滞后阶数。

对应分析结果如图 6-18 及图 6-19 所示。

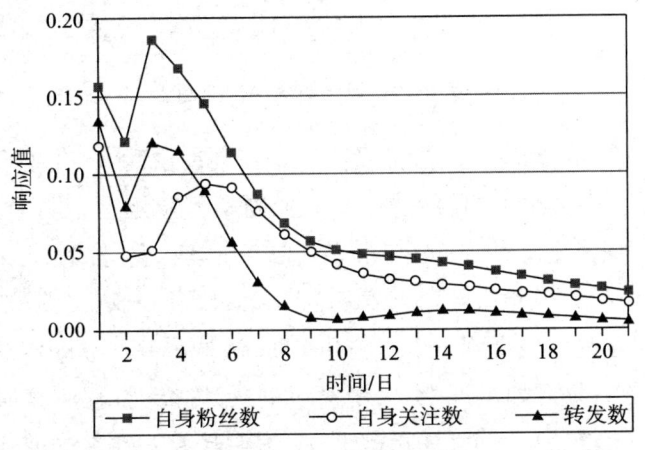

图 6-18 转发数脉冲响应图

由图 6-18 可见,当自身粉丝数受到一个正向冲击时,该冲击会立即传导至用户转发行为,第一期响应量约为 0.16,第二期下降至 0.125,第三期开始回升至整个扰动过程的最大值,约为 0.18,随后快速下降至第九期,约为 0.06,从第十期开始逐渐缓慢下降至第二十一期,其响应量约为 0.03。表明自身粉丝数对转发行为产生同向冲击,即用户转发行为受到粉丝对自身追随现象的显著影响,且前十期的影响效应较大。当自身关注数受到一个正向冲击时,该冲击也立即传导至用户转发行为,第一期响应量约为 0.12,第二期下降至 0.05,第三期保持在 0.05 的响应水平,第三期后响应量开始回升,于第五期及第六期达到 0.09,随后开始下降至第十一期,约为 0.04,接着逐渐缓慢下降至第二十一期,其响应量约为 0.02。表明自身关注数对转发行为产生同向冲击,即用户转发行为受到自身对他人微博关注程度的显著影响,且前十一期的影响效应较大。其中,自身粉丝数对转发行为的影响大于自身关注数对转发行为的影响。

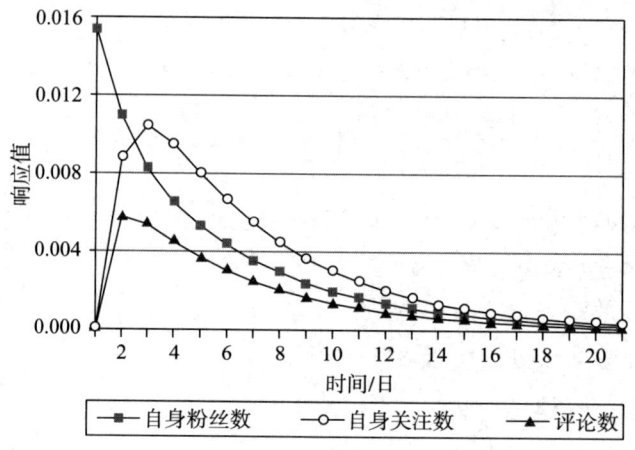

图 6-19 评论数脉冲响应图

由图 6-19 可见,当自身粉丝数受到一个正向冲击时,该冲击会立即传导至用户评论行为,第一期响应量约为 0.015,第二期开始迅速下降至第十四期,约为 0.001,随后缓慢下降并趋近于 0。表明自身粉丝数会对评论行为产生同向冲击,即用户评论行为受到粉丝对自身追随现象的显著影响,且前十期的影响效应较大。当自身关注数受到一个正向冲击时,该冲击并非立即传导至用户评论行为,而是于第二期开始迅速上升,于第三期达到扰动过程的峰值 0.011,随后开始缓慢下降至第二十一期,并趋近于 0。表明自身关注数的变化并非立即对评论行为产生影响,而于滞后 2 期开始产生扰动,于滞后 3 期达到扰动的峰值,且前十二期的影响效应较大。其中,在危机发生后的前三期,自身粉丝数对评论行为的影响大于自身关注数对评论行为的影响,而于第三期后自身关注数对评论行为的影响则大于自身粉丝数产生的影响。

6.2.4 边际影响力

在信息分享行为脉冲响应分析的基础上,为了进一步了解自身关注数及自身粉丝数分别对转发行为和评论行为的边际影响力,在此使用状态空间模型对相关因素边际影响力的变化过程进行分析,从而揭示自身关注数及自身粉丝数分别对转发行为和评论行为影响效应的波动过程特征。其对应的模型形式如下:

测量方程:$\ln y_{behavior,t} = c_{self,t} + a_{self\_g,t} \ln y_{self\_g,t-i} + b_{self\_f,t} \ln y_{self\_f,t-j} + u_{self,t}$,

$i=0,1,2,\cdots,T-1, j=0,1,2,\cdots,T-1;$

状态方程：$\begin{cases} a_{self\_g,t} = a_{self\_g} + \gamma a_{self\_g,t-1} + \varepsilon_{self\_g,t} \\ b_{self\_f,t} = b_{self\_f} + \sigma b_{self\_f,t-1} + \varepsilon_{self\_f,t} \end{cases}$

其中，$y_{behavior}$ 为转发或评论行为，$y_{self\_g,t-i}$ 为经协整检验后处于长期均衡关系的滞后第 i 阶的自身关注数，$y_{self\_f,t-j}$ 为经协整检验后处于长期均衡关系的滞后第 j 阶的自身粉丝数，$u_{self,t}$ 为满足均值 $E(u_{self,t})=0$ 和协方差矩阵 $\mathrm{var}(u_{self,t})=H_{self,t}$ 的连续的不相关扰动项，$\varepsilon_{self\_g,t}$ 为满足均值 $E(\varepsilon_{self\_g,t})=0$ 和协方差矩阵 $\mathrm{var}(\varepsilon_{self\_g,t})=H_{self\_g,t}$ 的连续的不相关扰动项，$\varepsilon_{self\_f,t}$ 为满足均值 $E(\varepsilon_{self\_f,t})=0$ 和协方差矩阵 $\mathrm{var}(\varepsilon_{self\_f,t})=H_{self\_f,t}$ 的连续的不相关扰动项。

其状态空间模型分析结果如图 6-20 及图 6-21 所示。

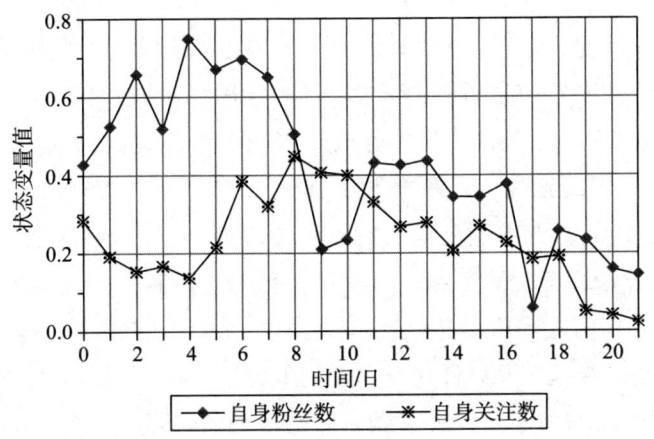

图 6-20 对转发数边际影响力

由图 6-20 可见，自身粉丝数对转发行为的边际影响力在危机刚发生时约为 0.42，随后迅速上升，于第二天及第四天分别达到两个阶段性峰值 0.67 和 0.75，第四天后开始迅速下降至第九天，约为 0.21，接着开始回升，并于第十二天、第十三天维持在 0.42 的稳定值，随后波动式下降至第二十一天，其值约为 0.15。自身关注数对转发行为的边际影响力在危机刚发生时约为 0.29，随后下降至第四天，约为 0.15，接着存在一个波动式上升的过程，于第八天达到整个过程的最大影响值 0.44，随后存在一个持续衰减及小幅波动的过程，至第二十一天约为 0.02 的边际影响力水平。在整个过程中，自身粉丝数对转发行为的边际影响力在第九天至第十一天以及第十七天小于自身关注数的边际影响力外，其余时段则均大于自身关注数对转发行为的边际影响力。

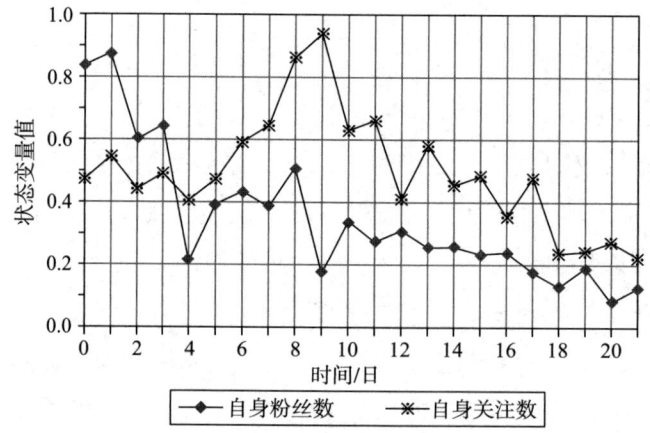

图 6-21 对评论数边际影响力

由图 6-21 可见,自身粉丝数对评论行为的边际影响力于危机刚发生时约为 0.84,于第一天达到整个过程的最大值 0.88,随后波动式快速下降至第四天,其边际影响力约为 0.21,于第五天至第八天存在一个波动式缓慢上升的过程,第八天其值达到 0.51,随后一直缓慢下降,至第二十一天约为 0.12。自身关注数对评论行为的边际影响力于危机刚发生时约为 0.48,随后小幅上下波动至第四天,于第五天开始快速上升至第九天其边际影响力达到整个过程的最大值 0.95,随后开始波动式下降至第二十一天,其值约为 0.22。在整个过程中,自身粉丝数于危机发生后的前三天对评论行为的边际影响力大于自身关注数的边际影响力,其余时段则均小于自身关注数对评论行为的边际影响力。

6.3 信源关注数及粉丝数的影响

为了较好地了解信源关注数及信源粉丝数对转发行为和评论行为的关联性及影响的时滞特征,先对信源关注数及信源粉丝数分别与转发数及评论数的交叉相关 spike 图进行分析。对应的各交叉相关 spike 图如图 6-22 至图 6-25 所示。

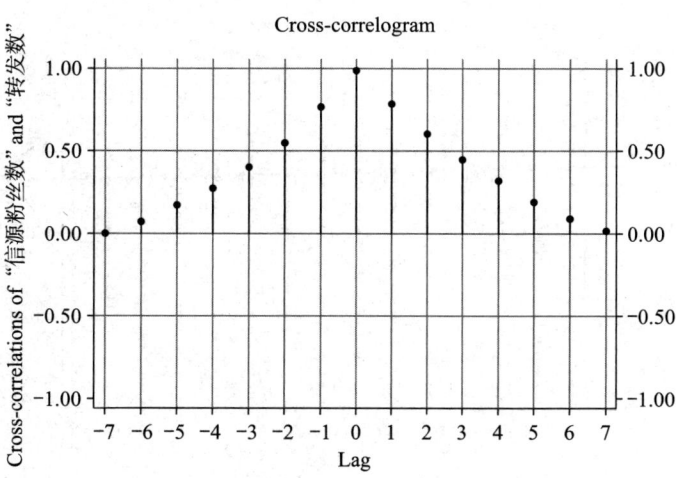

图 6-22 转发数与信源粉丝数交叉相关图

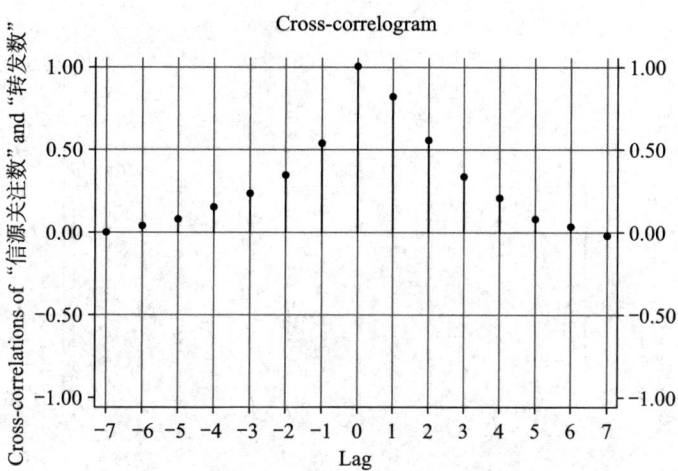

图 6-23 转发数与信源关注数交叉相关图

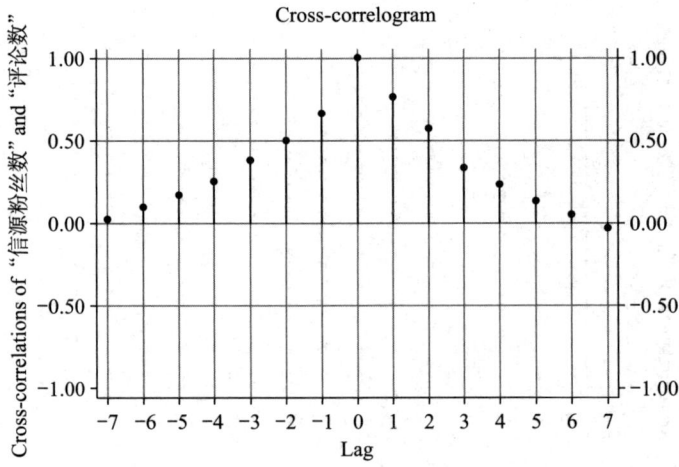

图 6-24 评论数与信源粉丝数交叉相关图

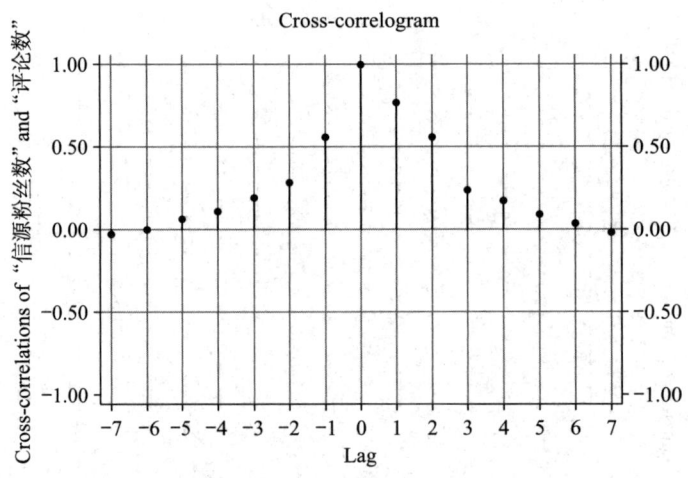

图 6-25 评论数与信源关注数交叉相关图

图 6-22 至图 6-25 显示,信源关注数及信源粉丝数分别与转发数和评论数的关联度均随滞后期增加呈缓慢衰减态势,对转发数和评论数的交叉相关系数约于滞后 2 期内大于 0.50,即可初步判断信源关注数及信源粉丝数对转发行为和评论行为的影响在滞后 2 期内较为明显。根据变量间的滞后关联特征,可在转发数及评论数探测模型构建中将滞后数设置为 2 期对模型进行估计,并以此为基础对正式 VAR 模型中的变量结构及滞后标准进行识别和检验。

6.3.1 因果关系检验

对正式模型中的变量结构进行识别和检验,分析信源关注数及信源粉丝数是否分别与转发数及评论数之间存在显著性 Granger 因果关系,以确定在转发数及评论数方程中引入信源关注数及信源粉丝数这两个变量的模型结构设定是否合理。对应的 Granger 因果检验结果见表 6-7。

表 6-7 Granger 因果关系检验

			因果排除检验								
	因变量	转发行为			信源关注				信源粉丝		
	自变量	χ^2 值	df	p 值	自变量	χ^2 值	df	p 值	自变量	χ^2 值	df	p 值
转发行为模型	信源关注	9.168	2	0.010	转发行为	5.197	2	0.074	信源关注	6.924	2	0.031
	信源粉丝	12.045	2	0.002	信源粉丝	6.804	2	0.033	转发行为	5.119	2	0.077
	自变量联合	28.972	4	0.000	自变量联合	16.260	4	0.003	自变量联合	18.376	4	0.001
	因变量	评论行为			信源关注				信源粉丝		
评论行为模型	信源关注	52.682	2	0.000	评论行为	61.378	2	0.000	信源关注	6.073	2	0.048
	信源粉丝	19.006	2	0.000	信源粉丝	7.119	2	0.068	评论行为	25.073	2	0.000
	自变量联合	57.585	4	0.000	自变量联合	380.624	4	0.000	自变量联合	10.710	4	0.030

由表 6-7 可见,在信源关注数及信源粉丝数分别与转发行为的因果关系排除检验中,信源关注数、信源粉丝数以及两个变量联合项的 χ^2 检验对应的 p 值均小于 0.05 的显著水平,表明可以拒绝不存在因果关系的原假设。因此,在转发行为对应的方程中不能将信源关注数及信源粉丝数排除,即信源关注数及信源粉丝数是转发行为的 Granger 原因。在信源关注数及信源粉丝数与评论行为的因果关系排除检验中,信源关注数、信源粉丝数以及两个变量联合项的 χ^2 检验对应的 p 值也均小于 0.05 的显著水平,表明可以拒绝不存在因果关系的原假设。因此,在评论行为对应的方程中不能将信源关注数及信源粉丝数排除,即信源关注数及信源粉丝数是评论行为的 Granger 原因。此外,其他相关的检验 p 值几乎均小于 0.05 的显著水平,故在 VAR 模型构建中对应的内生变量的选择有效。

6.3.2 VAR 模型构建

在 VAR 模型的 Granger 因果关系检验的基础上，为了进一步了解信源关注数及信源粉丝数对转发行为及评论行为影响的滞后时间长度，需对 VAR 模型进行统计分析和时滞长度判断。对应的统计结果见表 6-8。

由表 6-8 可见，转发行为及评论行为 VAR 模型的最佳滞后长度均为 2 期。在上述因果关系检验及时滞特征分析的基础上，分别对转发行为及评论行为的 VAR 模型进行设定和估计。其对应的模型形式如下：

$$\begin{bmatrix} Behavior \\ Srce\_G \\ Srce\_F \end{bmatrix}_t = \begin{bmatrix} a_1 \\ a_2 \\ a_3 \end{bmatrix} + \begin{bmatrix} b_{11} & b_{12} & b_{13} \\ b_{21} & b_{22} & b_{23} \\ b_{31} & b_{32} & b_{33} \end{bmatrix} \begin{bmatrix} Behavior \\ Srce\_G \\ Srce\_F \end{bmatrix}_{t-1} + \cdots +$$

$$\begin{bmatrix} \sigma_{11} & \sigma_{12} & \sigma_{13} \\ \sigma_{21} & \sigma_{22} & \sigma_{23} \\ \sigma_{31} & \sigma_{32} & \sigma_{33} \end{bmatrix} \begin{bmatrix} Behavior \\ Srce\_G \\ Srce\_F \end{bmatrix}_{t-k} + \begin{bmatrix} \varepsilon_1 \\ \varepsilon_2 \\ \varepsilon_3 \end{bmatrix}$$

其中 $Behavior$ 为转发或评论行为，$Srce\_G$ 为自身关注数，$Srce\_F$ 为自身粉丝数，k 为内生变量滞后阶数，ε_i 为随机误差项。

表 6-8 时滞长度选择标准

模型	Lag	LogL	LR	FPE	AIC	SC	HQ
转发行为 VAR 模型	0	65.32733	NA	8.30E−08	−7.790916	−7.646056	−7.783498
	1	108.8112	65.2258	1.15E−09	−12.1014	−11.52196	−12.07173
	2	115.3407	37.67280*	1.13e−13*	−113.7525*	−111.4347*	−113.6338*
	3	124.3435	6.752138	2.90E−09	−11.79294	−10.34434	−11.71876
	4	224.8043	7.345661	1.83E−09	−11.79258	−10.77856	−11.74066
	5	958.0197	0	NA	−23.22554	−21.34236	−23.12911

续表

模型	Lag	LogL	LR	FPE	AIC	SC	HQ
评论行为VAR模型	0	68.22438	NA	5.78E−08	−8.153048	−8.008188	−8.14563
	1	109.9032	62.51825	1.00E−09	−12.2379	−11.65846	−12.20823
	2	117.2366	17.74009*	6.37e−11*	−127.3593*	−125.0415*	−127.2406*
	3	126.8449	7.206193	2.12E−09	−12.10561	−10.65701	−12.03143
	4	174.1518	8.250096	1.45E−09	−12.02958	−11.01556	−11.97765
	5	1066.874	0	NA	−16.89398	−15.01079	−16.79754

为了确定 VAR 模型构建和设定的正确性,需对模型进行稳定性检验。该模型的稳定性检验结果如图 6-26 和图 6-27 所示。

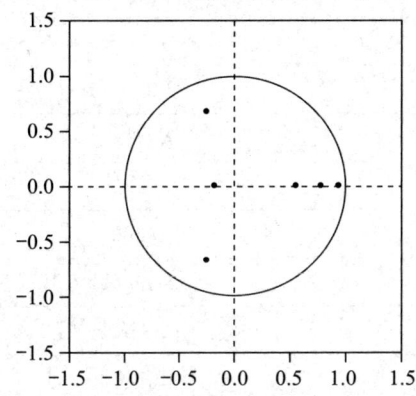
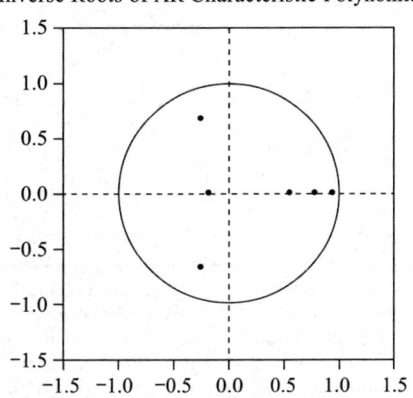

图 6-26 转发模型特征根倒数模及单位圆　图 6-27 评论模型特征根倒数模及单位圆

图 6-26 和图 6-27 显示,在转发行为及评论行为模型中代表 AR 特征根倒数的模的点均落在单位圆内,表明所构建的模型均满足稳定性条件,说明所设定的模型均正确,无须重新构建。

对应模型的估计结果如表 6-9 所示(该表只列出与本研究相关的参数估计值)。

表 6-9　VAR 模型参数估计及检验结果

自变量	因变量			
	转发数		评论数	
	系数	T 值	系数	T 值
转发数（-1）	0.5582	11.5068	N/A	N/A
转发数（-2）	-0.2293	-10.6022	N/A	N/A
评论数（-1）	N/A	N/A	0.7007	9.4779
评论数（-2）	N/A	N/A	0.2222	-14.4658
信源关注数（-1）	0.0436	9.1204	0.4496	-20.0562
信源关注数（-2）	0.0689	7.3321	-0.1765	-17.2361
信源粉丝数（-1）	0.1337	11.2461	0.4901	-18.2997
信源粉丝数（-2）	-0.1192	15.2792	-0.1022	-14.4069
C	4.9064	-13.8895	6.7908	-10.4928
R-squared	0.9982		0.9881	
Adj. R-squared	0.9974		0.9822	
Sum sq. resids	0.0019		0.0526	
S.E. equation	0.0126		0.0662	
F-statistic	1169.2059		167.3383	
Log likelihood	60.4588		28.9884	
Akaike AIC	-5.6272		-2.3145	
Schwarz SC	-5.2793		-1.9666	
Mean dependent	11.9665		10.4242	
S.D. dependent	0.2496		0.4974	

由表 6-9 可见，转发及评论行为模型中各项系数显著性检验的 $|t|$ 值均大于 1.96 的临界值，即各系数的 t 检验均达到 0.05 的显著水平。此外，可决系数 R-squared 值及 Adj. R-squared 值均较大，表明所构建的 VAR 模型与样本数据拟合度较佳，该模型可用于信源关注数及信源粉丝数分别对转发行为及评论行为动态影响的相关研究和分析中。

6.3.3 脉冲响应分析

为了揭示信源关注数及信源粉丝数对转发行为及评论行为的动态扰动特征，在 VAR 模型估计的基础上分别对转发行为及评论行为进行脉冲响应分析。此处采用广义脉冲函数进行估计，其函数形式如下：

$$\psi_{Srce}(q,\delta_j,\Omega_{t-1}) = E(y_{Srce,t+q} | \varepsilon_{Srce,jt} = \delta_{Srce,j}, \Omega_{Srce,t-1}) - E(y_{Srce,t+q} | \Omega_{Srce,t-1})$$

$$= \left(\frac{A_{Srce,q}\Sigma_{Srce,j}}{\sqrt{\sigma_{Srce,jj}}}\right)\left(\frac{\delta_{Srce,j}}{\sqrt{\sigma_{Srce,jj}}}\right), q = 0,1,2,\cdots,t = 1,2,\cdots,T。$$

其中 $\sigma_{Srce,jj} = E_{Srce}(\varepsilon_{jt}^2)$，$\Sigma_{Srce,j} = E_{Srce}(\varepsilon_t\varepsilon_{jt})$ 表示 ε_t 协方差矩阵 Σ 上的第 j 列元素，ε_t 来自 $y_{Srce,t} = \Phi_1 y_{Srce,t-1} + \cdots + \Phi_1 y_{Srce,t-p} + \varepsilon_{Srce,t}$ 中的扰动列向量 $\varepsilon_{Srce,t}$，Φ_i 为系数矩阵，p 为滞后阶数。

对应分析结果如图 6-28 及图 6-29 所示。

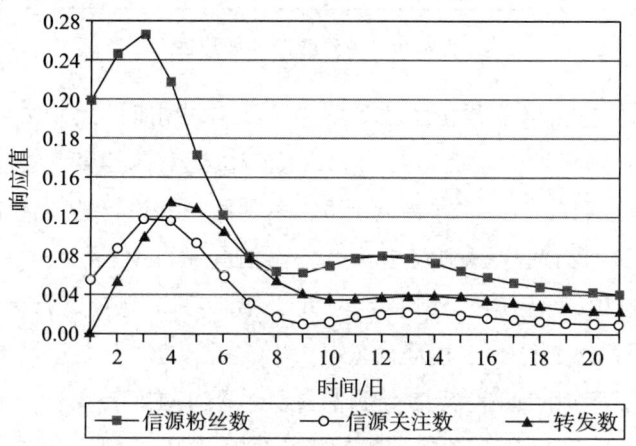

图 6-28 转发数脉冲响应图

由图 6-28 可见，当信源粉丝数受到一个正向冲击时，该冲击会立即传导至用户转发行为，第一期响应值约为 0.21，接着快速上升至第三期达到整个过程最大值 0.27，随后快速下降至第八期约为 0.06，接着存在一个小幅缓慢回升过程，至第十二期达到 0.07，其后缓慢下降至第二十一期，其值约为 0.04。表明用户转发行为受到信源粉丝数的显著影响，且前八期的影响效应较大。而当信源关注数受到一个正向冲击时，该冲击会立即传导至用户转发行为，第一期响应值约为 0.05，接着快速上升至第三期达到整个过程最大值 0.11，随后快速下降至第八期约为 0.01，接着存在一个小幅正向波动，至第十四期约为 0.02，第十五期至第二十一期则呈缓慢下降趋势,第二十一期其值约为0.01。表明用户转发行为受到信源关注数的显著影响,且前八期的影响效应较大。其中,在整个过程中,信源粉丝数对转发行为的影响大于信源关注数对转发行为的影响。

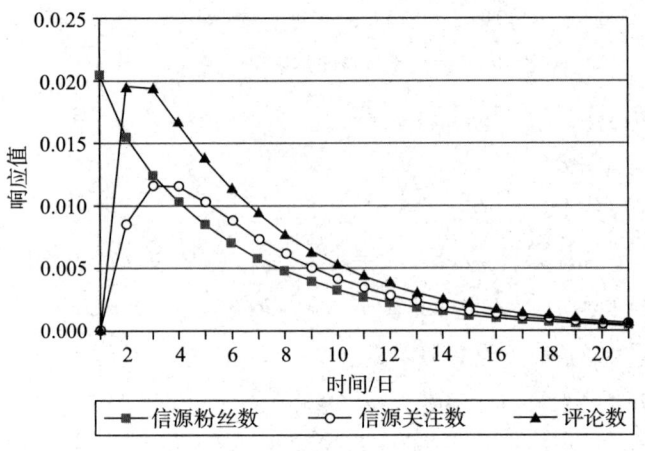

图 6-29　评论数脉冲响应图

由图 6-29 可见,当信源粉丝数受到一个正向冲击时,该冲击会立即传导至用户评论行为,第一期响应值约为 0.021,接着快速下降至第十四期约为 0.002,其后缓慢下降至第二十一期并趋近于 0。表明用户评论行为受到信源粉丝数的显著影响,且前十四期的影响效应较大。当信源关注数受到一个正向冲击时,该冲击并非立即传导至用户评论行为,而于第二期其响应值开始快速上升,至第三期及第四期达到整个过程最大值,约为 0.012,随后开始下降至第二十一期并趋近于 0。表明用户评论行为受到信源关注数的显著影响,且前十四期的影响效应较大。在整个过程中,信源粉丝数于危机发生后前三期对评论行为的扰动大于信源关注数产生的扰动,其余时段则均小于信源关注数对评论行为的扰动。

6.3.4 边际影响力

在信息分享行为脉冲响应分析的基础上,为了进一步了解信源关注数及信源粉丝数分别对转发行为和评论行为的边际影响力,在此使用状态空间模型对相关因素边际影响力的变化过程进行分析,从而揭示信源关注数及信源粉丝数分别对转发行为和评论行为影响效应的波动过程特征。其对应的模型形式如下:

测量方程：$\ln y_{behavior,t} = c_{srce,t} + a_{srce\_g,t} \ln y_{srce\_g,t-i} + b_{srce\_f,t} \ln y_{srce\_f,t-j} + u_{srce,t}$，$i = 0,1,2,\cdots,T-1, j = 0,1,2,\cdots,T-1$；

状态方程：$\begin{cases} a_{srce\_g,t} = a_{srce\_g} + \gamma a_{srce\_g,t-1} + \varepsilon_{srce\_g,t} \\ b_{srce\_f,t} = b_{srce\_f} + \sigma b_{srce\_f,t-1} + \varepsilon_{srce\_f,t} \end{cases}$

其中，$y_{behavior}$ 为转发或评论行为，$y_{srce\_g,t-i}$ 为经协整检验后处于长期均衡关系的滞后第 i 阶的信源关注数，$y_{srce\_f,t-j}$ 为经协整检验后处于长期均衡关系的滞后第 j 阶的信源粉丝数，$u_{srce,t}$ 为满足均值 $E(u_{srce,t}) = 0$ 和协方差矩阵 $\text{var}(u_{srce,t}) = H_{self,t}$ 的连续的不相关扰动项，$\varepsilon_{srce\_g,t}$ 为满足均值 $E(\varepsilon_{srce\_g,t}) = 0$ 和协方差矩阵 $\text{var}(\varepsilon_{srce\_g,t}) = H_{srce\_g,t}$ 的连续的不相关扰动项，$\varepsilon_{srce\_f,t}$ 为满足均值 $E(\varepsilon_{srce\_f,t}) = 0$ 和协方差矩阵 $\text{var}(\varepsilon_{srce\_f,t}) = H_{srce\_f,t}$ 的连续的不相关扰动项。

其状态空间模型分析结果如图 6-30 及图 6-31 所示。

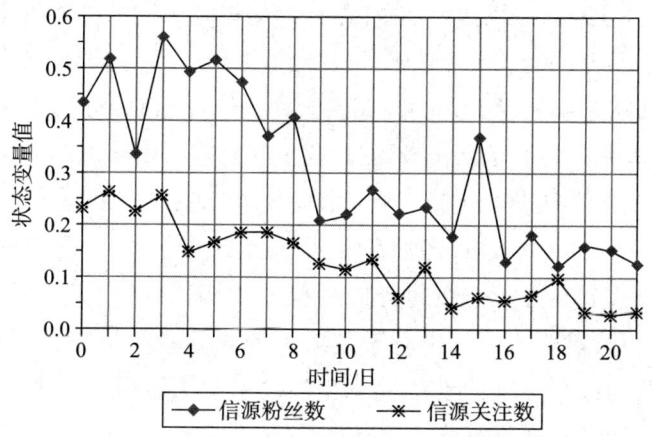

图 6-30　对转发数边际影响力

由图 6-30 可见，信源粉丝数对转发行为的边际影响力于危机刚发生时约为 0.44，于第一天快速上升至 0.52，第二天下降至 0.34，随后迅速上升至第三天达到整个过程最大值，约为 0.56，而后波动式下降至第二十一天，其值约为 0.13，其中于第十五天存在一个较大的正向波动，其值约为 0.38。信源关注数对转发行为的边际影响力于危机刚发生时约为 0.24，在第一天及第三天均达到整个过程的最大值，约为 0.26，随后波动式缓慢下降至第二十一天，其边际影响力降低至 0.03。在整个过程中，信源粉丝数对转发行为的边际影响力均大于信源关注数对转发行为的边际影响力。

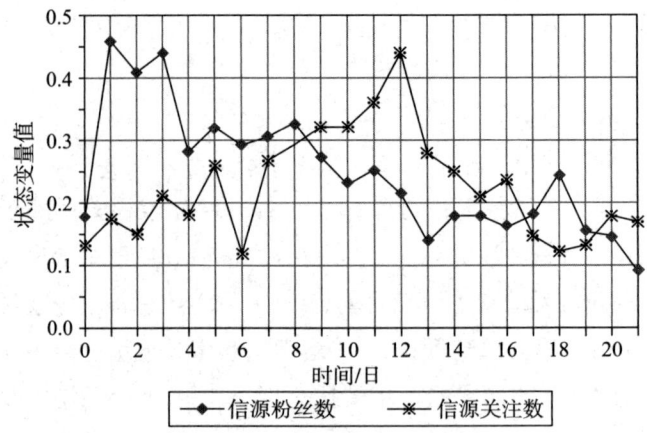

图 6-31 对评论数边际影响力

由图 6-31 可见,信源粉丝数对评论行为的边际影响力于危机刚发生时约为 0.18,其后第一天迅速上升达到整个过程的最大值 0.46,且于第二天及第三天维持在较高的影响力水平,约为 0.43,第四天快速下降至 0.28,第六天至第八天维持在 0.31 的影响力水平,随后开始波动式下降至第二十一天,其值降低至 0.09,其中,于第十八天存在一个小幅正向波动。信源关注数对评论行为的边际影响力于危机刚发生时约为 0.14,随后波动式上升至第十二天,达到整个过程最大值,约为 0.45,接着存在一个快速下降过程,并于第十八天下降至 0.12,随后存在一个小幅回升过程,至第二十一天其值约为 0.18。在整个过程中,信源粉丝数对评论行为的边际影响力于危机发生后的前八天以及第十七天至第十九天均大于信源关注数对评论行为的边际影响力,而其余时段则均小于信源关注数对评论行为的边际影响力。

6.4 信息时间距离的影响

为了较好地了解信息时间距离对转发行为和评论行为的关联性及影响的时滞特征,先对信息时间距离与转发数及评论数的交叉相关 spike 图进行分析。对应的各交叉相关 spike 图如图 6-32 和图 6-33 所示。

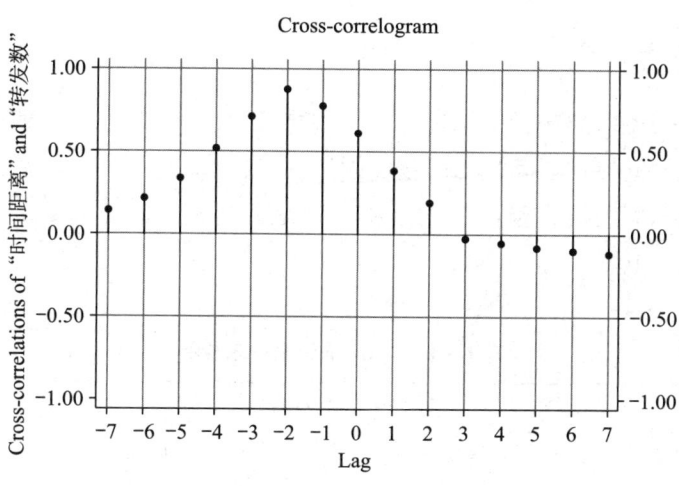

图 6-32　转发数与时间距离交叉相关图

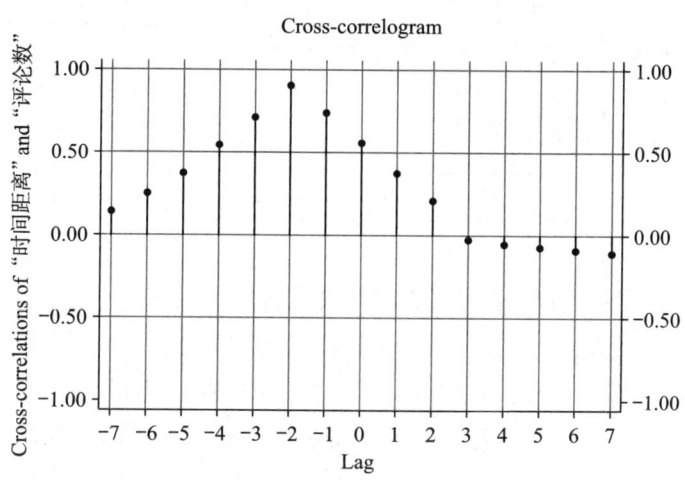

图 6-33　评论数与时间距离交叉相关图

图 6-32 和图 6-33 显示，信息时间距离与转发数和评论数的关联度均随滞后期增加呈快速衰减态势，对转发数和评论数的交叉相关系数于滞后 2 期内较大，即可初步判断信息时间距离对转发行为和评论行为的影响在滞后 2 期内较为明显。根据变量间的滞后关联特征，可在转发数及评论数探测模型构建中将滞后数设置为 2 期对模型进行估计，并以此为基础对正式 VAR 模型中的变量结构及滞后标准进行识别和检验。

6.4.1 因果关系检验

对正式模型中的变量结构进行识别和检验,分析信息时间距离是否与转发数及评论数之间存在显著性 Granger 因果关系,以确定在转发数及评论数方程中引入信息时间距离变量的模型结构设定是否合理。对应的 Granger 因果检验结果见表 6-10。

表 6-10　Granger 因果关系检验

		因果排除检验						
		转发行为			时间距离			
转发行为模型	因变量 自变量	χ^2 值	df	p 值	自变量	χ^2 值	df	p 值
	时间距离	7.544	2	0.023	转发行为	29.417	2	0.000
	自变量联合	11.691	2	0.003	自变量联合	12.034	2	0.002
评论行为模型	因变量 自变量	评论行为			时间距离			
	时间距离	25.708	2	0.000	评论行为	6.914	2	0.032
	自变量联合	8.326	2	0.016	自变量联合	48.619	2	0.000

由表 6-10 可见,在信息时间距离与转发行为的因果关系排除检验中,信息时间距离的 χ^2 检验对应的 p 值均小于 0.05 的显著水平,表明可以拒绝不存在因果关系的原假设。因此,在转发行为对应的方程中不能将信息时间距离排除,即信息时间距离是转发行为的 Granger 原因。在信息时间距离与评论行为的因果关系排除检验中,信息时间距离的 χ^2 检验对应的 p 值也均小于 0.05 的显著水平,表明可以拒绝不存在因果关系的原假设。因此,在评论行为对应的方程中不能将信息时间距离排除,即信息时间距离是评论行为的 Granger 原因。此外,其他相关的检验 p 值几乎均小于 0.05 的显著水平,故在 VAR 模型构建中对应的内生变量的选择有效。

6.4.2 VAR 模型构建

在 VAR 模型的 Granger 因果关系检验的基础上,为了进一步了解信息时间距离对转发行为及评论行为影响的滞后时间长度,需对 VAR 模型进行统计分析和时滞长度判断。对应的统计结果见表 6-11。

表 6-11 时滞长度选择标准

模型	Lag	LogL	LR	FPE	AIC	SC	HQ
转发行为 VAR 模型	0	7.020456	NA	0.000121	−0.502557	−0.357697	−0.495139
	1	67.11615	90.14354	2.11E−07	−6.889519	−6.310078	−6.859847
	2	78.97286	17.68019*	1.16e−08*	−122.6286*	−120.3108*	−122.5099*
	3	85.36062	4.790822	3.79E−07	−6.920078	−5.471474	−6.845897
	4	132.5078	13.33879	1.73E−07	−7.246607	−6.232585	−7.194681
	5	1029.028	0	NA	−11.68847	−9.805288	−11.59204
评论行为 VAR 模型	0	13.26815	NA	5.56E−05	−1.283518	−1.138658	−1.2761
	1	73.61392	16.04488	9.37E−08	−7.701739	−7.122298	−7.672067
	2	84.7085	90.51865*	2.57e−09*	−131.4655*	−129.1478*	−131.3468*
	3	101.7972	12.81649	4.86E−08	−8.974644	−7.526041	−8.900464
	4	144.5835	12.48141	8.44E−08	−7.963563	−6.94954	−7.911636
	5	1099.724	0	NA	−13.19794	−11.31475	−13.1015

由表 6-11 可见，转发行为及评论行为 VAR 模型的最佳滞后长度均为 2 期。在上述因果关系检验及时滞特征分析的基础上，分别对转发行为及评论行为的 VAR 模型进行设定和估计。其对应的模型形式如下：

$$\begin{bmatrix} Behavior \\ TimeDist \end{bmatrix}_t = \begin{bmatrix} a_1 \\ a_2 \end{bmatrix} + \begin{bmatrix} b_{11} & b_{12} \\ b_{21} & b_{22} \end{bmatrix} \begin{bmatrix} Behavior \\ TimeDist \end{bmatrix}_{t-1} + \cdots + \begin{bmatrix} \sigma_{11} & \sigma_{12} \\ \sigma_{21} & \sigma_{22} \end{bmatrix} \begin{bmatrix} Behavior \\ TimeDist \end{bmatrix}_{t-k} + \begin{bmatrix} \varepsilon_1 \\ \varepsilon_2 \end{bmatrix}$$

其中 $Behavior$ 为转发或评论行为，$TimeDist$ 为时间距离，k 为内生变量滞后阶数，ε_i 为随机误差项。

为了确定 VAR 模型构建和设定的正确性，需对模型进行稳定性检验。该模型的稳定性检验结果如图 6-34 和图 6-35 所示。

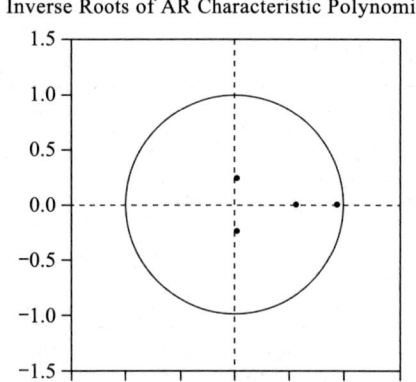
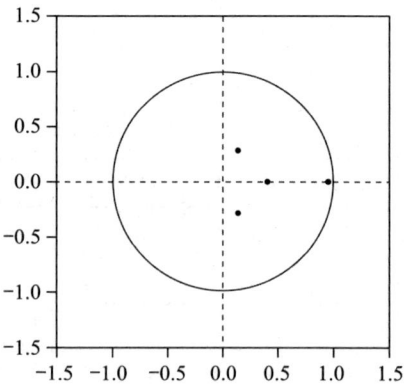

图 6-34　转发模型特征根倒数模及单位圆　　图 6-35　评论模型特征根倒数模及单位圆

图 6-34 和图 6-35 显示，在转发行为及评论行为模型中代表 AR 特征根倒数的模的点均落在单位圆内，表明所构建的模型均满足稳定性条件，说明所设定的模型均正确，无需重新构建。

对应模型的估计结果如表 6-12 所示（该表只列出与本研究相关的参数估计值）。

表 6-12　VAR 模型参数估计及检验结果

自变量	因变量			
	转发数		评论数	
	系数	T 值	系数	T 值
转发数（-1）	1.1195	14.5059	N/A	N/A
转发数（-2）	-0.6815	-7.2069	N/A	N/A
评论数（-1）	N/A	N/A	0.0010	-17.0315
评论数（-2）	N/A	N/A	0.0027	-12.0271
时间距离（-1）	1.1261	-20.2800	1.0120	-7.1065
时间距离（-2）	-0.8373	-16.3843	-0.1834	-5.0514
C	-3.5400	8.3491	-2.1275	-10.7177
R-squared	0.9975		0.9919	
Adj. R-squared	0.9962		0.9879	

续表

自变量	因变量			
	转发数		评论数	
	系数	T 值	系数	T 值
Sum sq. resids	0.0027		0.4171	
S.E. equation	0.0152		0.1864	
F-statistic	804.4295		247.2342	
Log likelihood	56.9137		9.3182	
Akaike AIC	−5.2540		−0.2440	
Schwarz SC	−4.9061		0.1039	
Mean dependent	11.9665		8.4513	
S.D. dependent	0.2496		1.6994	

由表 6-12 可见,转发及评论行为模型中各项系数显著性检验的 $|t|$ 值均大于 1.96 的临界值,即各系数的 t 检验均达到 0.05 的显著水平。此外,可决系数 R-squared 值及 Adj. R-squared 值均较大,表明所构建的 VAR 模型与样本数据拟合度较佳,该模型可用于信息时间距离对转发行为及评论行为动态影响的相关研究和分析中。

6.4.3 脉冲响应分析

为了揭示信息时间距离对转发行为及评论行为的动态扰动特征,在 VAR 模型估计的基础上分别对转发行为及评论行为进行脉冲响应分析。此处采用广义脉冲函数进行估计,其函数形式如下:

$$\psi_{TimDt}(q, \delta_j, \Omega_{t-1}) = E(y_{TimDt, t+q} | \varepsilon_{TimDt, jt} = \delta_{TimDt, j}, \Omega_{TimDt, t-1}) - E(y_{TimDt, t+q} | \Omega_{TimDt, t-1}) = \left(\frac{A_{TimDt, q} \Sigma_{TimDt, j}}{\sqrt{\sigma_{TimDt, jj}}} \right) \left(\frac{\delta_{TimDt, j}}{\sqrt{\sigma_{TimDt, jj}}} \right), q = 0, 1, 2, \cdots, t = 1, 2, \cdots, T.$$

其中 $\sigma_{TimDt, jj} = E_{TimDt}(\varepsilon_{jt}^2)$,$\Sigma_{TimDt, j} = E_{TimDt}(\varepsilon_t \varepsilon_{jt})$ 表示 ε_t 协方差矩阵 Σ 上的第 j 列元素,ε_t 来自 $y_{TimDt, t} = \Phi_1 y_{TimDt, t-1} + \cdots + \Phi_1 y_{TimDt, t-p} + \varepsilon_{TimDt, t}$ 中的扰动列向量 $\varepsilon_{TimDt, t}$,Φ_i 为系数矩阵,p 为滞后阶数。

对应分析结果如图 6-36 及图 6-37 所示。

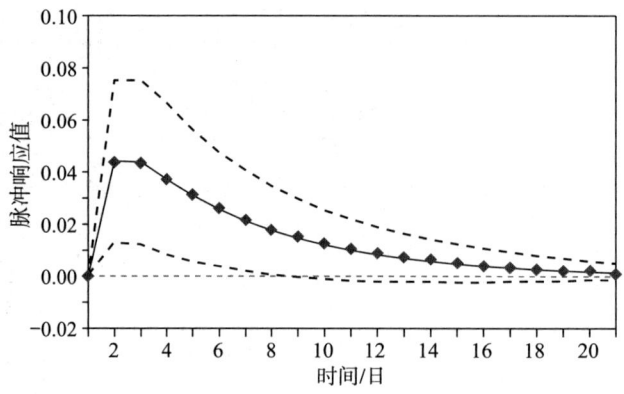

图 6-36 转发数脉冲响应图

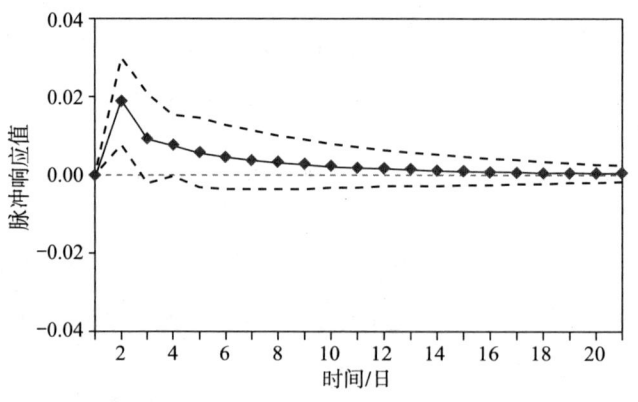

图 6-37 评论数脉冲响应图

在图 6-36 和图 6-37 中,带实体小方形的折线为脉冲响应曲线,两旁虚线为正负两倍标准差偏离带(±2S.E)。由图 6-36 可见,当信息时间距离受到一个正向冲击时,该冲击并非立即传导至用户转发行为,而是在时间推移一期后于第二期其响应值迅速上升至 0.045,第三期维持该响应水平,随后开始缓慢下降至第二十一期,其响应值趋近于 0。其中,前十二期冲击影响较大,并于第二期及第三期达到影响效应最大值,第十二期后其响应值逐渐减弱,且冲击效应较小。由图 6-37 可见,当信息时间距离受到一个正向冲击时,该冲击并非立即传导至用户评论行为,而是在时间推移一期后于第二期其响应值迅速上升至 0.02,第三期下降至 0.01,随后缓慢下降至第二十一期,其响应值趋近于 0。其中,前十期冲击效应较大,且第二期及第三期的扰动效应最为明显,第十期后其响应值较小,即冲击效应较小。

6.4.4 边际影响力

在信息分享行为脉冲响应分析的基础上,为了进一步了解信息时间距离对转发行为和评论行为的边际影响力,在此使用状态空间模型对信息时间距离边际影响力的变化过程进行分析,从而揭示信息时间距离对转发行为和评论行为影响效应的波动过程特征。其对应的模型形式如下:

测量方程:$\ln y_{behavior,t} = c_{timdt,t} + a_{timdt,t} \ln y_{timdt,t-i} + u_{timdt,t}$,$i = 0,1,2,\cdots,T-1$,$j = 0,1,2,\cdots,T-1$;

状态方程:$a_{timedt,t} = a_{timedt} + \gamma a_{timedt,t-1} + \varepsilon_{timedt,t}$

其中,$y_{behavior}$ 为转发或评论行为,$y_{timdt,t-i}$ 为经协整检验后处于长期均衡关系的滞后第 i 阶的时间距离,$u_{timdt,t}$ 为满足均值 $E(u_{timdt,t}) = 0$ 和协方差矩阵 $\mathrm{var}(u_{timdt,t}) = H_{timdt,t}$ 的连续的不相关扰动项,$\varepsilon_{timdt\_g,t}$ 为满足均值 $E(\varepsilon_{timdt,t}) = 0$ 和协方差矩阵 $\mathrm{var}(\varepsilon_{timdt,t}) = H_{timdt,t}$ 的连续的不相关扰动项。

其状态空间模型分析结果如图 6-38 及图 6-39 所示。

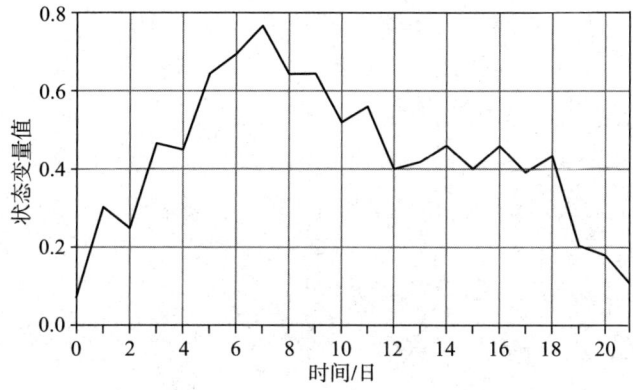

图 6-38 对转发数边际影响力

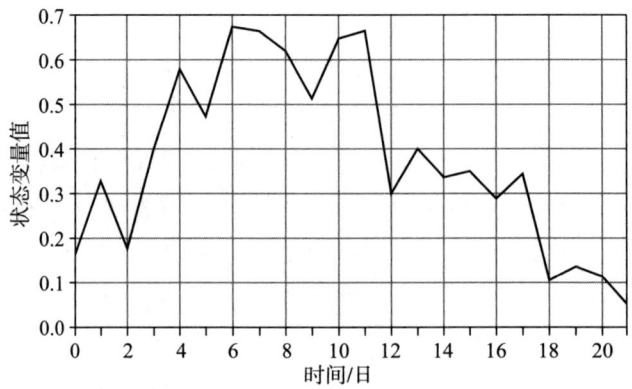

图 6-39 对评论数边际影响力

由图 6-38 可见,在整个传播过程中,信息时间距离对转发行为的边际影响力于危机刚发生时约为 0.09,随后波动式快速上升至第七天达到边际影响力的最大值,约为 0.78,其后开始波动式下降至第十二天约为 0.4 的影响力水平,并于第十三天至第十八天之间维持在 0.42 水平处上下波动,而于第十九天后迅速下降至第二十一天约为 0.10。由图 6-39 可见,信息时间距离对评论行为的边际影响力于危机刚发生时约为 0.17,随后波动式快速上升至第六天达到整个过程边际影响力的最大值,约为 0.67,且于第七天至第十一天之间保持较大影响力水平,均维持在 0.53 水平以上。第十二天快速下降至 0.30,于第十三天至第十七天之间维持在 0.35 水平处上下波动,而第十七天后迅速下降至第二十一天,其值约为 0.05。

6.5 影响贡献率分解

6.5.1 转发行为波动

为了比较各动态情景影响因素对转发行为扰动效应的大小,从而识别出不同影响因素对转发行为影响的重要程度,需在上述各影响因素对转发行为动态扰动特征及边际影响力分析的基础上,分别对各影响因素的波动贡献率进行方差分解(Lee & Lee,2015)。方差分解(variance decomposition)是用于分析 VAR 模型中某些相关内生变量的结构性冲击对特定内生变量变化贡献率的一种有效方法。其对应的相对方差贡献率(RVC)算式如下:

$$RVC_{j\to zhuanfa}(s) = \frac{\sum\limits_{q=0}^{s-1}(a_{zhuanfa,j}^{(q)})^2 \sigma_{jj}}{\sum\limits_{j=1}^{k}\{\sum\limits_{q=0}^{s-1}(a_{zhuanfa,j}^{(q)})^2 \sigma_{jj}\}}$$, j 为对应的各影响因素,其中 s 为 q

的有限项取值,$a_{zhuanfa,j}^{(q)} = \frac{\partial y_{zhuanfa,t+q}}{\partial y_{jt}}$,$q=0,1,2,\cdots,t=1,2,\cdots,T$;$\sigma_{jj}=E(\varepsilon_{jt}^2)$。

其方差分解结果如图 6-40 所示。

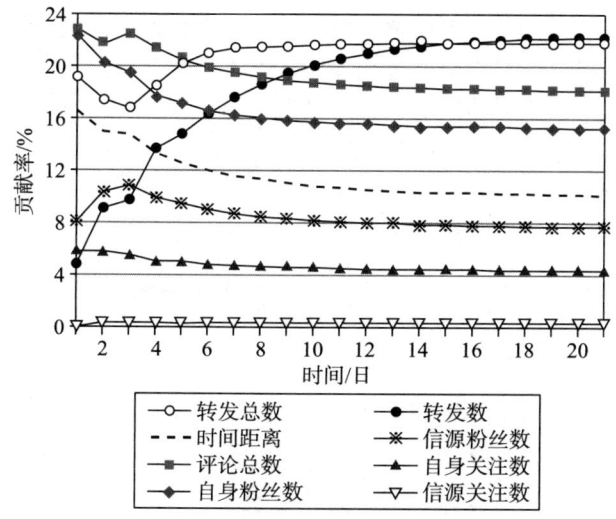

图 6-40 转发数波动方差分解

由图 6-40 可见,转发行为除了受到自身惯性效应影响外,其余各情景因素对其波动的贡献率大小顺序依次为:转发总数、评论总数、自身粉丝数、信息时间距离、信源粉丝数、自身关注数、信源关注数。

6.5.2 评论行为波动

为了比较各动态情景影响因素对评论行为扰动效应的大小,从而识别出不同影响因素对评论行为影响的重要程度,需在上述各影响因素对信息评论行为动态扰动特征及边际影响力分析的基础上,分别对各影响因素的波动贡献率进行方差分解。其对应的相对方差贡献率(RVC)算式如下:

$$RVC_{j\to pinglun}(s) = \frac{\sum\limits_{q=0}^{s-1}(a_{pinglun,j}^{(q)})^2 \sigma_{jj}}{\sum\limits_{j=1}^{k}\{\sum\limits_{q=0}^{s-1}(a_{pinglun,j}^{(q)})^2 \sigma_{jj}\}}$$, j 为对应的各影响因素,其中 s 为 q

的有限项取值,$a_{pinglun,j}^{(q)} = \frac{\partial y_{pinglun,t+q}}{\partial y_{jt}}$,$q=0,1,2,\cdots,t=1,2,\cdots,T$;$\sigma_{jj}=E(\varepsilon_{jt}^2)$。

其方差分解结果如图 6-41 所示。

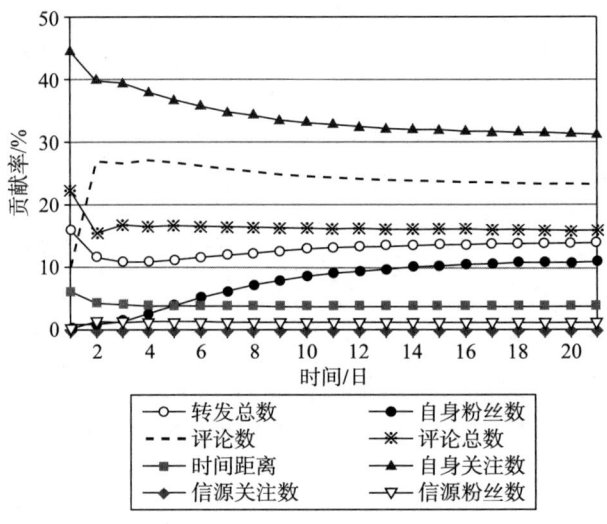

图 6-41 评论数波动方差分解

由图 6-41 可见,评论行为除了受到自身惯性效应影响外,其余各情景因素对其波动的贡献率大小顺序依次为:自身关注数、评论总数、转发总数、自身粉丝数、信息时间距离、信源粉丝数、信源关注数。

6.6 本章小结

本章通过品牌危机信息在新浪微博中的转发及评论行为数据,采用向量自回归(VAR)模型及状态空间(state space)模型等数据分析手段,从数据的客观特征出发对品牌危机中微博信息分享行为的动态情景因素影响机制进行研究,从动态视角详细研究了相关情景因素对品牌危机信息在微博中的转发及评论行为产生影响的路径过程。首先,通过 Granger 因果关系检验确定各 VAR 模型变量设定的正确性,同时也再次确定了各相关动态情景因素对信息分享行为具有显著性影响。其次,通过模型中各内生变量的时滞分析确定和选择各对应 VAR 模型的时滞长度,同时揭示了各影响因素内生的时滞特征。在此基础上构建相应的 VAR 模型,并对转发和评论行为的波动进行脉冲响应分析,直观而详细地揭示了信息转发和评论行为在受到各情景因素影响后的动态响应过程特征。再次,通过状态空间模型的构建和分析,进一步揭示了危机信息传播过程中各情景因素对信息转发和评论行为边际影响力大小变化的动态过程。最后,通过对整体变量的 VAR 模型进行方差分解,用以分析各情景因素对信息转发和评论行为波动贡献率的动态变化过程,精确分析了各情景因素在不同时点上对信息转发和评论行为影响的大小变化过程。

该研究结论表明,用户通过网络进行信息获取和传播,这并非在用户间进行简单的信息传输,而是在整个网络情景中形成了一种可影响用户间进行信息交流和互动的氛围。整个交流平台由诸多子环境构成,如转发及评论总数环境、自身粉丝数及关注数环境、信源粉丝数及关注数环境、信息时间距离环境等,这些子环境又共同构成了一个巨大的环境体,用户聚集于该平台进行信息传播活动,聚集后的场景营造出一种社会氛围,形成一种协同互动的环境,从而可以促进平台中的用户进行自发的信息交流和分享。在用户的信息行为中,信息情景因素直接作用于用户心理变量从而导致行为的出现,表明了信息分享行为受到特定情境因素的影响,而在信息行为发生的各环节中,均存在不同的动力机制过程。由于用户信息行为总是发生于某一特定时间和空间坐标中,是由用户个人及环境两个因素交互作用而产生的结果,并时刻保持不断变化,属于一个动态的变化过程,且总是发生于某些情景中,即为特定情景的产物。该环境并非孤立存在,它总是由诸多子环境及多种因素交织而成,所有的子环境和多种因素便构成了一个巨大的环境综合体,从而能营造出某种社会氛围,使得处于该环境中的用户产生一种自发或偶然的信息分享行为。然而当下,随着互联网技术的快速发展和广泛应用,网络媒体已成为人们获取信息的重要途径,也成了用户在虚拟环境里聚集的重要场所,用户用以进行信息交流和分享的社交媒体也就是其中一种新型的信息场。信息在用户间的流动、传递和利用均受到该信息使用环境的影响,该信息使用环境可促使用户形成信息需求,并驱使他们积极地进行信息搜索、查询及利用等行为,从而可以通过对信息使用环境的分析,结合内部及外部的信息特征,实现对信息资源的利用、决策的制定、方案的提出及措施的改善等一系列活动。

本章相关研究结论可应用于品牌危机信息微博分享行为的监控与管理,可根据信息分享行为动态情景因素的扰动特征、边际影响力以及贡献率的相关特征制定具体而有针对性的监控策略和管理措施。

第7章 品牌危机信息微博分享行为监控策略

近年来，随着市场经济的不断发展，企业竞争日趋激烈，加之消费者维权意识不断强化，在当今复杂多变的市场环境下，品牌危机爆发频率越来越高。随着国内微博平台的迅速兴起和不断完善，微博已成为人们获取信息、分享信息以及进行互动交流的重要平台。在危机爆发常态化的今天，微博对危机信息的传播和扩散无疑也起着不可忽视的作用。本章通过对品牌危机中微博信息分享行为监控策略的研究，可为企业经营者对品牌危机信息传播和扩散的监控与管理提供参考，提高他们应对及处理危机事件的效率和效果。

关于危机信息微博分享行为监控策略的研究，一直来都是学界和业界关注的重点和热点。在过去的相关研究中，多数研究只得出一些宏观及概述性的研究结论，而关于具体性及可操作性的研究相对甚少。同时，在预警指标不同级别的划分以及监控时段的定位上仍然未能给出相关的实证研究结论加以支撑，而且也缺乏从信息行为的波动特征、静态情景指标及动态情景指标的视角提出与信息行为相关的监控策略。

本章根据第3章、第5章及第6章的研究结论，针对过去相关研究中存在的不足，提出品牌危机中微博信息分享行为的具体性监控策略。本研究通过对信息分享行为波动特征的全面阐述以及对情景因素影响机制的具体分析，可以帮助企业管理者对信息转发及评论行为演化过程进行预测，使之清楚认识到品牌危机中微博信息传播管理过程在自相关、趋势规律、周期规律以及集群规律上的重点时段，进而将危机应对策略和公关活动重点放在波动边际增长率最大、行为波峰以及群体聚集的时间节点上，同时清楚认识到哪些因素会对用户信息分享行为产生显著影响，可将这些相关情景因素视为危机信息分享行为的监控指标，从而识别何种情景特征的信息更容易导致用户的转发或评论，以及不同性别、年龄、学历及职业群体的差异化效应。通过对相应的动态因素进行等级划分，确定对相关监控指标进行跟踪的有效时间长度，并预测各因素在不同时间节点上对分享行为产生扰动效应的大小,从而准确定位对各影响因素进行跟踪和监控的重点时段。最后,根据不同时段、不同指标等级以及不同用户群体,采取有针对性的监管策略,从而做到有效和高效的危机管理。

本章研究框架如图 7-1 所示。

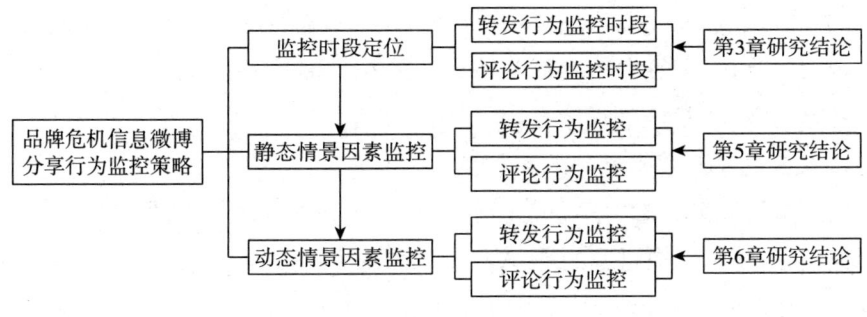

图 7-1 本章框架结构图

7.1 监控时段定位

根据本研究第 3 章"品牌危机信息微博分享行为波动特征分析"的研究结论,以及品牌危机中微博用户信息转发及评论行为波动的自相关性、趋势特征、周期特征以及集群特征的精确分析结论,可以帮助企业管理者对信息转发及评论行为的演化过程进行预测,使之清楚认识到品牌危机中微博信息传播管理过程在自相关、趋势规律、周期规律以及集群规律上的重点时段,进而将危机应对策略和公关活动重点放在波动边际增长率最大、行为波峰以及群体聚集的时间节点上,从而实现对品牌危机信息转发及评论行为监控时段的精确定位。

7.1.1 转发行为监控时段

7.1.1.1 行为预测及自相关性监控

根据本研究第 3 章中危机信息转发行为自相关性特征的相关研究结论可知,转发行为具有显著的自相关特征,且约于滞后 2 阶至 3 阶范围内较为明显。在进行 ARIMA 模型估计时,转发对数一阶差分的实际值与 ARIMA(3,1,3)模型估计值拟合效果良好,且所有残差值均位于 95%的置信区间内,表明该模型设定及模型估计结果均有效。在监控时段定位中可采用已构建的 ARIMA(3,1,3)模型对品牌危机信息微博转发行为进行预测,以便了解和掌握危机信息转发行为的发展趋势及特征。其中,模型 ARIMA(3,1,3)的相关性及滞后显著期数表明,转发行为对自身行为在滞后 3 期内具有重要影响,即用户自身过去参与转发的行为对自身现在参与转发的行为产生显著影响,且现在的转发行为与过去的转发行为在滞后 3 期内存在显著依赖关系。根据其自相关性,危机信息转发的每一次波动均会对滞后第 1 期、第 2 期、第 4 期及第 6 期的信息转发行为产生较大影响,表明每次转发行为波动后的相应滞后期应成为监控的重点,而其余各期的波动相对较小。

7.1.1.2 趋势特征及周期特征监控

根据本研究第 3 章中危机信息转发行为波动的趋势及周期特征分解的相关研究结论,整个传播过程的转发趋势于危机发生后的第四天和第五天达到转发行为趋势的最大值,且直至第四天时其边际增长率均为正数。一周转发趋势于周一至周五表现为上升过程,周期特征表现为:周二上升较快,周三及周四缓慢上升,周一至周五边际增长率为正数。一日转发行为表现为于上午六点至下午四点、晚上八点至十点呈快速上升趋势,周期性表现为于上午八点至晚上十点呈上升特征,上午六点至中午十二点、下午两点半至四点半、晚上八点至十一点所对应的时段边际增长率均为正值。在监控时段定位中的整个传播过程中,其趋势特征显示,危机爆发后的前五天转发行为呈增长趋势,同时边际增长率的变化表明,前四天的转发行为处于增长时段,并于第九天和第十天相邻处略有正向波动,相应时段属于转发行为监控的重点。在一周中,转发行为的趋势特征、周期特征及边际增长率均显示周二至周五为一周中的监控重点时段。在一天中,上午九点至十一点、下午两点至四点、晚上八点至十一点均为一日监控管理的重点时段。整个传播过程中的不规则变量显示,前五天呈上升特征,此外第五天、第八天、第十二天及第十九天均处于阶段性峰值。一周中,不规则变量主要于周二及周五处于阶段性峰值。一天中,上午十点、下午两点、下午六点及晚上十点均处于阶段性峰值。上述不规则特征的对应时段可作为监控和管理的参考点。

7.1.1.3 集群特征监控

根据本研究第 3 章中危机信息转发行为集群特征的相关研究结论,整个传播过程的转发行为存在 ARCH 效应,在危机发生后的第二天、第三天及第七天均具有波动集群现象,且集群效应明显。危机发生后的第二天至第七天内条件方差最大,第一天及第八天至第十天的条件方差较大。一周中,周三、周四、周五均具有波动集群现象,且集群效应明显,周四上午条件方差最大,其次为周三上午、周五下午、周二上午及周六上午。一日中,上午九点至十一点、下午三点至五点、晚上九点至十一点均具有波动集群现象,且集群效应明显。其中,上午八点至十一点、晚上九点至十一点条件方差最大,下午三点至四点条件方差较大。在监控时段定位中的整个传播过程中,从残差折线图可见,前四天以及第六天至第八天均存在集群现象,且对应的条件方差折线图显示,其中第三天、第四天、第五天及第七天的转发集群现象波动幅度较大,属于监控的重点时段。一周中,转发的集群现象主要集中于周三至周五之间,且条件方差图表明周三上午及周四上午的集群波动幅度较大,其次为周五下午,对应时段均属于监控的重点。一天中,上午九点至十一点、下午三点至五点、晚上九点至十一点均存在集群现象,且条件方差图显示,其中上午九点至十一点及晚上九点至十一点集群波动幅度最为明显,其次为下午三点至四点,对应时段均属于转发行为监控的重点。

7.1.2 评论行为监控时段

7.1.2.1 行为预测及自相关性监控

根据本研究第 3 章中危机信息评论行为自相关性特征的相关研究结论,评论数序列存在显著自相关性,且约于滞后 3 阶至 4 阶范围内较为明显。在进行 ARIMA 估计时,评论对数一阶差分的实际值与 ARIMA(4,1,3) 模型的估计值拟合效果良好,且所有残差均位于 95% 的置信区间内,表明该模型的设定和估计结果有效。在监控时段定位中可采用已构建的 ARIMA(4,1,3) 模型对品牌危机中微博信息评论行为进行预测,以便精确掌握危机信息评论行为的未来发展趋势和特征。其中,模型 ARIMA(4,1,3) 的相关性及滞后显著期数表明,评论行为对自身行为在滞后 3 期内具有重要影响,即用户自身过去参与评论的行为对自身现在参与评论的行为产生显著影响,且现在的评论行为与过去的评论行为在滞后 3 期内存在显著依赖关系。根据其自相关性,危机信息评论的每一次波动均会对其滞后第 1 期、第 3 期、第 4 期及第 6 期的信息评论行为产生较大影响,表明每次波动的相应滞后期应成为监控的重点,而其余各滞后期的波动幅度相对较小。

7.1.2.2 趋势特征及周期特征监控

根据本研究第 3 章中危机信息评论行为趋势及周期特征分解的相关研究

结论,整个传播过程的评论趋势表现为于危机出现后迅速上升,于危机发生后的第四天及第五天达到评论行为趋势效应的最大值,且直至第四天时其边际增长率均为正数。一周评论趋势表现为于周一至周五迅速上升,于周五达到上升趋势最大值。周期特征表现为于周二和周三上升较快,周四达到周期效应最大值。周一至周五边际增长率为正数,其中周三至周五的边际增长率较大。一日评论趋势表现为上午十点、下午四点及晚上十点均达到阶段性峰值,且趋势效应较大。周期特征也表现为于中午十二点、下午四点及晚上十点均达到阶段性峰值,且周期效应较大。上午六点至中午十二点、下午两点至五点、晚上七点半至十一点,其对应时段的边际增长率均为正值。在监控时段定位中在整个传播过程中,趋势特征显示,于危机爆发后的前五天呈增长趋势。同时,边际增长率表明,前四天用户的评论行为处于明显增长期,于第九天与第十天相邻处略有正向波动,相应时段属于评论行为监控的重点。在一周变化中,评论行为的趋势特征、周期特征及边际增长率均显示周三至周五为一周中的重点监控时段。从一天变化趋势来看,其中上午八点至十一点、下午两点至四点、晚上八点至十一点均为一日重点监控时段。整个传播过程中,不规则变量显示,前五天前呈上升特征,此外第二天、第五天、第九天、第十一天、第十四天、第十六天及第十九天均处于阶段性峰值。一周中,不规则特征于周二及周四达到阶段性峰值。一天中,上午十点、下午两点、下午六点及晚上十点均达到阶段性峰值。上述不规则特征的对应时段可作为监控和管理的参考点。

7.1.2.3 集群特征监控

根据本研究第3章中危机信息评论行为集群特征的相关研究结论,整个传播过程评论行为存在 ARCH 效应,在危机发生后的第一天至第四天以及第七天均具有波动集群现象,且集群效应明显。危机发生后的第二天及第三天条件方差最大,其次为第一天及第七天。一周中,周三、周四、周五均具有波动集群现象,且集群效应明显。其中,周五下午条件方差最大,其次为周四上午、周三上午、周六上午及周二上午。一日中,上午八点至十一点、下午三点至五点、晚上九点至十一点均具有明显的波动集群现象。其中,一日中的上午八点至十点、晚上九点至十一点其条件方差最大,下午三点至四点条件方差值较大。在监控时段定位中在整个传播过程中,评论行为的残差折线图显示,前四天及第六天至第八天之间均存在集群现象,且对应的条件方差折线图显示,其中第一天、第三天、第四天及第七天的评论集群波动幅度较大,属于重点监控时段。一周中,评论的集群现象主要集中于周三至周五之间,且条件方差图表明,周三上午、周四上午及周五下午的集群波动幅度较大,其次为周二上午及周六上午,对应时段属于监控的重点。一天中,上午八点至十一点、下午三点至六点、晚上九点至十一点均存在集群现象,其中上午八点半至九点半及晚上九点至十一点的集群波动幅度较大,其次为下午三点至四点,对应时段均属于监控的重点。

7.2 静态情景因素监控

根据该研究第 5 章"品牌危机信息微博分享行为静态影响机制研究"的研究结论,(由于品牌危机中微博信息可视化、信息情感性以及信源权威性分别对用户信息转发及评论行为具体的影响路径,以及各路径在不同性别、年龄、学历及职业群组间存在差异,)因此,在品牌危机信息的微博传播管理中,可将相关情景因素视为危机信息分享行为的监控指标,用于识别何种情景特征的信息更容易导致用户的转发或评论行为,以及根据不同性别、年龄、学历及职业群体的差异特征采取有针对性的监管策略。

7.2.1 信息可视化指标

根据本研究第 5 章信息可视化对危机信息分享行为影响的相关研究结论,信息可视化通过各中介变量对用户转发意愿影响的总效应值为 0.22,对用户评论意愿影响的总效应值为 0.23,且对评论意愿的影响均大于对转发意愿的影响。所有路径系数均达到 0.05 的显著水平,且路径系数均介于 0 至 1 之间。由此可见,信息可视化对危机信息的转发意愿及评论意愿均存在显著正向影响,因此在对危机信息分享行为进行监控和管理时,可根据信息可视化程度对相关信息进行筛选和分类,将可视化程度高的信息作为危机信息转发及评论行为监控的重点,从而提高监控的效率。

7.2.2 信息情感性指标

根据本研究第 5 章信息情感性对危机信息分享行为影响的相关研究结论,信息情感性通过各中介变量对用户转发意愿影响的总效应值为 0.13,对用户评论意愿影响的总效应值为 0.14,且对评论意愿的影响均大于对转发意愿的影响。所有路径系数均达到 0.05 的显著水平,且路径系数均介于 0 至 1 之间。由此可见,信息情感性对危机信息的转发意愿及评论意愿均存在显著正向影响,因此在对危机信息分享行为进行监控和管理时,可根据信息情感性对相关信息进行筛选和分类,将情感性程度高的信息作为危机信息转发及评论行为监控的重点,从而提高监控的效率。

7.2.3 信源权威性指标

根据本研究第 5 章信源权威性对危机信息分享行为影响的相关研究结论,信源权威性通过各中介变量对用户转发意愿影响的总效应值为 0.23,对用户评论意愿影响的总效应值为 0.24,且对评论意愿的影响均大于对转发意愿的影响。所有路径系数均达到 0.05 的显著水平,且路径系数均介于 0 至 1 之间。由此可见,信源权威性对危机信息的转发意愿及评论意愿均存在显著正向影响,因此在对危机信息分享行为进行监控和管理时,可根据信源权威性对相关信息进行筛选和分类,将权威性高的信源作为危机信息转发及评论行为监控的重点,从而提高监控的效率。

7.2.4 伤害邻近性指标

根据本研究第 5 章伤害邻近性对危机信息分享行为影响的相关研究结论,伤害邻近性在知觉流畅性与感知伤害度间的调节效应模型中的交互项系数显著性 t 检验的绝对值 $|t|$ 小于 1.96,未达到 0.05 的显著水平,表明其对应的调节效应不显著。伤害邻近性在认知专注度与感知伤害度间调节效应模型以及在线索依赖度与感知伤害度间调节效应模型中,各系数显著性检验的 $|t|$ 值均大于 1.96,达到 0.05 的显著水平,表明其对应的调节效应均显著。且伤害邻近性在认知专注度与感知伤害度间的调节效应小于在线索依赖度与感知伤害度间的调节效应。由此可见,伤害邻近性对危机信息的转发意愿及评论意愿均存在显著的调节效应,因此在对危机信息分享行为进行监控和管理时,可根据伤害邻近性对用户群体进行筛选和分类,将伤害邻近性高的群体作为危机信息转发及评论行为监控的重点,从而提高监控的效率。

7.2.5 群组差异性指标

根据本研究第 5 章各静态情景因素影响机制群组差异的相关研究,信息可视化、信息情感性及信源权威性对危机信息转发意愿和评论意愿的影响效应男性大于女性,表明在对应的各静态情景指标上应更加重视对男性用户群体的监控。关于年龄群组差异,其中各对应变量对"30~39岁"年龄段群体影响最大,其次为"40~49岁"年龄段,再次为"29岁及以下"年龄段,最后为"50岁及以上"年龄段,表明在用户年龄群组监控上,对各群组监控的重点顺序依次为:30~39岁、40~49岁、29岁及以下、50岁及以上。关于学历群组差异,其中各变量对"大学及以上"学历用户群体影响最大,其次为"高中或中专"学历用户群体,再次为"初中"学历用户群体,最后为"小学及以下"学历用户群体,表明在用户学历群组监控上,对各群组监控的重点顺序依次为:大学及以上、高中或中专、初中、小学及以下。关于职业群组差异,对"企业团体"用户群体影响最大,其次为"事业单位"用户群体,再次为"政府机构"群体,最后为"个体经营"用户群体,表明在用户职业群组监控上,对各群组监控的重点顺序依次为:企业团体、事业单位、政府机构、个体经营。

7.3 动态情景因素监控

根据该研究的第6章"品牌危机信息微博分享行为动态影响机制研究"的研究结论,通过品牌危机中微博信息转发总数和评论总数、自身关注数和粉丝数、信源关注数和粉丝数及信息时间距离分别对信息分享行为影响的时滞特征、脉冲扰动、边际影响力以及贡献率的动态变化过程和特征可知,在品牌危机信息的微博传播管理中,可将相关情景因素视为信息分享行为的动态监控指标,并将相关指标进行不同等级划分,确定对相关监控指标进行跟踪的有效时间长度,以及预测各因素在不同时间节点上对分享行为产生扰动的效应大小,从而准确定位对各影响因素进行跟踪和监控的重点时段。

7.3.1 转发行为监控

7.3.1.1 监控指标分级

根据本研究第6章危机信息转发行为的方差分解结果,各动态情景指标对转发行为波动的贡献率大小顺序依次为:转发总数、评论总数、自身粉丝数、信息时间距离、信源粉丝数、自身关注数、信源关注数。该贡献率的大小反映了不同因素对转发行为影响的大小程度,在对信息转发行为进行监控的过程中可根据贡献率的大小对各动态情景监控指标进行重要性分级,从而提高对转发行为监控的效率和效果。

7.3.1.2 转发总数及评论总数指标

根据本研究第 6 章转发总数及评论总数影响机制的研究,其 Granger 因果关系检验表明,转发总数及评论总数与转发行为均存在显著因果关系,转发总数及评论总数的每一次波动均会对用户的信息转发行为产生重要影响,因此,可将两个变量作为危机信息转发行为的监控指标。其影响的滞后长度及脉冲响应分析结果显示,当转发总数受到一个正向冲击时,该冲击就会立即传导至用户转发行为,第一期响应量约为 0.18;当评论总数受到一个正向冲击时,该冲击也会立即传导至用户转发行为,第一期响应量约为 0.10。转发总数及评论总数对转发行为影响的滞后效应在整个传播过程中均较大。同时,转发总数对转发行为的边际影响力在危机刚发生时约为 0.28,评论总数对转发行为的边际影响力在危机刚发生时约为 0.18。其中,转发总数对信息转发行为的边际影响力在危机发生后的前十一天较大,评论总数对信息转发行为的边际影响力在危机发生后的前八天较大,表明危机发生后前十一天及前八天分别为转发总数及评论总数对转发行为产生重要影响的时段,则分别属于对两个变量进行跟踪监控的重点时段。

7.3.1.3 自身粉丝数及关注数指标

根据本研究第 6 章自身粉丝数及关注数影响机制的研究,其 Granger 因果关系检验表明,自身粉丝数及关注数与转发行为均存在显著因果关系,自身粉丝数及关注数的每一次波动均会对用户的信息转发行为产生重要影响,因此,可将两个变量作为危机信息转发行为的监控指标。其影响的滞后长度及脉冲响应分析结果显示,当自身粉丝数受到一个正向冲击时,该冲击会立即传导至用户转发行为,第一期响应量约为 0.16;当自身关注数受到一个正向冲击时,该冲击也会立即传导至用户转发行为,第一期响应量约为 0.12。自身粉丝数及关注数对转发行为影响的滞后效应于危机发生后的前八天均较大。同时,自身粉丝数对转发行为的边际影响力在危机刚发生时约为 0.42,自身关注数对转发行为的边际影响力在危机刚发生时约为 0.29。其中,自身粉丝数对信息转发行为的边际影响力在危机发生后的前八天较大,自身关注数对信息转发行为的边际影响力在危机发生后的第六天至第十二天较大,表明各对应时段分别为自身粉丝数及关注数对转发行为产生重要影响的时段,则分别属于对两个变量进行跟踪监控的重点时段。

7.3.1.4 信源粉丝数及关注数指标

根据本研究第 6 章信源粉丝数及关注数影响机制的研究,其 Granger 因果关系检验表明,信源粉丝数及关注数与转发行为均存在显著因果关系,信源粉丝数及关注数的每一次波动均会对用户的信息转发行为产生重要影响,因此,可将两个变量作为危机信息转发行为的监控指标。其影响的滞后长度及脉冲响应分析结果显示,当信源粉丝数受到一个正向冲击时,该冲击会立即传导至用户转发行为,第一期响应值约为 0.21,接着快速上升至第三期,达到整个过程的最大值 0.27。当信源关注数受到一个正向冲击时,该冲击会立即传导至用户转发行为,第一期响应值约为 0.05,接着快速上升至第三期,达到整个过程的最大值 0.11。信源粉丝数及关注数对转发行为影响的滞后效应在危机发生后的前七天均较大。同时,信源粉丝数对转发行为的边际影响力于危机刚发生时约为 0.44,信源关注数对转发行为的边际影响力于危机刚发生时约为 0.24。其中,信源粉丝数对信息转发行为的边际影响力在危机发生后的前八天及第十五天均较大,信源关注数对信息转发行为的边际影响力于危机发生后的前八天较大,表明各对应时段分别为信源粉丝数及关注数对转发行为产生重要影响的时段,则分别属于对两个变量进行跟踪监控的重点时段。

7.3.1.5 信息时间距离指标

根据本研究第 6 章信息时间距离影响机制的研究,其 Granger 因果关系检验表明,信息时间距离与转发行为存在显著因果关系,信息时间距离的每一次波动均会对用户的信息转发行为产生重要影响,因此,可将该变量作为危机信息转发行为的监控指标。其影响的滞后长度及脉冲响应分析结果显示,当信息时间距离受到一个正向冲击时,该冲击并非立即传导至用户转发行为,而是在时间推移一期后于第二期其响应值迅速上升至 0.045,第三期维持该响应水平。信息时间距离对转发行为影响的滞后效应于危机发生后的前八天较大。同时,在整个传播过程中,信息时间距离对转发行为的边际影响力于危机刚发生时约为 0.09,随后波动式快速上升至第七天达到边际影响力的最大值,约为 0.78。其中,对信息转发行为的边际影响力于危机发生后的第四天至第十一天较大,表明对应时段为信息时间距离对转发行为产生重要影响的时段,属于对该变量进行跟踪监控的重点时段。

7.3.2 评论行为监控

7.3.2.1 监控指标分级

根据本研究第 6 章危机信息评论行为的方差分解结果,各动态情景指标对评论行为波动的贡献率大小顺序依次为:自身关注数、评论总数、转发总数、自身粉丝数、信息时间距离、信源粉丝数、信源关注数。该贡献率的大小反映了不同因素对评论行为影响的大小程度,在对信息评论行为进行监控的过程中可根据贡献率的大小对各动态监控指标进行重要性分级,从而提高对评论行为监控的效率和效果。

7.3.2.2 转发总数及评论总数指标

根据本研究第 6 章转发总数及评论总数影响机制的研究,其 Granger 因果关系检验表明,转发总数及评论总数与评论行为均存在显著因果关系,转发总数及评论总数的每一次波动均会对用户的信息评论行为产生重要影响,因此,可将两个变量作为危机信息评论行为的监控指标。其影响的滞后长度及脉冲响应分析结果显示,当评论总数受到一个正向冲击时,该冲击便会立即传导至用户评论行为,第一期响应量约为 0.67;当转发总数受到一个正向冲击时,该冲击也会立即传导至用户评论行为,第一期响应量约为 0.48。转发总数及评论总数对评论行为影响的滞后效应在危机发生后的前十二天均较大。同时,评论总数对评论行为的边际影响力在危机刚发生时约为 0.58,转发总数对评论行为的边际影响力在危机刚发生时约为 0.49。其中,转发总数对信息评论行为的边际影响力在危机发生后的前十天较大,评论总数对信息评论行为的边际影响力在危机发生后的前十二天较大,表明对应时段分别为转发总数及评论总数对评论行为产生重要影响的时段,则分别属于对两个变量进行跟踪监控的重点时段。

7.3.2.3 自身粉丝数及关注数指标

根据本研究第 6 章自身粉丝数及关注数影响机制的研究,其 Granger 因果关系检验表明,自身粉丝数及关注数与评论行为均存在显著因果关系,自身粉丝数及关注数的每一次波动均会对用户的信息评论行为产生重要影响,因此,可将两个变量作为危机信息评论行为的监控指标。其影响的滞后长度及脉冲响应分析结果显示,当自身粉丝数受到一个正向冲击时,该冲击会立即传导至用户评论行为,第一期响应量约为 0.015;当自身关注数受到一个正向冲击时,该冲击并非立即传导至用户评论行为,而是于第二期开始迅速上升,于第三期达到扰动过程的峰值 0.011。自身粉丝数及关注数对评论行为影响的滞后效应在危机发生后的前十天均较大。同时,自身粉丝数对评论行为的边际影响力于危机刚发生时约为 0.84,于第一天达到整个过程的最大值 0.88;自身关注数对评论行为的边际影响力于危机刚发生时约为 0.48,随后小幅上下波动至第四天。其中,自身粉丝数对信息评论行为的边际影响力在危机发生后的前八天较大,自身关注数对信息评论行为的边际影响力在危机发生后的第六天至第十三天较大,表明各对应时段分别为自身粉丝数及关注数对评论行为产生重要影响的时段,则分别属于对两个变量进行跟踪监控的重点时段。

7.3.2.4 信源粉丝数及关注数指标

根据本研究第 6 章信源粉丝数及关注数影响机制的研究,其 Granger 因果关系检验表明,信源粉丝数及关注数与评论行为均存在显著因果关系,信源粉丝数及关注数的每一次波动均会对用户的信息评论行为产生重要影响,因此,可将两个变量作为危机信息评论行为的监控指标。其影响的滞后长度及脉冲响应分析结果显示,当信源粉丝数受到一个正向冲击时,该冲击会立即传导至用户评论行为,第一期响应值约为 0.021;当信源关注数受到一个正向冲击时,该冲击并非立即传导至用户评论行为,而于第二期其响应值开始快速上升,至第三期及第四期达到整个过程的最大值,约为 0.012。信源粉丝数及关注数对评论行为影响的滞后效应在危机发生后的前十天均较大。同时,信源粉丝数对评论行为的边际影响力于危机刚发生时约为 0.18,其后第一天迅速上升达到整个过程的最大值 0.46,且于第二天及第三天维持在较高的影响力水平,信源关注数对评论行为的边际影响力于危机刚发生时约为 0.14。其中,信源粉丝数对信息评论行为的边际影响力在危机发生后的前九天较大,信源关注数对信息评论行为的边际影响力在危机发生后的第五天至第十六天较大,表明各对应时段分别为信源粉丝数及关注数对评论行为产生重要影响的时段,则分别属于对两个变量进行跟踪监控的重点时段。

7.3.2.5 信息时间距离指标

根据本研究第 6 章信息时间距离影响机制的研究,其 Granger 因果关系检验表明,信息时间距离与评论行为存在显著因果关系,信息时间距离的每一次波动均会对用户的信息评论行为产生重要影响,因此,可将该变量作为危机信息评论行为的监控指标。其影响的滞后长度及脉冲响应分析结果显示,当信息时间距离受到一个正向冲击时,该冲击并非立即传导至用户评论行为,而是在时间推移一期后于第二期其响应值迅速上升至 0.02。信息时间距离对评论行为影响的滞后效应于危机发生后的前五天较大。同时,信息时间距离对评论行为的边际影响力在危机刚发生时约为 0.17,随后波动式快速上升至第六天达到整个过程边际影响力的最大值,约为 0.67。其中,对信息评论行为的边际影响力于危机发生后的第五天至第十一天较大,表明对应时段为信息时间距离对评论行为产生重要影响的时段,属于对该变量进行跟踪监控的重点时段。

7.4 本章小结

本章以第 3 章、第 5 章及第 6 章的研究结论为基础,针对过去相关研究中存在的不足,结合本研究需要,提出了品牌危机中微博信息分享行为相应的具体性监控策略。主要内容包括:用户信息分享行为监控时段定位,包含整个传播过程、一周及一日的重点监控时段;用户信息分享行为静态情景指标监控,包含信息可视化、信息情感性及信源权威性的筛选性监控以及根据用户人口统计特征变量进行差异化监控;用户信息分享行为动态情景指标监控,包含动态情景监控指标分级、指标监控时段定位。通过对品牌危机中微博用户信息分享行为具体性监控策略的研究,可加强企业管理者对品牌危机事件的监控及应对能力,以及提高对危机事件应对和处理的主动性,这对品牌危机中微博信息传播和扩散的管理具有重要意义。

第8章 结论与展望

在当今复杂多变的市场环境下,品牌危机爆发频率越来越高。而微博作为人们获取信息、分享信息以及进行互动交流的重要方式,对危机信息的传播和扩散具有不可忽视的影响。在此背景下,本研究选择了新浪微博,以2010年1月至2016年7月所发生的具有影响力的66个品牌危机事件作为研究样本,通过官方API及网络爬虫技术对动态机制研究数据进行收集,并在此基础上,针对曾参与品牌危机信息转发或评论行为的用户进行随机抽样,从而实施网络问卷调查以获取静态机制研究数据。然后,使用SPSS 22.0、AMOS 22.0、Stata 13.0及EViews 8.0统计软件,通过时间序列趋势分解、ARIMA模型、自回归条件异方差、向量自回归、结构方程以及状态空间模型对样本数据进行处理和分析,从而得出结论并给出相关监控策略。

本章对本研究成果及研究局限性进行总结和分析,并对未来研究进行展望,以及提出相关的研究建议。

8.1 研究结论

8.1.1 品牌危机信息微博分享行为波动特征的精确分析

通过对品牌危机中微博用户信息分享行为波动特征的分解分析,发现品牌危机中微博用户信息分享行为具有自相关性,并将其波动特征分解为趋势特征、周期特征、集群特征及不规则特征,精确分析了转发和评论行为整个传播过程、每周以及每日所对应的各波动特征。其中,转发行为在滞后三期内存在显著自相关性,于危机发生后的第三天左右达到转发行为高峰,于第二天至第四天以及第七天存在明显的集群现象以及出现较大的波动;在一周中,周一和周二转发最少,其次为周六和周日,而周三至周五快速上升并于周五达到最大值,其中周三、周四和周五出现明显集群现象,且在周四上午、周三上午以及周五下午集群波动幅度较大;每日上午十点至十二点、下午三点至四点以及晚上九点至十一点均属于转发行为的高峰时段,同时,上午九点至十一点、下午三点至五点以及晚上九点至十一点对应时段均存在明显的集群现象以及出现较大的波动。而评论行为在滞后四期内存在显著自相关性,在危机发生后的第三天左右达到转发行为高峰期,第二天、第三天、第七天及第八天存在明显的集群现象以及出现较大的波动;在一周中,周一和周二评论最少,其次为周六和周日,而周三至周五快速上升并于周五达到最大值,其中周三、周四和周五均出现集群现象,且于周五下午、周四上午以及周三上午波动幅度较大;每日上午十点至十二点、下午三点至五点以及晚上九点至十一点是评论行为高峰时段,同时上午八点至十一点、下午三点至五点以及晚上九点至十一点均存在明显的集群现象,且于上午八点半至九点半、下午三点至四点以及晚上九点至十一点对应时段的波动幅度较大。

8.1.2 品牌危机信息微博分享行为情景影响因素挖掘与量化探析

在相关理论及过去相关研究成果的基础上,通过推理、归纳和分析分别挖掘出对品牌危机中微博用户信息分享行为具有重要影响的静态及动态情景影响因素,其中静态情景影响因素主要包括信息可视化、信息情感性以及信源权威性,动态情景影响因素主要包括信息转发总数、信息评论总数、自身粉丝数、自身关注数、信源粉丝数、信源关注数以及信息时间距离。在此基础上,运用Probit模型及面部数据模型对各影响因素进行量化的因果关系检验及分析,发现相应的各情景因素对信息转发及评论行为均具有显著影响。

8.1.3 品牌危机信息微博分享行为静态情景因素影响机制研究

本研究的量表设计及数据收集过程均具有较佳的信度和效度,在此基础上,通过结构方程模型及多元逐步回归分别对理论模型的主效应假设及调节效应假设进行了检验。得出如下结论:

(1)信息可视化通过知觉流畅性、认知专注度及感知伤害性三个中介变量对用户的转发意愿和评论意愿产生显著正向影响;信息情感性通过认知专注度及感知伤害性两个中介变量对用户的转发意愿和评论意愿产生显著正向影响;信源权威性通过线索依赖度及感知伤害性两个中介变量对用户转发意愿和评论意愿产生显著正向影响。

(2)伤害邻近性在认知专注度与感知伤害性间以及在线索依赖度与感知伤

害性间具有显著正向调节效应,而在知觉流畅性与感知伤害性间的调节效应不明显。

(3)对总体样本数据分析发现,在各信息情景因素对转发意愿和评论意愿的影响中,其影响效应大小顺序依次均为:信源权威性、信息可视化、信息情感性,其中各情景因素变量对评论意愿的影响大于对转发意愿的影响,伤害邻近性在认知专注度与感知伤害度间的调节效应小于在线索依赖度与感知伤害度间的调节效应。

(4)通过相关群组分析发现,该理论模型具有跨性别、年龄、学历及职业群组效度,说明所构建的理论模型具有较好的稳定性,同时表明各影响路径大小在不同群组中均存在差异性。

(5)在性别差异上,信息可视化、信息情感性及信源权威性对信息转发意愿和评论意愿的影响男性大于女性,伤害邻近性在认知专注度与感知伤害性间以及在线索依赖度与感知伤害性间的调节效应男性均大于女性。

(6)在年龄差异上,信息可视化、信息情感性及信源权威性对信息转发意愿和评论意愿的影响,对"30~39岁"用户群体影响最大,其次为"40~49岁"年龄段,再次为"29岁及以下"年龄段,最后为"50岁及以上"年龄段。伤害邻近性在认知专注度与感知伤害性间以及在线索依赖度与感知伤害性间调节效应的大小顺序依次均为:"30~39岁"、"40~49岁"、"29岁及以下"、"50岁及以上"。

(7)在学历差异上,信息可视化、信息情感性及信源权威性对信息转发意愿和评论意愿的影响对"大学及以上"学历用户群体影响最大,其次为"高中或中专"学历用户群体,再次为"初中"学历用户群体,最后为"小学及以下"学历用户群体。伤害邻近性在认知专注度与感知伤害性间以及在线索依赖度与感知伤害性间调节效应的大小顺序依次均为:"大学及以上"、"高中或中专"、"初中"、"小学及以上"。

(8)在职业差异上,信息可视化、信息情感性及信源权威性对信息转发意愿和评论意愿的影响对"企业团体"用户群体影响最大,其次为"事业单位"用户群体,再次为"政府机构"用户群体,最后为"个体经营"用户群体。伤害邻近性在认知专注度与感知伤害性间以及在线索依赖度与感知伤害性间调节效应的大小顺序依次均为:"企业团体"、"事业单位"、"政府机构"、"个体经营"。

8.1.4 品牌危机信息微博分享行为动态情景因素影响机制研究

(1)再次确定了信息转发总数、信息评论总数、自身粉丝数、自身关注数、信源粉丝数、信源关注数以及信息时间距离与用户信息分享行为之间的显著性因果关系。信息转发总数、信息评论总数、自身粉丝数及自身关注数对信息转发及评论行为影响的 VAR 模型具有滞后三期内生结构,信源粉丝数、信源关注数以及信息时间距离对信息转发及评论行为影响的 VAR 模型具有滞后二期内生结构。

(2)信息转发总数及评论总数的每次波动对转发行为产生的冲击影响在整个滞后过程中均较大,对评论行为产生的冲击影响于滞后第一期至第十期较大;信息转发总数及评论总数对信息转发行为的边际影响力分别于危机发生后第二天至第十一天以及第二天至第八天间较大,对信息评论行为的边际影响力分别于危机发生后的前十天以及前十一天较大。

(3)自身粉丝数及关注数的每次波动对转发行为产生的冲击于滞后前十期均较大,对评论行为的扰动于滞后前九期均较大;自身粉丝数及关注数对信息转发行为的边际影响力分别于危机发生后第二天至第八天以及第六天至第十三天间较大,对信息评论行为的边际影响力分别于危机发生后的前八天以及第六天至第十一天间较大。

(4)信源粉丝数及关注数的每次波动对转发行为产生的冲击于滞后前七期均较大,对评论行为的扰动于滞后前十期均较大;信源粉丝数及关注数对信息转发行为的边际影响力均于危机发生后的前八天较大,对信息评论行为的边际影响力分别于危机发生后的前十一天以及第七天至第十三天间较大。

(5)信息时间距离的每次波动对转发行为产生的冲击于滞后前八期较大,对评论行为的扰动于滞后前五期较大;信息时间距离对信息转发行为的边际影响力于危机发生后第四天至第十一天间较大,对信息评论行为的边际影响力于危机发生后第五天至第十一天间较大。

(6)在各动态情景影响因素对转发行为及评论行为的扰动中,各因素对转发行为扰动的贡献率大小顺序依次为:转发总数、评论总数、自身粉丝数、信息时间距离、信源粉丝数、自身关注数、信源关注数;各因素对评论行为扰动的贡献率大小顺序依次为:自身关注数、评论总数、转发总数、自身粉丝数、信息时间距离、信源粉丝数、信源关注数。

8.1.5 品牌危机信息微博分享行为精准监控策略研究

本章以第三章、第五章及第六章研究结论为基础,提出品牌危机中微博用户信息分享行为相应的具体性监控策略。主要包括：用户信息分享行为监控时段定位，包含整个传播过程、一周及一日的重点监控时段；用户信息分享行为静态情景指标监控，包含信息可视化、信息情感性及信源权威性的筛选性监控以及根据用户人口统计特征变量进行差异化监控；用户信息分享行为动态情景指标监控，包含动态情景监控指标分级及指标监控时段定位。

8.2 研究贡献

本研究综合运用了传播学、心理学及社会学等相关理论，通过官方 API、网络爬虫技术及问卷调查等方法收集数据，并使用了时间序列分析方法及结构方程模型等量化手段对数据进行处理和分析，从而基于信息情景因素视角对品牌危机中微博用户信息分享行为的影响机制进行了探索和研究。总体而言，本文在研究选题、研究设计及研究发现方面有如下理论贡献：

(1)在对微博用户信息分享行为波动特征进行分析时，由于对应波动是由趋势特征、周期特征、集群特征及不规则特征组合而成的，若仅通过描述性分析只能得出粗略的研究结论，难以实现对波动的趋势特征、周期特征及集群特征进行精确分析。而本研究通过时间序列 ARIMA 模型、趋势分解及自回归条件异方差模型，对信息分享行为波动的自相关性、趋势特征、周期特征及集群特征等成分变量进行分解，从而实现对各特征的精确分析。并在此基础上，借助 Probit 模型及面板数据分析对品牌危机中微博用户信息分享行为情景影响因素进行探析，挖掘出对用户信息分享行为具有显著影响的静态及动态情景影响因素。通过该研究笔者发现，在网络空间中用户的信息行为会受到多种因素的影响，通常可以总结为个人和环境两大影响因素，从而使信息行为的波动具有自相关性、周期性及集群性等特征。同时，虚拟环境中的个体在任何时间点上的行为特征是个人因素与外部环境交互作用而产生的结果，并时刻保持不断变化，属于一个动态的变化过程，且总是发生于某些情景中，该行为也即为特定情景的产物。在过去的研究中，虽然已经产生了诸多经典信息行为理论的论述，如 Wilson(1999)一般性信息行为理论将用户信息行为视为一个有序的循环过程，以信息需求作为循环路径的起点，以信息利用作为环路终点。个体在进行信息寻求和信息利用过程中会受到多种因素的影响，存在多个动力机制环节，其中主动检索是个体信息行为的关键。笔者还将个体信息需求、动力机制、影响因素和信息反应均纳入模型中,使得信息行为过程中的情境因素、干扰变量以及其中的动力机制更加清晰可见。但是该理论并未对信息行为的具体构成做出具体的探讨,只是提供了一个信息行为分析和研究的理论框架。尤其在当下由于网络技术及信息技术的高速发展,人们信息行为的特征与过去的信息行为特征可能存在了极大差异,在构成上变得更为复杂,从而使得这些研究或理论在变量构造及结构分析上需要得以不断更新和完善。该研究通过对信息行为理论、心理场理论、信息场理论及信息情境理论在网络空间行为研究领域进行具体的结合与应用,获得了网络信息行为特征及影响因素一些新的发现和研究结论,可为今后关于用户其他信息行为特征精确分析、行为规律的进一步探索及相关理论的构建提供一定的参考和借鉴,也可为信息行为理论、心理场理论、信息场理论及信息情境理论在网络环境下对用户信息行为的进一步研究、深化及发展添砖加瓦。

(2)通过对品牌危机中微博用户信息分享行为静态情景因素影响机制的研究,从信息情景理论以及信息加工理论出发,以"信息可视化"、"信息情感性"及"信源权威性"为自变量,以"感知流畅性"、"认知专注度"及"线索依赖度"为中介变量,以"伤害邻近性"为调节变量构建理论模型,以此研究静态情景因素对危机信息分享行为的作用机制,揭示了信息可视化、信息情感性以及信源权威性分别对转发及评论行为的影响路径,得出自变量对因变量具体的作用路径及作用大小的结论,体现了人们从信息接收到信息加工,再到态度改变的整个作用过程。并在此基础上,比较了性别、年龄、学历及职业不同群组间影响效应的差异。研究表明,在网络用户进行信息搜寻、信息阅读及信息分享的过程中,不同形式、不同内容特征及不同信源的信息会形成用户对信息加工意愿及努力程度的差异,从而通过不同的生理刺激与感知路径,对用户产生不同的说服效果。总体而言,不同情景特征的信息对用户产生了差异性生理刺激,进而对他们的感知属性产生影响,最后传导至用户的行为意愿。在该影响机制过程中,情景信息直接作用于用户心理变量最后导致行为的出现,表明用户在进行信息分享行为的各环节中均存在动力机制过程。过去的研究虽然已经产生了诸多经典信息行为理论的论述,如 Wilson(1999)与 Niedzwiedzka(2003)均认为,信息行为过程的各环节均存在动力机制作用,但由于当下网络技术及信息技术高速发展,人们信息行为的形成机制可能发生了极大变化,如传统媒体时代更多是受到现实性人际关系特征的影响,而新媒体时代可能更多会受到网络环境或情境因素的影响,或虚拟性人际关系在其中显得日渐重要,而其中现实性人际关系特征的影响相对弱化等。此外,新媒体语境下的信息表征形式、信息呈现方式以及信息流通形式的变化可能带来了用户信息认知与传统媒体时代下用户信息认知的差异,从而使得精细可能性模型和启发系统式模型在变量及结构上需要得以不断更新和完善。该研究通过对信息加工理论(如精细可能性模型和启发系统式模型)及信息行为理论在网络用户信息行为研究领域进行具体的结合与应用,获得了网络信息行为静态影响机制一些新的发现和研究结论,可为后续关于网络用户信息行为机制的进一步研究及网络用户信息行为的预测和理论体系的进一步完善提供一定的参考和借鉴,也可为信息加工理论及信息行为理论在网络环境下对用户信息行为的进一步研究、深化及发展添砖加瓦。

(3)通过品牌危机中微博用户信息分享行为动态情景因素影响机制的研究,动态分解了信息转发总数和评论总数、自身关注数和粉丝数、信源关注数和粉丝数及信息时间距离分别对信息分享行为影响的时滞特征、脉冲扰动、边际影响力及波动贡献率的动态变化过程,得出自变量对因变量产生影响的动态过程特征以及影响大小动态变化的相关研究结论。这表明用户通过网络进行信息获取和传播,并非仅仅是用户间进行简单的信息传输,而是在整个网络情景下形成了一种可影响用户间进行信息交流和互动的氛围。而整个交流平台由诸多子环境构成,如转发及评论总数环境、自身粉丝数及关注数环境、信源粉丝数及关注数环境、信息时间距离环境等,这些子环境又共同构成了一个巨大的环境体,用户聚集于该平台进行信息传播活动,其聚集后的场景却营造出一种社会氛围,形成一种协同互动的环境,从而促进平台中的用户进行自发的信息交流和分享。

过去的研究虽然已经产生了诸多经典信息行为理论的论述,如 Fisher(1999)信息场理论认为,人们为了实现某种目的而聚集在一起的特定场所能够营造出一种氛围,从而促使人们自发地进行信息交流和信息分享等行为;Sonnenwald(1999)信息视域理论认为,用户通常会在自身信息视域范围内进行信息搜寻、信息获取及信息利用等信息活动,用户信息搜寻行为是个体不断调整自身行为而与信息资源保持互动、协同的过程,且在该信息视域中,用户会根据自身条件采用最优方案进行有效的信息搜索、查询、获取及利用等信息行为;Taylor(1986a)信息使用环境理论认为,信息使用环境中的各种因素会对他们的信息甄别和选择产生重要影响,信息在用户间的流动、传递和利用均受到信息使用环境的影响,信息使用环境可用于对信息进行有用性及价值大小的判断,这些因素在某种程度上培育了用户信息行为的不同特征。然而于当下,随着互联网技术的快速发展和广泛应用,网络媒体已成为人们获取信息的重要途径,也成为用户在虚拟环境里聚集的重要场所,用户用于进行信息交流及信息分享的各种社交媒体也成为其中一种新型的信息场。正是由于当下这种网络技术及信息技术的高速发展,使得信息传播形成了一种全新的信息流通格局及人际网络空间,进而使得人们信息行为的形成机制发生了极大变化,具有了多种独特性。如传统媒体时代更多是受到现实性人际关系特征的影响,而新媒体时代可能更多受到网络环境或情境因素影响,或虚拟性人际关系在其中显得日渐重要,而其中的现实性人际关系特征的影响相对弱化等,这些变化可能带来了用户信息行为形成机制及动力机制的变化,使得原来的经典理论不能很好地反映当下用户信息行为的生产机制,从而需要相关的理论模型在变量及结构上得以不断更新和完善,比如融入一些新的元素和路径。

总体而言,该研究通过对信息场理论、信息使用环境理论、信息视域理论及信息行为理论在网络用户信息行为研究领域进行具体的结合和应用,获得了网络信息行为动态影响机制一些新的发现和研究结论,可为今后关于网络环境信息场理论的进一步完善、危机信息分享行为监控指标体系的构建以及指标等级划分学说的构建提供一定的理论参考和依据,可也为信息场理论、信息使用环境理论、信息视域理论及信息行为理论在网络环境下对用户信息行为的进一步研究、深化及发展添砖加瓦。

(4)在研究理念和手段上,本书在进行各部分研究时借助了传播学、心理学及社会学等相关学科理论,综合使用了 ARIMA 模型、自回归条件异方差模型、向量自回归模型(VAR)、结构方程模型(SEM)、状态空间模型等量化研究方法,对品牌危机中微博用户信息分享行为波动特征、静态影响机制及动态影响机制进行了研究。由于该研究融合了多学科理论,采用了多种研究方法,这进一步促进了信息行为跨学科研究的思想理念,同时也为今后从情景因素视角对信息行为的进一步研究提供了参考。同时,通过对信息分享行为波动特征的全面阐述以及对情景因素影响机制的具体分析,并在此基础上提出了品牌危机中微博用户信息分享行为的精准性监控策略,相关研究结论既丰富了关于微博及其他社交媒体用户信息行为的相关研究成果,有助于人们较全面地认识品牌危机中微博用户信息分享行为的客观规律及影响机制,也能为品牌危机中对微博信息传播的跟踪、监控及管理提供一定的参考和理论依据。

8.3 研究局限性及未来研究展望

（1）本研究从情景因素视角对品牌危机中微博用户信息分享行为影响机制进行了研究，由于篇幅限制，只对转发和评论两种信息行为影响机制进行研究。然而在微博用户信息行为中，除了信息转发和评论行为外，还存在微博发布、收藏、关注及被关注等相关信息行为。在未来研究中，可考虑从情景因素视角对品牌危机中微博信息发布、收藏、关注及被关注等信息行为的影响机制进行研究，探究对不同信息行为产生显著影响的相关情景因素，以及各信息行为影响机制的差异，有助于企业或媒体对品牌危机中微博用户信息行为的影响机制有更全面的认识，以便制定更为全面的信息行为监控策略。

（2）在静态情景因素影响机制研究中，本研究主要根据相关理论以及过去的相关研究成果归纳和提炼了三个较为重要的影响因素，即信息可视化、信息情感性和信源权威性。然而，在相关的静态情景因素中，除了本研究选取的三个因素变量外仍然存在其他情景因素可能会对用户的信息行为产生显著影响，如标签、统一资源定位符（URL）、账号开通时间长度以及认证状态等。在未来的相关研究中，可考虑探索其他静态情景因素对用户信息分享行为是否存在显著影响，以及不同情景因素的影响机制差异如何，以帮助企业或媒体对品牌危机中微博用户信息分享行为的情景因素影响机制有更全面的认识，从而制定出更全面的信息分享行为监控策略。

（3）在静态情景因素影响机制研究中，由于篇幅的限制，笔者在进行群组分析时，关于年龄群组及职业群组没有做进一步的细分，从而更细致地掌握各影响路径在更细化群体中的大小差异，对用户信息分享行为进行更精准的监控。此外，在进行群组分析时，笔者只对性别、年龄、学历及职业四个最重要的人口统计变量群组进行了分析，事实上，除此之外仍存在其他人口统计变量用户群组或根据其他类型进行划分的群组，在以后相关研究中，可考虑在此基础上对其他人口统计变量群组以及其他类型变量群组进行分析，以便制定出更细致、更全面的信息分享行为监控策略。

参考文献

[1] ADAM L, ALTER, DANIEL M, OPPENHEIMER, NICHOLAS, EPLEY, et al. Overcoming intuition: metacognitive difficulty activates analytic reasoning[J]. Journal of experimental psychology general, 2007, 136(4): 569-576.

[2] ADAM L, ALTER, DANIEL M, OPPENHEIMER, EPLEY N. Disfluency prompts analytic thinking—but not always greater accuracy: response to[J]. Cognition, 2013, 128(2): 252-255.

[3] ADOMAVICIUS G, SANKARANARAYANAN R, SEN S, et al. Incorporating contextual information in recommender systems using a multidimensional approach[J]. ACM Transactions on Information Systems (TOIS), 2005, 23(1): 103-145.

[4] AGARWAL A, XIE B, VOVSHA I, et al. Sentiment analysis of twitter data[C].Proceedings of the Workshop on Languages in Social Media. Association for Computational Linguistics, 2011: 30-38.

[5] AGARWAL B, MITTAL N, BANSAL P, et al. Sentiment analysis using common sense and context information[J]. Computational intelligence and neuroscience, 2015.

[6] MOHAMMED NASSER ALSUQRI. Information seeking behavior and technology adoption: theories and trends[M]. IGI Global, 2015.

[7] ASTERIOU D, HALL S G. Applied econometrics[M]. Palgrave Macmillan, 2011.

[8] AUSTIN L, FISHER LIU B, JIN Y. How audiences seek out crisis information: exploring the social-mediated crisis communication model[J]. Journal of applied communication research, 2012, 40(2): 188-207.

[9] BABEL M, MCGUIRE G. Perceptual fluency and judgments of vocal aesthetics and stereotypicality[J]. Cognitive science, 2015, 39(4): 766-787.

[10] BALAHUR A, JACQUET G. Sentiment analysis meets social media-Challenges and solutions of the field in view of the current information sharing context[J]. Information processing & management, 2015, 51(4):

428-432.

[11]BARON R M, KENNY D A. The moderator-mediator variable distinction in social psychological research: Conceptual, strategic, and statistical considerations[J]. Journal of personality and social psychology, 1986, 51(6): 1173.

[12]BARON R S, BARON P H, MILLER N. The relation between distraction and persuasion[J]. Psychological bulletin, 1973, 80(4): 310.

[13]BARTON L. Crisis management: Preparing for and managing disasters[J]. The cornell hotel and restaurant administration quarterly, 1994, 35(2): 59-65.

[14]BAYLES M D. Professional ethics[M]. Wadsworth Publishing Company, 1989.

[15]BENEDICT R. Patterns of culture[M]. Houghton Mifflin Harcourt, 1934.

[16]BIEDERMAN I. Perceiving real-world scenes[J]. Science, 1972, 177(4043): 77-80.

[17]BOLLEN K A. Structural equation models[M]. John Wiley & Sons, Ltd, 2014:557-607.

[18]BOURDIEU P, PASSERON J C. Reproduction in education, society and culture[M]. Sage, 1990.

[19]BOX G E P, JENKINS G M, REINSEL G C. Time series analysis: forecasting and control[M]. John Wiley & Sons, 2011.

[20]BOYD D, GOLDER S, LOTAN G. Tweet, tweet, retweet: conversational aspects of retweeting on twitter[C]. 43rd Hawaii International Conference on System Sciences (HICSS). IEEE, 2010: 1-10.

[21]BRISTOW D N, SCHNEIDER K C, SCHULER D K. The brand dependence scale: measuring consumers' use of brand name to differentiate among product alternatives[J]. Journal of product & brand management, 2002, 11(6): 343-356.

[22]BYSTRÖM K, JÄRVELIN K. Task complexity affects information seeking and use[J]. Information processing & management, 1995, 31(2):

191-213.

[23]CACIOPPO J T, PETTY R E. Effects of message repetition on argument processing, recall, and persuasion[J]. Basic and applied social psychology, 1989, 10(1): 3-12.

[24]CACIOPPO J T, PETTY R E. The elaboration likelihood model of persuasion[J]. Advances in consumer research, 1984, 11(1): 673-675.

[25]CAMENISCH P F. Grounding professional ethics in a pluralistic society[M]. Haven Publications, 1983.

[26]CARD S, MACKINLAY J D, SHNEIDERMAN B. Information visualization[J]. Human-computer interaction: design issues, solutions, and applications, 2009, 181.

[27]CARTWRIGHT D. Research center for group dynamics. field theory in social science: selected theoretical papers[M]. New York: Harper, 1951.

[28]CHA M, HADDADI H, BENEVENUTO F, et al. Measuring user influence in twitter: the million follower fallacy[J]. ICWSM, 2010, 10(10-17): 30.

[29]CHAIKEN S, EAGLY A H. Heuristic and systematic information processing within and beyond the persuasion context[J]. Unintended thought, 1989, 212.

[30]CHAIKEN S, LEDGERWOOD A. A theory of heuristic and systematic information processing[J]. Handbook of theories of social psychology: Volume one, 2011: 246-166.

[31]CHAIKEN S, MAHESWARAN D. Heuristic processing can bias systematic processing: effects of source credibility, argument ambiguity, and task importance on attitude judgment[J]. Journal of personality and social psychology, 1994, 66(3): 460.

[32]CHAIKEN S. Heuristic versus systematic information processing and the use of source versus message cues in persuasion[J]. Journal of personality and social psychology, 1980, 39(5): 752.

[33]CHEUNG C M K, LEE M K O, RABJOHN N. The impact of electronic word-of-mouth: The adoption of online opinions in online customer

communities[J]. Internet research, 2008, 18(3): 229-247.

[34] CHO S, LEE M, JANG C, et al. Multidimensional filtering approach based on contextual information[C]. Hybrid Information Technology, ICHIT'06. IEEE, 2006, 2: 497-504.

[35] CHRISTIANSEN H, DAHL V. Meaning in context[M]. Springer Berlin Heidelberg, 2005: 97-111.

[36] CHRISTOPHER M, ANDRE S. Understanding customer experience [J]. Harvard business review, 2007, 85(2):116-26, 157.

[37] CLAYPOOL H M, MACKIE D M, GARCIA-MARQUES T. Fluency and attitudes[J]. Social and personality psychology compass, 2015, 9(7): 370-382.

[38] CONATI C, CARENINI G, TOKER D, et al. Towards user-adaptive information visualization[C]. Twenty-Ninth AAAI Conference on Artificial Intelligence. IEEE, 2015.

[39] COOMBS W T, HOLLADAY S J. Helping crisis managers protect reputational assets initial tests of the situational crisis communication theory [J]. Management communication quarterly, 2002, 16(2): 165-186.

[40] COOMBS W T. Impact of past crises on current crisis communication insights from situational crisis communication theory[J]. Journal of business communication, 2004, 41(3): 265-289.

[41] COOMBS W T. Protecting organization reputations during a crisis: The development and application of situational crisis communication theory [J]. Corporate reputation review, 2007, 10(3): 163-176.

[42] COSENZA T R, SOLOMON M R, KWON W. Credibility in the blog sphere: a study of measurement and influence of wine blogs as an information source[J]. Journal of consumer behaviour, 2015, 14(2): 71-91.

[43] COUNTS S, FISHER K E. Mobile social networking as information ground: a case study[J]. Library & information science research, 2010, 32 (2): 98-115.

[44] COUNTS S, FISHER K E. Mobile social networking: an information grounds perspective[C]. Hawaii International Conference on System Sci-

ences, Proceedings of the 41st Annual. IEEE, 2008: 153-153.

[45]DAGANZO C. Multinomial probit: the theory and its application to demand forecasting[M]. Elsevier, 2014.

[46]DAVENPORT T H, PRUSAK L. Information ecology: mastering the information and knowledge environment[M]. Oxford University Press, 1997.

[47]DAWAR N, LEI J. Brand crises: The roles of brand familiarity and crisis relevance in determining the impact on brand evaluations[J]. Journal of business research, 2009, 62(4): 509-516.

[48]GREYSER S A. Corporate brand reputation and brand crisis management[J]. Management decision, 2009, 47(4): 590-602.

[49]DECKERT M. Processing fluency and decision-making: the role of language structure[J]. Psychology of Language and Communication, 2015, 19(2): 149-161.

[50]DEIMEN, INGA, SZALAY, DEZSÖ. Information, authority, and smooth communication in organizations[J]. Social science electronic publishing, 2015.

[51]DESTENO D, PETTY R E, RUCKER D D, et al. Discrete emotions and persuasion: the role of emotion-induced expectancies[J]. Journal of personality and social psychology, 2004, 86(1): 43.

[52]DEY A K. Understanding and using context[J]. Personal and ubiquitous computing, 2001, 5(1): 4-7.

[53]DHRYMES P J. Econometrics: statistical foundations and applications[M]. Springer Science & Business Media, 2012.

[54]DUGGAN F, BANWELL L. Constructing a model of effective information dissemination in a crisis[J]. Information research, 2004, 5(3): 178-184.

[55]DURKHEIM E. The division of labor in society[M]. Simon and Schuster, 2014.

[56]FABER K, KOWALSKI B R. Propagation of measurement errors for the validation of predictions obtained by principal component regression

and partial least squares[J]. Journal of chemometrics, 1997, 11(3): 181-238.

[57] FEARN-BANKS K. Crisis communications: a casebook approach [M]. Routledge, 2010.

[58] FIELD A. Discovering statistics using IBM SPSS statistics [M]. Sage, 2013.

[59] FINK S. Crisis management: planning for the invisible [M]. New York: American Management Association, 1986.

[60] FISHER K E, JULIEN H. Information behavior[J]. Annual review of information science and technology, 2009, 43(1): 1-73.

[61] FISHER K E, LANDRY C F, NAUMER C. Social spaces, casual interactions, meaningful exchanges: "Information ground" characteristics based on the college student experience[J]. Information research, 2006, 12(2): 291-291.

[62] FISHER K E, MCKECHNIE L. Theories of information behavior [M]. Information Today, Inc., 2005.

[63] FISHER K E, NAUMER C M. Information grounds: theoretical basis and empirical findings on information flow in social settings[M]. Springer Netherlands, 2006: 93-111.

[64] FISHER K E. Information grounds [M]. Springer Netherlands, 2005.

[65] FRASER G E, WELCH A, LUBEN R, et al. The effect of age, sex, and education on food consumption of a middle-aged English cohort-EPIC in East Anglia[J]. Preventive medicine, 2000, 30(1): 26-34.

[66] FREITAS A J, SCHIRMER F T. Using information visualization techniques to improve the perception of the organizations' image on social networks[C]. Social Computing and Social Media: 7th International Conference, SCSM 2015. Springer, 2015, 9182: 55.

[67] FRITCH J W, CROMWELL R L. Delving deeper into evaluation: exploring cognitive authority on the Internet[J]. Reference services review, 2002, 30(3): 242-254.

[68] GIBSON E J, PICK A D. An ecological approach to perceptual learn-

ing and development[M]. Oxford University Press, 2000.

[69]GRIFFIN R J, NEUWIRTH K, GIESE J, et al. Linking the heuristic-systematic model and depth of processing[J]. Communication research, 2002, 29(6): 705-732.

[70]HAMILTON J D. Time series analysis[M]. Princeton: Princeton university press, 1994.

[71]HANSEN L K, ARVIDSSON A, NIELSEN F Å, et al. Good friends, bad news-affect and virality in twitter[M]. Springer Berlin Heidelberg, 2011: 34-43.

[72]SMITH M A, HIMELBOIM I, RAINIE L, et al. The structures of Twitter crowds and conversations[M]. Transparency in social media. Springer International Publishing, 2015: 67-108.

[73]HANSEN L K, ARVIDSSON A, NIELSEN F, et al. Good news, bad friends: affect and virality in Twitter[J]. Communications in Computer and Information Science, 2011, 185: 34-44.(b)

[74]HARKINS S G, PETTY R E. The multiple source effect in persuasion: the effects of distraction[J]. Personality and social psychology bulletin, 1981, 7(4): 627-635.

[75]HARRIS R M, DEWDNEY P. Barriers to information: how formal help systems fail battered women[M]. Westport, Conn.: Greenwood Press, 1994.

[76]HEATH R. Crisis management for managers and executives[J]. London: Financial Times Management, 1998, 4(5): 11-24.

[77]HEIDER F, BENESH-WEINER M. Balance theory[M]. Springer-Verlag (distribute), 1988.

[78]HEIDER F. The psychology of interpersonal relations[M]. Psychology Press, 2013.

[79]HENRICKSEN K, INDULSKA J, RAKOTONIRAINY A. Modeling context information in pervasive computing systems[M]. Springer Berlin Heidelberg, 2002: 167-180.

[80]HOUSE E R. Professional evaluation: social impact and political

consequences[M]. Sage Publications, Inc, 1993.

[81]ISMAIL A R. Experience marketing: an empirical investigation[J]. Journal of relationship marketing, 2011, 10(3): 167-201.

[82]J. SCOTT ARMSTRONG, VICKI G. MORWITZ, V. KUMAR. Sales forecasts for existing consumer products and services: do purchase intentions contribute to accuracy? [J]. International journal of forecasting, 2000, 16(3):383-397.

[83]JAMES L R, BRETT J M. Mediators, moderators, and tests for mediation[J]. Journal of Applied Psychology, 1984, 69(2): 307.

[84]JEONG S H, HWANG Y. Does multitasking increase or decrease persuasion? effects of multitasking on comprehension and counter-arguing[J]. Journal of communication, 2012, 62(4): 571-587.

[85]JEONG S H, HWANG Y. Multitasking and persuasion: the role of structural interference[J]. Media Psychology, 2014 (ahead-of-print): 1-24.

[86]JOHNSON B T, EAGLY A H. Effects of involvement on persuasion: a meta-analysis[J]. Psychological bulletin, 1989, 106(2): 290.

[87]JONLER M, MOON T, BRANNAN W, et al. The effect of age, ethnicity and geographical location on impotence and quality of life[J]. British journal of urology, 1995, 75(5): 651-655.

[88]KAHLOR L A, DUNWOODY S, GRIFFIN R J, et al. Studying heuristic-systematic processing of risk communication [J]. Risk analysis, 2003, 23(2): 355-368.

[89]KALAT J. Biological psychology[M]. Cengage Learning, 2015.

[90]KAPLAN A M. Social media[J]. The Wiley Blackwell Encyclopedia of Consumption and Consumer Studies, 2015.

[91]KARLIN S, Goodman L A, Anderson T W, et al. Studies in econometrics, time series, and multivariate statistics[M]. Academic Press, 2014.

[92]KELLER G. Statistics for management and economics, abbreviated [M]. Cengage Learning, 2015.

[93]KINTSCH W, VAN DIJK T A. Toward a model of text comprehension and production[J]. Psychological review, 1978, 85(5): 363.

[94]KWON S, CHA M, JUNG K, et al. Aspects of rumor spreading on a microblog network[M]. Springer International Publishing, 2013: 299-308.

[95]LE CARRET N, LAFONT S, LETENNEUR L, et al. The effect of education on cognitive performances and its implication for the constitution of the cognitive reserve[J]. Developmental neuropsychology, 2003, 23(3): 317-337.

[96]LEE C F, LEE J C. Introduction to financial econometrics and statistics[M]. New York: Springer, 2015.

[97]LEE C, KWAK H, PARK H, et al. Finding influentials based on the temporal order of information adoption in twitter[C]. Proceedings of the 19th international conference on World wide web. ACM, 2010: 1137-1138.

[98]LÉGER P M, DAVIS F D, CRONAN T P, et al. Neurophysiological correlates of cognitive absorption in an enactive training context[J]. Computers in human behavior, 2014, 34: 273-283.

[99]LEONG P. Role of social presence and cognitive absorption in online learning environments[J]. Distance education, 2011, 32(1): 5-28.

[100]LEWIN K, HEIDER F T, HEIDER G M. Principles of topological psychology [M]. McGraw-Hill, 1936: 185-190.

[101]LEWIN K. Field theory and experiment in social psychology: concepts and methods[J]. American journal of sociology, 1939: 868-896.

[102]LEWIN K. Field theory in social science, selected theoretical papers, edited by D. Cartwright[M]. New York: Harpers, 1951.

[103]LEWIN K. Psychological ecology[J]. The people, place, and space reader, 2014: 17.

[104]LIN H F. Understanding behavioral intention to participate in virtual communities[J]. Cyber psychology & behavior, 2006, 9(5): 540-547.

[105]LING I L, RAGHUBIR P. A heuristic-systematic processing analysis of comprehension and persuation: the effects of source credibility and visualization[C]. Proceedings of the 2007 Academy of Marketing Science (AMS) Annual Conference. Springer International Publishing, 2015: 220-220.

[106]LING S, MCALEER M J, TONG H. Frontiers in time series and

financial econometrics[R]. Erasmus University Rotterdam, Erasmus School of Economics (ESE), Econometric Institute, 2015.

[107]LIU Z, LIU L, LI H. Determinants of information retweeting in microblogging[J]. Internet research, 2012, 22(4): 443-466.

[108]MACKIE D M, WORTH L T. Processing deficits and the mediation of positive affect in persuasion[J]. Journal of personality and social psychology, 1989, 57(1): 27.

[109]MEAD M. Sex and temperament in three primitive societies[M]. Routledge and Kegan Paul, 1977.

[110]MODLESKI T. Feminism without women: culture and criticism in a "postfeminist" age[M]. Routledge, 2014.

[111]MONGE P R, CONTRACTOR N S. Theories of communication networks[M]. Oxford University Press, 2003.

[112]MOORE M. An international application of Heider's balance theory [J]. European journal of social psychology, 2006, 8(3):401-405.

[113]MORENO J D. In the wake of terror: medicine and morality in a time of crisis[M]. MIT Press, 2004.

[114]MULLET G M, KARSON M J. Analysis of purchase intent scales weighted by probability of actual purchase[J]. Journal of marketing research, 1985, 22(1):93-96.

[115]NIEDZWIEDZKA B. A proposed general model of information behaviour[J]. Information research, 2003, 9(1): 9-1.

[116]O'KEEFE D J. Elaboration likelihood model[J]. International encyclopedia of communication, 2008, 4: 1475-1480.

[117]OAKLEY A. Sex, gender and society[M]. Ashgate Publishing, Ltd., 2015.

[118]OH J, SUNDAR S S. How does interactivity persuade? An experimental test of interactivity on cognitive absorption, elaboration, and attitudes [J]. Journal of communication, 2015, 65(2): 213-236.

[119]O'KEEFE D J. Persuasion: theory and research[M]. Sage Publications, 2015.

[120]OKU K, NAKAJIMA S, MIYAZAKI J, et al. Context-aware SVM for context-dependent information recommendation[C].Proceedings of the 7th international Conference on Mobile Data Management. IEEE Computer Society, 2006: 109.

[121]OPPENHEIMER D M, KELSO E. Information processing as a paradigm for decision making[J]. Annual review of psychology, 2015, 66: 277-294.

[122]OPPENHEIMER D M. The secret life of fluency[J]. Trends in cognitive sciences, 2008, 12(6): 237-241.

[123]OTTAWAY A K C. Education and society[M]. Routledge, 2013.

[124]PAL A, COUNTS S. Identifying topical authorities in microblogs[C].Proceedings of the fourth ACM international conference on Web search and data mining. ACM, 2011: 45-54.

[125]PARK M. Human multiple information task behavior on the web[J]. Aslib Journal of Information Management, 2015, 67(2): 118-135.

[126]PERSE E M. Media effects and society[M]. Routledge, 2001.

[127]PESARAN M H. Time series and panel data econometrics[M]. Oxford University Press, 2015.

[128]PETTY R E, CACIOPPO J T, GOLDMAN R. Personal involvement as a determinant of argument-based persuasion[J]. Journal of personality and social psychology, 1981, 41(5): 847.

[129]PETTY R E, CACIOPPO J T, KASMER J A. The role of affect in the elaboration likelihood model of persuasion[J]. Communication, social cognition, and affect (PLE: Emotion), 2015: 117.

[130]PETTY R E, CACIOPPO J T, SCHUMANN D. Central and peripheral routes to advertising effectiveness: The moderating role of involvement[J]. Journal of consumer research, 1983: 135-146.

[131]PETTY R E, CACIOPPO J T. Involvement and persuasion: tradition versus integration[J]. Psychological Bulletin, 1990, 107(3):367-374.

[132]PETTY R E, CACIOPPO J T. Issue involvement can increase or decrease persuasion by enhancing message-relevant cognitive responses[J].

Journal of personality and social psychology, 1979, 37(10): 1915.

[133]PETTY R E, CACIOPPO J T. The effects of involvement on responses to argument quantity and quality: Central and peripheral routes to persuasion[J]. Journal of personality and social psychology, 1984, 46(1): 69.

[134]PETTY R E, CACIOPPO J T. The elaboration likelihood model of persuasion[M]. New York: Springer, 1986.

[135]PIERRO A, MANNETTI L, KRUGLANSKI A W, et al. Relevance override: on the reduced impact of "cues" under high-motivation conditions of persuasion studies[J]. Journal of personality and social psychology, 2004, 86(2): 251.

[136]PIROLLI P, CARD S. Information foraging[J]. Psychological review, 1999, 106(4): 643.

[137]PRIESTER J R, PETTY R E. Source attributions and persuasion: perceived honesty as a determinant of message scrutiny[J]. Personality and social psychology bulletin, 1995, 21(6): 637-654.

[138]RAHMAN M S, KHAN A H, MURTAZA M, et al. Experience as a marketing tools: a distinct thinking under developing country's consumers' perspective[J]. Journal of applied sciences, 2012,12(22): 2295.

[139]REINHARD M A, SPORER S L. Content versus source cue information as a basis for credibility judgments[J]. Social psychology, 2015.

[140]REYCHAV I, WU D. Are your users actively involved? A cognitive absorption perspective in mobile training[J]. Computers in human behavior, 2015(44): 335-346.

[141]RIEH S Y. Judgment of information quality and cognitive authority in the Web[J]. Journal of the American society for information science and technology, 2002, 53(2): 145-161.

[142]RIGDON S E, BASU A P. Statistical methods for the reliability of repairable systems[M]. New York: Wiley, 2000.

[143]ROSENTHAL U, PIJNENBURG B. Crisis management and decision making: simulation oriented scenarios[M]. Springer Science & Business Media, 1991.

[144]ROUIS S. Impact of cognitive absorption on Facebook on students' achievement[J]. Cyberpsychology, Behavior, and Social Networking, 2012, 15(6): 296-303.

[145]SAVOLAINEN R. Small world and information grounds as contexts of information seeking and sharing[J]. Library & information science research, 2009, 31(1): 38-45.

[146]SAVOLAINEN R. Time as a context of information seeking[J]. Library & information science research, 2006, 28(1): 110-127.

[147]SCHILIT B, ADAMS N, WANT R. Context-aware computing applications[C].Mobile Computing Systems and Applications. IEEE, 1994: 85-90.

[148]SCHMIDT A, BEIGL M, GELLERSEN H W. There is more to context than location[J]. Computers & graphics, 1999, 23(6): 893-901.

[149]SCHMITT B. Experience marketing: concepts, frameworks and consumer insights[M]. Now Publishers Inc, 2011.

[150]SCHWARZ N, CLORE G L. Feelings and phenomenal experiences [J]. Social psychology: Handbook of basic principles, 1996(2): 385-407.

[151]SCHWARZ N, CLORE G L. Mood as information: 20 years later [J]. Psychological inquiry, 2003,14(3-4): 296-303.

[152]SCHWARZ N. Emotion, cognition, and decision making[J]. Cognition & emotion, 2000, 14(4): 433-440.

[153]SCHWARZ N. Situated cognition and the wisdom of feelings: cognitive tuning[J]. The wisdom in feelings, 2002: 144-166.

[154]SENGUPTA A, CHANG K T T. Effect of icon styles on cognitive absorption and behavioral intention of low literate users[C].PACIS,2013:184.

[155]SHAH A K, OPPENHEIMER D M. Easy does it: the role of fluency in cue weighting[J]. Judgment and decision making, 2007, 2(6):371-379.

[156]SHAH A K, OPPENHEIMER D M. Heuristics made easy: an effort-reduction framework[J]. Psychological bulletin, 2008, 134(2): 207.

[157]SIMOLA J, HYÖNÄ J, KUISMA J. Perception of visual advertis-

ing in different media: from attention to distraction, persuasion, preference and memory[J]. Frontiers in psychology, 2014(5).

[158]SLATER M D, ROUNER D. How message evaluation and source attributes may influence credibility assessment and belief change[J]. Journalism & mass communication quarterly, 1996, 73(4):974-991.

[159]SLOVIC P E. The perception of risk[M]. Earthscan publications, 2000.

[160]SNOWDON D, GRASSO A. Providing context awareness via a large screen display[C]. Proceedings of the CHI 2000 Workshop on "The What, Who, Where, When, Why and How of Context-Awareness". IEEE, 2000.

[161]SONNENWALD D H, IIVONEN M. An integrated human information behavior research framework for information studies[J]. Library & information science research, 1999, 21(4): 429-457.

[162]SONNENWALD D H. Evolving perspectives of human information behavior: contexts, situations, social networks and information horizons[C]. Exploring the contexts of information behavior: Proceedings of the Second International Conference in Information Needs. Taylor Graham, 1999.

[163]SPINK A, COLE C. Human information behavior: integrating diverse approaches and information use[J]. Journal of the American society for information science and technology, 2006, 57(1):25-35.

[164] SREENIVASULU B, PAGADALA B, REDDY P R. Causality tests in econometrics[M]. LAP LAMBERT Academic Publishing,2014.

[165]STIEGLITZ S, DANG-XUAN L. The Role of sentiment in information propagation on Twitter-an empirical analysis of affective dimensions in political tweets[C]. International Conference on Systems Science. Hawaii, 2011.

[166]STORME M, MYSZKOWSKI N, DAVILA A, et al. How subjective processing fluency predicts attitudes toward visual advertisements and purchase intention[J]. Journal of consumer marketing, 2015, 32(6): 432-440.

[167]SUH B, HONG L, PIROLLI P, et al. Want to be retweeted? large

scale analytics on factors impacting retweet in twitter network[C].Social computing (socialcom), 2010 ieee second international conference. IEEE, 2010: 177-184.

[168]TAO S P. Experiential marketing and marketing experience: an empirical study of the influence of summer boot camp on military propensity[J]. Military Psychology, 2014, 26(5-6): 422.

[169]TAYLOR R S. Information use environments[J]. Managing information for the competitive edge, 1996: 93-135.

[170]TAYLOR R S. Information use environments[J]. Progress in communication sciences, 1991, 10(217): 55.

[171]TAYLOR R S. On the study of information use environments[C]. Proceedings of the 49th Annual Meeting of the American Society for Information Science (ASIS'86). IEEE, 1986, 23: 331-334.(a)

[172]TAYLOR R S. Value-added processes in information systems[M]. Greenwood Publishing Group, 1986.(b)

[173]THAKUR R, SUMMEY J H, JOHN J. A perceptual approach to understanding user-generated media behavior[J]. Journal of consumer marketing, 2013, 30(1): 4-16.

[174]TIEDENS L Z, LINTON S. Judgment under emotional certainty and uncertainty: the effects of specific emotions on information processing[J]. Journal of personality and social psychology, 2001, 81(6): 973.

[175]TODOROV A, CHAIKEN S, HENDERSON M D. The heuristic-systematic model of social information processing[J]. The persuasion handbook: Developments in theory and practice, 2002: 195-211.

[176]TRUMBO C W. Heuristic-systematic information processing and risk judgment[J]. Risk analysis, 1999, 19(3): 391-400.

[177]TRUMBO C W. Information processing and risk perception: An adaptation of the heuristic-systematic model[J]. Journal of communication, 2002, 52(2): 367-382.

[178]TRUSINA A, ROSVALL M, SNEPPEN K. Information horizons in networks[J]. Physical review letters, 2004, 94(23).

[179]TYNAN, CAROLINE, MCKECHNIE, et al. Experience marketing: a review and reassessment[J]. Journal of marketing management, 2009, 25(5):501-517.

[180]VAIDIS D C. Cognitive dissonance theory[J]. Zeitschrift für sozialpsychologie, 2014(38): 7-16.

[181]VIEIRA S. The Truths and myths of information authority[M]. SAGE, 2014.

[182]VOSOUGHI S, ZHOU H, ROY D. Enhanced twitter sentiment classification using contextual information[C]. Association for Computational Linguistics, 2015.

[183]WANG C, LEE M K O, HUA Z. A theory of social media dependence: evidence from microblog users[J]. Decision support systems, 2015, 69: 40-49.

[184]WANG Y, JIN Z, YANG Z, et al. Global analysis of an SIS model with an infective vector on complex networks[J]. Nonlinear analysis: Real world applications, 2012, 13(2): 543-557.

[185]WÄNKE M, HANSEN J. Relative processing fluency[J]. Current directions in psychological science, 2015, 24(3): 195-199.

[186]WATTS S A, ZHANG W. Capitalizing on content: Information adoption in two online communities[J]. Journal of the association for information systems, 2008, 9(2): 3.

[187]WEINER B. Theories of motivation: from mechanism to cognition [J]. What managers do fourth edition, 1972.

[188]WILSON T D. Information behaviour: an interdisciplinary perspective[J]. Information processing & management, 1997, 33(4): 551-572.

[189]WILSON T D. Models in information behaviour research[J]. Journal of documentation, 1999, 55(3): 249-270.

[190]WILSON T D. On user studies and information needs[J]. Journal of documentation, 1981, 37(1): 3-15.

[191]YANG J, COUNTS S. Predicting the speed, scale, and range of information diffusion in Twitter[J]. ICWSM, 2010(10): 355-358.

[192]YANG L, HA L, WANG F, et al. Who pays for online content? a media dependency perspective comparing young and older people[J]. International journal on media management,2015,17(4):277-294.

[193]YU L, ASUR S, HUBERMAN B A. What trends in chinese social media[J]. Social science electronic journal,2011.

[194]ZHANG P, LI N, SUN H. Affective quality and cognitive absorption: extending technology acceptance research[C]. Proceedings of the 39th Annual Hawaii International Conference on System Sciences. IEEE,2006,8:207a-207a.

[195]ZHAO D, ROSSON M B. How and why people Twitter: the role that micro-blogging plays in informal communication at work[C]. Proceedings of the ACM 2009 international conference on Supporting group work. ACM,2009:243-252.

[196]ZWAAN R A, LANGSTON M C, GRAESSER A C. The construction of situation models in narrative comprehension: an event-indexing model[J]. Psychological science,1995:292-297.

[197]ZWAAN R A, RADVANSKY G A, HILLIARD A E, et al. Constructing multidimensional situation models during reading[J]. Scientific studies of reading,1998,2(3):199-220.

[198]曹劲松.网络舆情的发展规律[J].新闻与写作,2010(5):45-47.

[199]曹双喜,邓小昭.网络用户信息行为研究述略[J].情报杂志,2006(2):79-81.

[200]陈向阳,陈丽萍,姜振国.基于API接口的腾讯微博数据挖掘[J].现代计算机:上下旬,2015(6):47-50.

[201]邓小咏,李晓红.网络环境下的用户信息行为探析[J].情报科学,2008(12):1810-1813.

[202]丁兆云,贾焰,周斌.微博数据挖掘研究综述[J].计算机研究与发展,2014,51(4):691-706.

[203]甘利人,白晨,盖敏慧.网络用户导航迷失研究及其实验探索[J].情报理论与实践,2008,31(6):864-868.

[204]甘利人,岑咏华.科技用户信息搜索行为影响因素研究[J].情报理论

与实践,2007,30(2):156-160.

[205]高涵.微博转发的从众心理研究[J].中州大学学报,2012,29(3):58-61.

[206]顾君忠.情景感知计算[J].华东师范大学学报（自然科学版）,2009(5):1-20.

[207]郭晓姝.企业微博信息互动传播模式,途径与影响因素研究[D].东北财经大学,2013.

[208]郭益盈.品牌危机分析及其管理研究[D].西南交通大学,2006.

[209]贺正楚.论企业危机中的信息管理[J].新疆职业大学学报,2003(3):14-16.

[210]姜卉,黄钧.罕见重大突发事件应急实时决策中的情景演变[J].华中科技大学学报:社会科学版,2009,23(1):104-108.

[211]蒋英杰.认知模型支持下的人因可靠性分析方法研究[D].国防科学技术大学,2012.

[212]李开复.微博改变一切[M].上海财经大学出版社,2011.

[213]李林红,李荣荣.新浪微博社会网络的自组织行为研究[J].统计与信息论坛,2013(1):88-94.

[214]李仕明,刘娟娟,王博,等.基于情景的非常规突发事件应急管理研究——"2009突发事件应急管理论坛"综述[J].电子科技大学学报:社科版,2010,12(1):1-3.

[215]李书宁.网络用户信息行为研究[J].图书馆学研究,2004(7):82-84.

[216]厉钟灵.微博用户转发意愿研究[D].浙江大学,2012.

[217]廉捷,周欣,曹伟,等.新浪微博数据挖掘方案[J].清华大学学报:自然科学版,2011,51(10):1300-1305.

[218]林平忠.论图书馆用户的信息行为及其影响因素[J].图书馆论坛,1996(6):7-9.

[219]卢冰,吴狄亚.企业品牌危机防范[J].经营管理者,2002(2):44-45.

[220]马向阳,徐富明,吴修良,等.说服效应的理论模型,影响因素与应对策略[J].心理科学进展,2012,5:735-744.

[221]马岩,王锰.国外信息场理论的发展与演进研究[J].图书与情报,2014,155(1):105-110.

[222]平亮,宗利永.基于社会网络中心性分析的微博信息传播研究——以Sina微博为例[J].图书情报知识,2010(6):92-97.

[223]宋姜,吴鹏,甘利人.网络舆情建模方法研究述评[J].图书情报工作,2014,58(19):136-143.

[224]宋雪雁,王萍.用户信息行为研究述评[J].情报科学,2010(4):625-629.

[225]孙会,李丽娜.高频次转发微博的特征及用户转发动机探析——基于新浪微博"当日转发排行榜"的内容分析[J].现代传播:中国传媒大学学报,2012,34(6):137-138.

[226]孙立伟,何国辉,吴礼发.网络爬虫技术的研究[J].电脑知识与技术,2010,6(15):4112-4115.

[227]陶鹏飞.基于心理场理论的驾驶行为建模[D].吉林大学,2012.

[228]王欢,张静.手机媒体发布政府信息的权威性研究[J].北京邮电大学学报:社会科学版,2011,13(1):1-6.

[229]王亮伟,周芳.顾客体验价值及其创造分析[J].统计与决策,2010(3):180-182.

[230]王艳,邓小昭.网络用户信息行为基本问题探讨[J].图书情报工作,2009,53(16):35-39.

[231]王知津,宋正凯.Web2.0的特色及其对网络信息交流的影响[J].新世纪图书馆,2006(3):10-13.

[232]魏玖长,赵定涛.基于元搜索引擎的危机信息监控系统的研究与实现[J].管理科学,2006,18(5):36-42.

[233]徐远超,刘江华,刘丽珍,等.基于Web的网络爬虫的设计与实现[J].微计算机信息,2007(21):119-121.

[234]杨定中,赵刚,王泰.网络爬虫在Web信息搜索与数据挖掘中应用[J].计算机工程与设计,2009(24):5658-5662.

[235]杨晓茹.传播学视域中的微博研究[J].当代传播,2010(2):73-74.

[236]叶秉喜,庞亚辉.2003年度十大企业危机公关案例(上)[J].河北企业,2004(11):44-47.

[237]易成岐,鲍媛媛,薛一波,等.新浪微博的大规模信息传播规律研究[J].计算机科学与探索,2013,7(6):551-561.

[238]张海游.信息行为研究的理论演进[J].情报资料工作,2012(5):41-45.

[239]张楠楠.基于信息线索的用户行为研究[D].北京邮电大学,2013.

[240]张媛伊.微博博主和信息特征对消费者行为影响研究[D].浙江大学,2013.

[241]赵俊玲,周旭.信息行为研究中信息场理论发展评析[J].情报科学,2015(4):9.

[242]赵玲,张静.微博用户行为研究的多维解析[J].情报资料工作,2013,34(5):65-70.

[243]阳长征.社交网络中危机信息时间距离对用户行为框架的差异影响研究[J/OL].情报理论与实践:1-10[2019-03-10].http://kns.cnki.net/kcms/detail/11.1762.G3.20181217.0642.006.html.

[244]阳长征.内生情景对品牌危机信息分享意愿的动态影响研究——以新浪微博为例[J].软科学,2018,32(09):114-118.

附录1 本研究网络原始数据获取格式

(一)数据文件保存格式

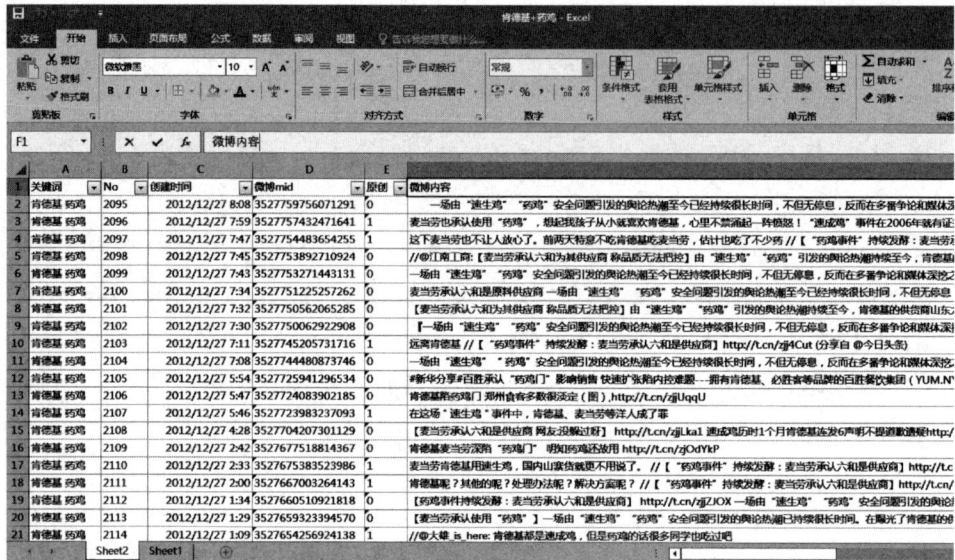

(二)原始数据变量格式

变量表1

变量表 2

来源	转发	评论	赞	用户ID	昵称	地域
新浪财经	0	0	0	2482149820	思烟的苦旅者	北京 朝阳区
新浪微博	0	0	0	1674980573	全球流行大搜罗	上海 普陀区
新浪微博	2	5	1	1910019822	8099999	云南
新浪微博	41	9	0	1400848112	凤涵涵	北京 海淀区
新浪微博	0	0	0	2467712343	危机新闻-苗建	北京 西城区
皮皮时光机	0	0	0	2364966720	_戒了	上海 黄浦区
新浪微博	0	1	0	1906734555	K6老锅	云南 昆明
小米手机	0	0	0	3179884747	加油杰哥	山东 青岛
新浪微博	4	0	0	1952797853	后山大牢	广东 东莞
加网	2	0	0	1749732020	兄弟网	广东 深圳
专业版微博	0	0	0	2316731994	荆楚网食品频道	湖北 武汉
香港成报网	3	0	0	2712601544	香港街视HKS	香港
新浪财经	0	0	0	1847870997	肖宾健康饮食调理	北京 朝阳区
新浪微博	2	0	0	1237347811	营销人孙玉玺	上海 普陀区
简网	0	0	0	2677511387	仰望星空的小林	河北 保定
新浪微博	0	0	0	2357429902	雷giagia	台湾 台北市
新浪新闻评论	0	0	0	1645868823	东归的土尔扈特	上海 静安区
360安全浏览器	0	0	0	1721840567	虚掩的苹果	北京 海淀区
皮皮时光机	0	0	0	2170882284	暖小姐xo	上海 长宁区
360安全浏览器	0	0	0	1051584912	说说玩玩不算数	上海 普陀区

变量表 3

简介	性别	粉丝数	关注数	微博数	注册时间	是否认	认证类型	认证原因
	男	146	75	1266	2011/10/21 10:12	否	普通用户	
	女	4606	128	302	2010/2/2 17:51	否	普通用户	
	男	198643	252	32064	2010/12/28 18:15	是	蓝V	昆明电视台K6春城频道官方微博
	男	104314	1737	5094	2009/8/28 16:34	是	黄V	博士哥哥，网络红人
	男	1597	1509	7062	2011/11/16 9:33	否	普通用户	
	男	303	210	5489	2011/9/1 12:50	否	达人	
	男	2443	393	3859	2010/12/30 14:22	是	黄V	昆明电视台春城频道制片人李继承
	男	53	133	48	2012/12/6 15:38	否	普通用户	
	男	22	869	216	2011/2/5 23:05	否	普通用户	
	男	12525	1999	21045	2010/6/1 22:47	是	蓝V	兄弟网 onlybrother.com官方微博
	男	15991	198	584	2011/8/17 18:27	是	蓝V	荆楚网食品频道
	男	113157	572	2805	2012/2/8 19:17	是	蓝V	香港卫视官方微博
	男	3620	1999	1398	2010/11/5 8:58	是	黄V	康柏瑞健康管理有限公司营养主任、《健康房》创始人
	男	107581	874	2747	2010/4/19 12:47	否	达人	
	男	147	26	987	2012/4/24 14:11	否	普通用户	
	男	31	89	267	2011/8/30 1:12	否	普通用户	
	男	83	38	795	2010/4/2 13:54	否	普通用户	
	男	2210	440	1703	2010/3/30 13:52	否	达人	
	女	1869	162	10139	2011/6/12 21:11	否	普通用户	
	男	81	35	70	2010/12/29 15:43	否	普通用户	

附录2 本研究调查问卷

《品牌危机信息微博转发及评论行为》调查问卷

尊敬的先生/女士：

您好！我们是上海交通大学"品牌危机微博用户信息行为研究"课题组，现正在进行一项关于微博用户对品牌危机信息进行转发及评论情况的研究调查。诚挚期盼您能从百忙中抽出一点宝贵时间，协助我们完成以下这份调查问卷，您的支持和意见对我们很重要。我们向您郑重承诺：您提交的问卷结果完全保密，且仅作学术参考，请您放心填写并提供您最真实的想法，非常感谢您的支持！

奖励说明：为了感谢您对我们工作的支持和付出，在您完成并成功提交问卷后，我们将为您提供价值7元的奖励，并将通过手机话费充值、微信红包、支付宝、Q币以及各银行在线支付等方式送出，具体支付方式由您自行选择。

第一部分（在选项前的字母下划"√"）

1. 在微博平台中，您是否曾经参与过相关品牌危机信息的转发或评论？（选两项）

A.参与转发　B.参与评论　C.未参与转发　D.未参与评论

2. 信息可视化（IV）题项

IV1.在品牌危机中，您认为表格形式在多大程度上提高了信息内容的显示效果？

A.极高程度　B.较高程度　C.中等程度　D.较低程度　E.极低程度

IV2.在品牌危机中，您认为图片形式在多大程度上提高了信息内容的显示效果？

A.极高程度　B.较高程度　C.中等程度　D.较低程度　E.极低程度

IV3.在品牌危机中，您认为视频形式在多大程度上提高了信息内容的显示效果？

A.极高程度　B.较高程度　C.中等程度　D.较低程度　E.极低程度

IV4.在品牌危机中,您认为直观形象的表达形式在多大程度上提高了信息内容的显示效果?

  A.极高程度 B.较高程度 C.中等程度 D.较低程度 E.极低程度

3.信息情感性(IS)题项

  IS1.品牌危机信息中,您认为关于痛苦成分的表达能在多大程度上反映了信息的情感性?

  A.极高程度 B.较高程度 C.中等程度 D.较低程度 E.极低程度

  IS2.品牌危机信息中,您认为关于愤怒成分的表达能在多大程度上反映了信息的情感性?

  A.极高程度 B.较高程度 C.中等程度 D.较低程度 E.极低程度

  IS3.品牌危机信息中,您认为关于绝望成分的表达能在多大程度上反映了信息的情感性?

  A.极高程度 B.较高程度 C.中等程度 D.较低程度 E.极低程度

  IS4.品牌危机信息中,您认为关于痛恨成分的表达能在多大程度上反映了信息的情感性?

  A.极高程度 B.较高程度 C.中等程度 D.较低程度 E.极低程度

4.信源权威性(IA)题项

  IA1.品牌危机传播中,您认为信息来源的官方性在多大程度上体现了信源的权威性?

  A.极高程度 B.较高程度 C.中等程度 D.较低程度 E.极低程度

  IA2.品牌危机传播中,您认为信息来源的专业性在多大程度上体现了信源的权威性?

  A.极高程度 B.较高程度 C.中等程度 D.较低程度 E.极低程度

  IA3.品牌危机传播中,您认为信息来源渠道的正式性在多大程度上体现了信源的权威性?

  A.极高程度 B.较高程度 C.中等程度 D.较低程度 E.极低程度

  IA4.品牌危机传播中,您认为信息来源的认证状态在多大程度上体现了信源的权威性?

  A.极高程度 B.较高程度 C.中等程度 D.较低程度 E.极低程度

5.知觉流畅性(PF)题项

PF1.品牌危机中,您认为信息显示的清晰度在多大程度上使您在信息认知时感觉到容易和流畅?

A.极高程度　B.较高程度　C.中等程度　D.较低程度　E.极低程度

PF2.品牌危机中,您认为信息表达的简单程度在多大程度上使您在信息认知时感觉到容易和流畅?

A.极高程度　B.较高程度　C.中等程度　D.较低程度　E.极低程度

PF3.品牌危机中,您认为信息编码的醒目性在多大程度上使您在信息认知时感觉到容易和流畅?

A.极高程度　B.较高程度　C.中等程度　D.较低程度　E.极低程度

PF4.品牌危机中,您认为信息结构的审美性在多大程度上使您在信息认知时感觉到容易和流畅?

A.极高程度　B.较高程度　C.中等程度　D.较低程度　E.极低程度

6.认知专注度(CA)题项

CA1.在对品牌危机信息认知时,您在多大程度上将注意力只针对特定信息而排出其他信息?

A.极高程度　B.较高程度　C.中等程度　D.较低程度　E.极低程度

CA2.在对品牌危机信息认知时,您在多大程度上将感觉(包括视觉、听觉等)集中于特定信息而排出其他信息?

A.极高程度　B.较高程度　C.中等程度　D.较低程度　E.极低程度

CA3.在对品牌危机信息认知时,您在多大程度上将知觉(包括意识、思维等)集中于特定信息而排出其他信息?

A.极高程度　B.较高程度　C.中等程度　D.较低程度　E.极低程度

CA4.在对品牌危机信息认知时,您在所关注的特定信息上的注意力集中程度如何?

A.极高强度　B.较高强度　C.中等强度　D.较低强度　E.极低强度

7.线索依赖度(CD)题项

CD1.在对品牌危机信息认知时,您会在多大程度上根据某些暗示性线索直接形成认识？

  A.极高程度 B.较高程度 C.中等程度 D.较低程度 E.极低程度

  CD2.在对品牌危机信息认知时,您会在多大程度上根据某些引导性线索直接形成认识？

  A.极高程度 B.较高程度 C.中等程度 D.较低程度 E.极低程度

  CD3.在对品牌危机信息认知时,信息的某些属性特征在多大程度上影响了您对整个信息的信任？

  A.极高程度 B.较高程度 C.中等程度 D.较低程度 E.极低程度

  CD4.在对品牌危机信息认知时,您在多大程度上会根据某些线索对信息形成整体直觉认识,而无须仔细推理和分析？

  A.极高程度 B.较高程度 C.中等程度 D.较低程度 E.极低程度

8.感知伤害度(PH)题项

  PH1.在品牌危机中,您认为财务上的损失会在多大程度上形成您的感知伤害？

  A.极高程度 B.较高程度 C.中等程度 D.较低程度 E.极低程度

  PH2.在品牌危机中,您认为身体上的伤害会在多大程度上形成您的感知伤害？

  A.极高程度 B.较高程度 C.中等程度 D.较低程度 E.极低程度

  PH3.在品牌危机中,您认为心理上的伤害会在多大程度上形成您的感知伤害？

  A.极高程度 B.较高程度 C.中等程度 D.较低程度 E.极低程度

  PH4.在品牌危机中,您认为情感上的伤害会在多大程度上形成您的感知伤害？

  A.极高程度 B.较高程度 C.中等程度 D.较低程度 E.极低程度

9.伤害邻近性(HR)题项

  HR1.品牌危机中,对自身造成伤害的可能性在多大程度上体现了危机与您的关联性？

  A.极高程度 B.较高程度 C.中等程度 D.较低程度 E.极低程度

  HR2.品牌危机中,对您家人造成伤害的可能性在多大程度上体现了危机与您的关联性？

　　A.极高程度　　B.较高程度　　C.中等程度　　D.较低程度　　E.极低程度

　　HR3.品牌危机中,对您亲戚造成伤害的可能性在多大程度上体现了危机与您的关联性？

　　A.极高程度　　B.较高程度　　C.中等程度　　D.较低程度　　E.极低程度

　　HR4.品牌危机中,对您朋友造成伤害的可能性在多大程度上体现了危机与您的关联性？

　　A.极高程度　　B.较高程度　　C.中等程度　　D.较低程度　　E.极低程度

10.转发意愿(FI)题项

　　FI1.在阅读品牌危机信息后,您在多大程度上产生了对信息转发的主观倾向？

　　A.极高程度　　B.较高程度　　C.中等程度　　D.较低程度　　E.极低程度

　　FI2.在阅读品牌危机信息后,您对信息进行转发的可能性程度如何？

　　A.极大可能性　　B.较大可能性　　C.中等可能性　　D.较小可能性　　E.极小可能性

　　FI3.在阅读品牌危机信息后,您产生转发意愿的强烈程度如何？

　　A.极高强度　　B.较高强度　　C.中等强度　　D.较低强度　　E.极低强度

　　FI4.在阅读品牌危机信息后,您具有转发意愿的持续时间长度如何？

　　A.极长时间　　B.较长时间　　C.中等时长　　D.较短时间　　E.极短时间

11.评论意愿(CI)题项

　　CI1.在阅读品牌危机信息后,您在多大程度上产生了对信息评论的主观倾向？

　　A.极高程度　　B.较高程度　　C.中等程度　　D.较低程度　　E.极低程度

　　CI2.在阅读品牌危机信息后,您对信息进行评论的可能性程度如何？

　　A.极大可能性　　B.较大可能性　　C.中等可能性　　D.较小可能性　　E.极小可能性

　　CI3.在阅读品牌危机信息后,您产生评论意愿的强烈程度如何？

　　A.极高强度　　B.较高强度　　C.中等强度　　D.较低强度　　E.极低强度

　　CI4.在阅读品牌危机信息后,您具有评论意愿的持续时间长度如何？

A.极长时间　　B.较长时间　　C.中等时长　　D.较短时间　　E.极短时间

<h2 style="text-align:center">第二部分(在选项前的字母下划"√")</h2>

1.您的年龄为?

A.29 岁及以下　　B.30～39 岁　　　C. 40～49 岁　　D. 50 岁及以上

2.您所在的职业领域是?

A.政府机构　　　B.事业单位　　　C.企业团体　　D. 个体经营

3.您的教育程度为?

A.大学及以上　　B.高中或中专　　C.初中　　　　D.小学及以下

4.您的性别为?

A.男性　　　　　B.女性

再次感谢您的支持！祝您幸福安康！